KB061524

ALL IT TAKES IS A GOAL

인생설계자

꿈을 현실로 만드는 인생 설계의 힘

존 에이커프

추천사

"이 책은 목표와 관련해 내가 가장 좋아하는 책입니다. 존 에이커프가 또 해냈군요!"

― 멜 로빈스,
팟캐스트 진행자, 〈뉴욕 타임스〉 베스트셀러 《굿모닝 해빗》 저자

"이 책은 즉각적인 행동으로 곧장 커다란 결실을 맺게 해주는 흔치 않은 책입니다. 정말 놀라운 책이에요."

― 패트릭 렌시오니,
《팀워크의 부활》, 《일의 천재들》 등을 쓴 베스트셀러 작가

"목표에 관해서 내가 읽은 최고의 책! 존 에이커프와 이 책이 당신의 잠재력을 최대한 발휘할 수 있도록 도와줄 겁니다."

— **존 고든**,《인생 단어》등 12권의 베스트셀러를 쓴 작가

"저는 지구상에서 가장 부유한 장소는 바로 묘지라는 말을 자주 해요. 발휘하지 못한 잠재력을 품은 채로 죽은 사람들이 너무나 많기 때문이죠. 어쩌면 그들은 주변에 자신을 믿어주지 않는 이들만 존재했을 수도 있고, 여러 일을 할 수 있다는 사실을 몰랐을 수도 있습니다. 그러나 존 에이커프는 이 책을 통해 우리 내면의 잠재력을 활성화하는 훌륭한 로드맵을 제시합니다. 이 책은 살아있다면 누구나 반드시 읽어야 할 책입니다."

— **노나 존스**, 연사, 기술 담당 임원

"차 안에 갇힌 듯 혼란스러운 느낌을 이해한다면 당신을 올바른 방향으로 이끌어 줄 견인 트럭에 탄 사람을 찾았을 때 기쁠 겁니다. 제 친구 존이 이렇게 멋진 책을 한 권 더 썼는데, 저는 예전부터 그의 말을 신뢰해 왔습니다. 존은 당신을 억지로 밀어붙이지 않아요. 대신 어깨를 부드럽게 토닥이면서 목표를 상기시켜 주고, 여러분이 막히거나 주의가 산만해지거나 낙담하거나 진로에서 벗어나기 전에 원래 향하고 있던 즐거운 방향으로 이끌어 줄 겁니다."

— **밥 고프**, 〈뉴욕 타임스〉 베스트셀러《사랑으로 변한다》,
《모두를, 언제나》,《방해받지 않는 삶》의 저자

"첫 페이지부터 마지막 페이지까지 매력적인 글에 공감하게 돼요. 유머러스한 존의 글은 개인적인 경험을 솔직하게 드러냄으로써 독자들에게 스스로의 삶을 정확하게 성찰하도록 이끌어요. 또한 그간의 통찰력에 의거하여 더 나은 삶으로 향하는 절차를 흥미로운 방식으로 안내합니다. 그렇게 존은 우리의 모든 열망을 이룰 수 있다고 확신합니다."

– **지니 유리치**, 1000 Hours Outside 설립자

"이 책은 목표를 달성하는 데에도 도움이 될 겁니다. 그리고 그 이상으로 당신이 스스로의 삶을 책임질 수 있도록 할 것입니다. 당신만의 세계를 창조하는 데 필요한 '영감'과 '지침'은 지금 이 책을 보는 당신의 손안에 있습니다."

– **도널드 밀러**, Business Made Simple CEO

"이 책은 존 에이커프의 탁월한 필력으로 쓰인 걸작입니다. 목표란 추상적이라 파악하기 어렵지만, 존은 그 어려운 것을 간단히 실천할 수 있는 놀라운 일을 해냈습니다. 이 책이 앞으로 10년 뒤 당신이 일어날 곳이 후회의 수렁이냐, 아니면 목표를 달성하며 원하던 삶을 살아가느냐의 차이를 가져올 것이라고 믿습니다. 그만큼 강력한 책입니다!"

– **데이비드 너스**, 베스트셀러 작가, 최고의 기조 연설자,
150명이 넘는 NBA 스타들을 가르친 NBA 최적화 코치

"12년 전에 존 에이커프의 첫 번째 경영서 초안을 읽은 적이 있습니다. 저는 그 즉시 에이커프에게 '다른 계획이 어떤 것이더라도 다시 생각해 보시고 전업으로 글을 써보세요. 지금은 본인의 재능을 낭비할 뿐입니다.'라는 이메일을 보냈었죠. 지금 그가 제 조언을 마음에 새겨서 다행입니다. 더 많은 일을 할 수 있는지 궁금하다면 이 책에서 당신이 그토록 찾던 긍정의 답을 발견할 수 있을 것입니다."

― 스티븐 프레스필드,
〈뉴욕 타임스〉 베스트셀러 《최고의 나를 꺼내라!》의 저자

"존이 또 해냈습니다. 당신의 결실을 더 높이 끌어올리는 데 도움이 될 신선하고 흥미로우면서 동기부여가 되는 책을 썼어요. 자, 이제 모두 잠재력을 발휘함으로써 우리의 삶을 10배로 확장할 준비를 합시다."

― 그렉 맥커운, 팟캐스트 진행자,
〈뉴욕 타임스〉 베스트셀러 《에센셜리즘》, 《최소 노력의 법칙》의 저자

"존에게는 평생의 방해요소를 새로운 시각으로 바라보게 하는 놀라운 재능이 있습니다. 흔치 않은 일이죠. 이 책에서 목표 설정에 대한 일반적인 조언 대신 신선하고 실용적이면서 유머러스한 존의 접근 방식은 당신에게 새로운 생각과 행동의 계기가 되어줄 것입니다. 이것이 바로 당신이 찾던 돌파구입니다."

― 캐리 니우호프, 팟캐스트 진행자,
The Art of Leadership Academy 설립자

저에게 글을 목표로 삼으면 글쓰기가 쉬워진다고 가르쳐 주신,

매사추세츠주 입스위치 초등학교 3학년 담임이었던

해리스 선생님께

이 책을 바칩니다.

차 례

PART

1

THE LIST

PART

2

THE ZONES

서문

지난날의 후회를 발판 삼아

　나는 마흔다섯 살이 되기 전까지 잠재력을 온전히 쏟으며 살아야겠다는 생각을 해본 적이 없었다. 이를 어떻게 설명해야 할지는 모르겠지만, 나는 남들보다 늦은 시기에 잠재력을 최대로 발휘할 수 있게 되었다. 그리고 그때, 내 마음속에는 후회스러움과 탐구심이 교차하고 있었다.

　잠재력에 대한 나의 후회는 어느 화창한 10월, 큰딸과 함께 대학교로 나들이를 갔을 때 시작되었다. 그때는 딸의 미래에 대한 설렘만이 가득하리라 기대했지만, 실제로는 스스로에 대한 실망감이 크나큰 파도처럼 나를 덮쳐왔다.

아내와 나란히 서서 앨라배마주 버밍엄에 있는 샘포드 대학교 안뜰을 내려다보는 동안 우리는 완전히 상반된 경험을 하고 있었다. 아내는 나와 함께 다니던 모교에 애정 어린 기억이 많았다. 아내는 향수에 젖은 눈빛으로 캠퍼스를 돌아보면서 수백 가지 추억 가운데 최고의 추억 하나를 꼽는 데 망설이고 있었다. 이에 아내는 스스로의 발언에 힘을 주려는지 내 팔을 쥐어짜듯이 잡으며 "대학 시절이 우리 인생에서 최고이지 않았어?"라고 물었다.

"응? 아니. 난 엉망진창이었어."

나 또한 아내가 보았던, 같은 공간을 둘러보았다. 그러나 아내와 달리 내 눈에는 형편없었던 대학 시절만 떠올랐다. 나는 대학 진학을 위해 고향인 매사추세츠주 허드슨을 떠나 앨라배마로 갔다. 그러나 나는 〈굿 윌 헌팅(Good Will Hunting)〉 수준의 냉소적인 태도로 캠퍼스의 모든 학생 클럽에서 가입을 거부당했다.

이후 핼러윈 데이에 최악의 사고를 친 탓에 1년간 사교 활동 금지 처분을 받았고, 결국 동네 월마트(Walmart) 밖에 있는 빙수 노점에서 일하게 되었다. 그것도 케빈이라는 남자가 마트 입구 쪽 길가에 설치한, 월마트와는 별개의 노점이었다. 당신도 대학교 첫 학기부터 월마트에서 '빙수 파는 아저씨'로 불리면서 빙수 파는 일을 했는지는 모르겠다.

아무튼 1학년을 마친 뒤부터는 상황이 바뀌었다고 말하고 싶었다. 그러나 그러려면 내가 광란의 파티 문화에 빠져 있던 사실을 숨겨야 했다. 4학년 때에는 빛이 반사되어 반짝거리는 옷을 입고, 야광봉을 흔들며 창고 같은 곳에서 새벽 3시까지 춤을 췄었다. 그때 나는 네온 모자나 야광 나비넥타이같이 번쩍이는 것들로 나의 대학 생활을 화려하게 장식하고 싶었나 보다.

25년이 지나고 다시 캠퍼스를 돌아보니, 나는 대학 시절의 모든 잠재력을 허비했다는 사실에 크게 후회스러웠다. 대학 캠퍼스는 가능성이 가득한 곳이다. 무언가가 될 수 있는, 무언가를 할 수 있는, 무엇이든 꿈꿀 수 있는 기회가 어디든 있다. 아내는 그 기회를 이미 최대한 활용했고, 큰딸 또한 곧 그러할 것이다. 하지만 나만 그러지 않았다. 그동안 나는 왜 바보같이 그 많은 기회를 놓쳤을까.

그 뒤 내슈빌로 돌아가는 길에서부터 몇 주 동안 그 무거웠던 질문이 가슴을 짓눌렀다. 그런 후회는 예전이었다면 그저 아쉬움과 체념으로 바뀌었을 터이다. 당신도 놓쳤거나 날려버린 기회에 우연히 맞닥뜨렸을 때 그런 기분을 느낀 적이 있지 않은가. 평소라면 그저 한순간의 아쉬움이라 생각하며 체념했겠지만, 이번만큼은 달랐다.

지난 2년간 나는 저서 《생각도 생각이 필요해(Soundtracks)》를 출간하기 위해 사고방식의 힘에 대해 조사하고 원고를 집필하며 시간을 보냈다. 그 과정에서 '부정적인 사운드트랙*'에 대항하는 최선의 조치는 그것이 나에게 도움이 되는가를 묻는 것임을 알게 되었다. 과거가 남긴 씁쓸한 뒷맛은 나에게 전혀 도움이 되지 않기에 나는 후회를 탐구심으로 바꿀 방법을 살펴보기로 했다.

---

* '사운드트랙'은 저자의 다른 책 《생각도 생각이 필요해》에 등장하는 단어로, 반복되는 내면의 소리, 즉 생각을 가리키는 저자만의 표현이다.

그러한 생각은 아마 내 나이에서 비롯되었을 것이다. 40대가 되면 삶이 그 전과는 다르게 다가온다. 그 정도의 나이가 되면 스스로의 과거와 미래를 더욱 성찰하게 된다. 우리 부부도 아이들이 성인이 되어 독립하기까지 2년밖에 남지 않았다. 이는 머지않아 내 인생에서 중대한 변화가 다가오고 있다는 뜻이다. 이에 나는 똑똑한 사람들이라면 20대와 30대에 고민했을, 인생에 관한 질문을 던지기 시작했다.

나는 대학 시절에 잠재력을 발휘하지 못했다. 이는 사실이자 부정할 수 없는 과거이다. 하지만 나는 미래를 더 나은 방향으로 나아가게 할 수는 있지 않을까 하는 생각에 나의 잠재력이 궁금해지기 시작했다. 이번 주만큼은 다르게 보낼 수 있을지, 아니면 이번 달, 더 나아가 올해를 다르게 살아갈 수 있을지 말이다. 지나간 대학 생활은 겨우 4년이었지만, 나에게는 아직 수십 년의 삶이 남아 있다.

30대에는 남들보다 늦게 시작했으니 50대만큼은 되도록 빨리 준비하고 싶었다. 20대에는 시간을 최대한 활용하지 못했고, 인생에 대한 실질적인 계획이나 기반조차 없이 30대를 맞았다. 따라서 50대와 60대, 그 이후에도 똑같은 일을 겪고 싶지 않았다.

물론 내 잠재력을 최대한 발휘하는 게 가능한지는 알 수 없었다. 하지만 그것이 가능하다면 인생에서 지금보다 더 많은 것들을 해낼 수 있지 않을까 하는 생각을 은연중에 품으며, 실제로 무엇을 할 수 있는지 알고 싶었다. 이는 나만의 생각은 아니었다.

우리는 잠재력을 최대한 활용하는가?

내가 잠재력을 최대한 활용하는 데 호기심이 생길 무렵, 나는 미들 테네시 주립대학 교수인 마이크 피슬리(Mike Peasley) 박사에게 연구 조사를 의뢰했다. 이는 내가 어떠한 것에 궁금함을 느낄 때마다 항상 하는 일이었다.

피슬리 박사와 나는 3천 명이 넘는 사람들에게 스스로의 잠재력을 최대한 발휘하고 있는가를 물었다. 그런데 그렇다고 답한 사람은 단 4%뿐이었다. 놀랍도록 낮은 비율이었지만 내가 가장 주목한 부분은 그것이 아니었다.

연구에 따르면 응답자 중 50%는 자기 잠재력의 50%를 아직 활용하지 못하는 상태라 여긴다. 이러한 연구 결과는 우리 중 절반은 반만 살아있는 상태로 돌아다님을 뜻한다. 트위터(Twitter, 현 X)에서 불만을 표출하는 사람들이 흔한 것도 어찌 보면 당연한 일이다.

> 연구에 따르면
> 응답자 중 50%는
> 자기 잠재력의 50%를
> 아직 활용하지
> 못하는 상태라 여긴다.

크리스마스 때마다 받은 선물상자를 절반 정도 열어봤다고 상상해 보자. 나머지 선물이 방구석에 쌓여 있는 게 보이지만 절대 열어보지 않는다. 이상한 점은 아무도 당신을 부추기지 않는다는 것이다. 가족이나 친구가 방 안의 선물을 전부 열어보라고 독려함에도 어쩐 일인지 그 선물이 당신의 손에 좀처럼 닿지 않는 것처럼 느껴지기도 한다.

그렇다고 그것이 행복한 크리스마스, 행복한 집, 행복한 직업 등과 같이 당신이 행복을 느낄 수 있는 무언가를 만들어 주지는 않을 것이다. 하지만 꼭 지금 같은 상태로 살아갈 필요가 없다면 어떨까.

만족스러운 커리어를 쌓을 수 있다면 어떨까?

성공적인 결혼 생활과 돈독한 우정을 누릴 수 있다면 어떨까?

인생에서 가장 멋진 모습을 보여줄 수 있다면 어떨까?

쓰고 싶었던 책도 쓰고, 사업을 시작하고, 차고를 정리하고, 이민자인 부모님께서 고향의 튤립 축제를 볼 수 있도록 네덜란드로 돌아가는 일등석 비행기 티켓을 살 수 있다면 어떨까?

하루하루가 선물 같은 기분이 해마다 점점 커진다면 어떨까?

당신이 20대라면 더없이 즐거운 20대를 보낸 뒤 그보다 더 즐거운 30대를 맞이하고, 그다음에는 20대와 30대 때보다 만족스러운 40대를 맞이할 수 있다면 어떨까?

당연히 최고의 인생일 것이다.

좀 더 단순해지자

잠재력을 인생 설계의 목표로 바꿀 수 있다면 어떨까. 우리의 삶을 계획하는 데 필요한 것이 결국 목표뿐이라면 복잡한 문제가 눈에 띄게 단순해질 것이다.

정의할 수 없는 관념은 섣불리 규정할 수 없는 법이다. 이와 같이 '잠재력'이라는 단어는 모호하다. 잠재력을 정의하는 일은 결승선이 없는 경주에서 이기려고 하는 것과 같다. 이는 내가 올바른 방향으로 가고 있는지, 진전이 있는지조차 알 수 없기에 결국 모든 과정에서 좌절감을 느끼게 될 것이다.

사람들에게 잠재력을 정의해 보라고 했을 때 다들 곤란해하는 기색을 보였다. 그리고 나서 다음과 같이 저마다 다른 답을 내놓았다.

- 목적의식
- 기쁨
- 후회하지 않기
- 내가 선택한 일을 할 수 있는 자유
- 최대 효과

위의 답변은 잠재력과 관련된 파편적인 측면을 보여 주는 듯하다. 그러나 실행에 옮길 수 있을 만큼 확실한 요소를 담고 있지는 않다. 무릇 감정이란 인생이라는 대시보드에서 감지해 내야 하는 중요한 신호이지만, 일관성이 없고 변덕스럽기까지 하다.

'기쁨'은 어떤가. 어떻게 측정해야 할까?

"오늘 내 기분은 진한 오렌지색이야. 화요일에는 보통 이 정도 기쁨밖에 못 느끼지만 금요일에는 마젠타색이었으면 좋겠어."

위와 같이 기쁨에도 등급이나 색상 체계가 정해져 있는가?

한편 '후회하지 않기'는 어떨까. 다니엘 핑크(Daniel Pink)의 《후회의 재발견(The Power of Regret)》에서는 '후회하지 않기'가 사람들이 열광하는 장식 같기는 하지만, 정작 달성은 불가능함을 입증한 바 있다.

우리는 평균적으로 하루에 최대 35,000번의 결정을 내린다[*]. 당신은 35,000번의 결정에 대하여 완벽한 결과를 얻은 적이 있는가? 적어도 나는 그런 적이 없었다. 아무리 철저한 계산으로 신중하게 산다고 해도 결국에는 후회가 따르기 마련이다.

그렇다면 '최대 효과'는 어떠해 보이는가.

"최대의 효과를 달성하기는 하였으나 연료가 더 필요함."

꼭 로봇이 하는 말 같지 않은가.

지금까지와는 다르게 우리의 삶을 더욱 단순하게 생각한다면 어떨까. 이 문제에 대해 곰곰이 생각할수록 계속해서 중요한 질문 하나가 떠올랐다.

'우리의 인생 설계에 필요한 것이 목표뿐이라면 어떨까?'

---

[*] imon Sinek, "How Great Leaders Inspire Action", TEDX Puget Sound, September 2009, https://www.ted.com/talks/simon_sinek_how_great_leaders_inspire _action?language=en.

서문. 지난날의 후회를 발판 삼아

내가 갑작스레 관심을 갖게 된 '잠재력'을 목표로 전환하면 큰 성취로 이어질 수 있는 수많은 쉬운 목표들이 생겨날 수 있을지 궁금해졌다. 그리고 그 아이디어를 활용하면 잠재력을 최대한 발휘하면서 살고 있다고 답한 상위 4%에 속할 수 있을까?

처음에는 그다지 확신이 서지는 않았지만, 시작은 그것만으로도 족했다. 나는 머릿속에 떠오른 아이디어 하나를 토대로 잠재력이라는 개념을 면밀하게 탐구하기 시작했다. 약 14초 뒤, 페이지를 넘기기 전까지는 모든 게 괜찮을 것이다. 모두가 그 전부터 수없이 부딪혀 왔을 '벽'을 마주하기 전까지는 말이다.

서문. 지난날의 후회를 발판 삼아

PART
1

THE LIST

1장

당신의 과거가 미래를 만든다

"넌 커서 뭐가 되고 싶니?"

나는 위의 질문을 받을 때마다 온몸이 굳어버리곤 했다. 물론 나는 그러고 싶지 않았다. 미래를 꿈꾸는 데 더 능숙해지고 싶었다. 사람들이 "당신이 생각하는 미래의 원대한 목표를 말씀해 보시겠어요?"라는 말을 건넬 때마다 얼어붙지 않았으면 좋겠는데, 나는 그때마다 아무 말도 하지 못했다.

이 책은 내가 쓴 일곱 번째 자기계발서이니 다들 내가 미래를 상상하는 데 달인의 경지에 이르렀으리라 생각할 수 있다. 그러나 꼭 그렇지만은 않다. 나 또한 잠재력 문제를 고민하기 시작하면서 과거에도 수천 번씩 부딪혔던 장애물, 즉 '비전(Vision)'이라는 벽에 직면한 적이 있었다.

소위 '비전의 벽(Vision Wall)'은 당신과 당신의 잠재력 사이에 세워진 관문이다. 여기에는 규칙이 하나 있다. 잠재력을 실현하기 위해서 스스로의 삶에 대하여 상세하면서 설득력 있는 장기적인 비전을 만들어야 한다는 것이다.

비전의 벽은 내가 고안한 개념이 아니다. 지금까지 출간된 인생 계획에 관한 대부분의 책이 벽돌을 하나씩 얹으면서 거대해진 것이다. 가장 유명한 예로, 스티븐 코비(Stephen Covey)의 《성공하는 사람들의 7가지 습관(The 7 Habits of Highly Effective People)》에 나온 내용을 들 수 있다. 이는 바로 저자가 말한 두 번째 습관인 '끝을 염두에 두고 시작하라(Begin with end in mind)'이다.

그러나 책이 수백만 부 팔리고, 수백만 가지의 잘못된 해석이 퍼지면서 '끝을 모르면 시작할 수 없다(If you don't know the end, you can't begin)'로 변질되었다. 물론 코비 작가는 그런 말을 직접 한 적이 없다. 이러한 사례는 비전의 벽이 의미하는 바와도 상통한다.

최근에는 비전의 벽 때문에 사이먼 사이넥(Simon Sinek)의 유명한 저서의 제목 《나는 왜 이 일을 하는가(Start with Why)》가 '이유를 알기 전에는 시도하지 말라(Don't try until you know why)'로 변해버렸다. 실제로 이 훌륭한 책은

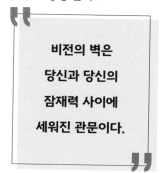

비전의 벽은
당신과 당신의
잠재력 사이에
세워진 관문이다.

그러한 콘셉트가 아니었다. 이와 같이 비전의 벽은 정정당당하게 싸우려 들지 않는다.

'왜'로 시작하는 의문, 즉 이유를 찾기 위한 질문은 애플(Apple) 등의 기업에서 조직문화를 파악하기 위한 직관적인 지침으로 시작하였다. 시간이 지나면서 그 지침은 개인이 잠재력을 일깨우기 전에 습득해야 할 절대적인 요소가 되었다.

나는 한 친구가 자신만의 이유를 알아내기 위해 책과 강의, 성격검사를 이용하면서 6개월간 애쓰는 모습을 본 적이 있다. 그는 그것만 알아낸다면 모든 것이 제자리를 찾으리라 확신했다. 누가 그 친구의 노력을 비난할 수 있을까. 그러나 비전의 벽은 "이유가 없다고? 그럼 시도도 하지 마."라고 말한다.

사업을 시작하기 전, 기업가는 사업 분야에 대한 초소형 틈새시장(microniche)을 반드시 이해해야 한다는 전문가의 말을 들을 때 비전의 벽에 부딪힌다. 그냥 아무 꽃이나 취급하는 플로리스트가 되겠다고 결심해서는 안 된다. 그건 너무 광범위한 목표니까 말이다. 차라리 샌디에이고에 사는 알렉시스라는 붉은 머리의 인테리어 디자이너에게 말레이시아산 키나발루 황금난을 판매하는 데 집중하는 것이 낫다.

나는 25년 동안 전문적인 저술 활동을 펼친 끝에야 겨우 나의 틈새시장과 예상 독자층을 파악했지만, 당신은 일을 시작하기 전부터 알고 있어야 한다. 그래야 잠재력을 최대한 활용하면서 사는 것이 더욱 쉬워진다.

이에 당신은 끝을 예측하고, 이유를 찾고, 레이저 같은 정밀함을 발휘하여 초소형 틈새시장을 정확하게 발견해 내야 한다. 그래야 시작할 수 있다.

상상과 환상, 그리고 현실

우리는 동기부여를 위해 곧 죽음을 앞두고 있는 상황을 상상하는 등의 방법을 자주 시도하면서 비전의 벽을 확장시킨다. 앞으로 당신의 삶이 6개월밖에 남지 않았다면 버킷리스트에 무엇을 적을 것인가. 나도 이전에 그와 관련된 글을 쓴 적도 있고, 실제로 직접 시도하기도 했다. 그러나 이러한 방안은 현실에 부딪히면 금세 무용지물이 되고 만다.

내가 머지않아 죽는다면 세금을 내거나, 고객에게 청구서를 보내거나, 어려운 이웃을 따뜻하게 대하거나 빨래를 개는 등 현실의 생활에 필요한 수백만 가지의 귀찮은 일을 생각하지는 않을 것이다. 그보다는 스카이다이빙을 하거나 로키산맥에 올라보기도 하고, 날아가는 독수리를 바라보는 일을 상상할 것이다. 그리고 팀 맥그로(Tim McGraw)의 'Live Like You Were Dying'이라는 적절한 제목의 노랫말에 나오는 여러 일을 하느라 바쁠 것이다.

질병과 상실을 이겨낸 사람에게는 긍정적인 외상 후 성장이 일어난다고 한다. 그러나 상상만으로 건강에 대한 두려움을 극복하여 지속적인 삶의 변화를 경험한 사람은 단 한 명도 만나보지 못했다. 그 방법으로 순간적인 동기부여는 가능하겠지만, 장기적인 성취는 불가능하다.

그렇다면 내 인생을 변화시킨 건 정말 무엇일까. 다만 당신은 적어도 아래와 같이 말하는 사람을 만나본 적은 없었을 것이다.

"자동차가 사고로 다리 위에서 강으로 추락했지만, 끝끝내 강변으로 헤엄쳐 가서 새로운 사람으로 다시 태어나는 상상을 꼭 하고 말겠어!"

나는 나의 끝을 알지 못하는 데다 삶의 이유도 모른다. 오히려 나는 이따금 욕망에서 완전히 격리된 듯한 기분을 느끼기도 한다. 물론 휴일이나 가끔 찾아오는 휴가 때 욕망을 마주한 적도 있었지만, 그럴 때마다 욕망은 내게 완전히 낯선 존재처럼 느껴진다.

'스스로에게 진실하라.'라는 말은 자신이 누구인지 안다면 도움이 될 것이겠지만, 나는 그렇지 못했다.

나는 오랜 시간 동안 지프를 드림 카로 여겼던 사람이었다. 30대가 되고부터 언젠가 반드시 지프 랭글러(Jeep Wrangler)를 갖겠다는 소망이 생겨났다. 그 꿈은 인터넷을 통해 자꾸만 커져갔다. 그 시절 나는 지프 랭글러 사진을 볼 때마다 감탄을 금치 못했다.

당시에 나는 지프를 몰고 물가를 건너다니려 차체 측면에 스노클까지 설치하는 미래를 상상했었다. 그러한 상상이 계속 이어지면서 자동차 덮개에 매달아 놓는 삽도 필요해졌다. 그리고 장거리 오프로드 탐험에 나설 때를 대비해 차 뒤쪽에 추가할 예비 연료통은 두말할 것도 없었다. 또한 언젠가 차 지붕에 올라갈 수도 있으니 시야를 60cm 정도 더 확보할 수 있는 작은 3단 사다리도 설치하는 게 좋겠다는 생각을 마음속으로 되뇌었다.

그렇게 나는 지프 차주들과 얘기를 나누면서 지프를 타게 된다면 반대 차선에서 마주쳤을 때 꼭 손을 흔들며 인사하겠다고 약속까지 했다. 그러나 10년 동안 계속 지프 얘기를 들은 아내 제니는 결국 진절머리를 냈다. 어느 날 아내와 새 차에 대해 상의하려고 마주 앉았을 때, 아내가 "당신은 지프를 좋아하지 않는 것 같아."라고 말했다.

나는 그 말에 깜짝 놀라며 "당신은 잘 모르겠지만, 지프는 로망 그 자체라고."라고 말하고 싶었지만, 이미 결혼 생활 상담을 여러 번 받아본 상태였기 때문에 거기서 배운 반영적 경청을 실천해 보기로 했다.

나는 아내에게 "내가 지프를 좋아하지 않을 거라니, 그게 무슨 말이야?"라고 물었다. 아내는 "당신은 야외 활동을 즐기는 사람이 아니잖아. 더러워지는 걸 싫어하면서 캠핑 다니는 것도 내가 좋아하니까 억지로 참으면서 가는 거고, 부엌에서 녹은 얼음을 밟아서 양말이 젖으면 화를 내잖아."라고 답했다.

이에 나는 "그야 양말이 젖으면 하루 종일 발을 웅덩이에 담그고 다니는 것 같으니까 그렇지. 하지만 지프는 예전부터 쭉 좋아했다고. 지프를 사지 못한다면 이 '솔트 라이프(Salt life)'* 스티커는 어떻게 할 건데?"라고 항변했다. 이에 아내는 다음과 같은 말을 꺼내놓았다.

"그건 잘 모르겠고, 아무튼 내 생각에 당신한테는 세련된 해치백 차가 어울릴 것 같아."

당시에는 그 말이 무슨 뜻인지 몰랐지만, 일주일 뒤 우리는 빨간색 폭스바겐 GTI 해치백 모델을 시승해 보았다. 일주일하고 겨우 10분 만에 나는 새로운 사랑에 빠졌다. 한 달쯤 뒤에는 고카트처럼 생긴 그 작은 차를 운전하는 게 너무 재미있어서 주차장에 들어갈 때 드리프트를 하듯 괜히 멀리 돌아서 들어가기도 했다.

---

* 미국에서 해변이나 바다에서의 레저활동 및 생활을 즐기는 사람들이 자주 쓰는 표현으로, 스티커로 만들어 자동차 범퍼나 문에 붙이곤 한다.

그만큼 나는 스스로가 정말 좋아하는 것이 무엇인지 잘 몰랐다. 여기에서는 차량이었지만, 다른 하나는 여생 동안 하고 싶은 일이었다. 평소 운전하는 차에 대해서도 그럴 정도였으니 미래에 대한 비전은 얼마나 엉망진창이었을지 당신도 충분히 상상이 갔을 것이다.

현재를 바꾸기 위해 미래를 알아야만 한다면 나는 이미 틀린 상태였다. 자기가 원하는 차 종류조차 모르다니, 말 다 한 것 아닌가. 그럼에도 나를 위한 다른 방법이 분명 어딘가에 있을 것이라 믿었다.

백미러를 보듯

잠재력에 대한 대중적인 접근 방식이 나에게 효과가 없다는 증거를 수십 년 동안 모았는데, 이는 당신에게도 마찬가지일 것이다. 그 이유는 자리에 앉아 미래를 계획하려고 할 때마다 내면의 온갖 불안감이 깨어나기 때문이다. 지평선 너머를 바라보면서 스스로를 개선하려고 시도할 때면 온갖 의심과 두려움, 그리고 실패의 기억은 점점 거세어진다.

"네가 책을 쓸 수 있을 것 같아? 회사를 차릴 수 있다고 생각해? 달리기 선수가 되겠다고? 네 나이에? 그런 배경으로? 꿈 깨."

위와 같은 생각으로 잠재력을 끌어내기 위한 계획의 장이었던 빈 캔버스는 첫발을 내딛기도 전에 온갖 방해요소와 변명, 반발로 얼룩져 있다. 나는 무너뜨리기 힘들고 성가신 비전의 벽을 다시 바라보면서 지금껏

한 번도 해본 적 없는 일을 해야겠다고 마음먹었다. 바로 앞을 내다보지 않고 뒤를 돌아본 것이다.

그것은 나에게 그다지 특별하고 전략적인 결정은 아니었다. 하지만 그러한 결정은 내게 남은 유일한 방법이었다. 현재로서는 나의 잠재력을 조금도 발휘하지 못하는 데다 미래마저 나에게 유용한 답을 제공해 주지는 않는다. 그렇다면 내게 남은 것은 과거뿐이었다.

처음에는 뒤를 돌아보는 일이 직관에 어긋나는 행동인 듯했다. 그와 함께 뒤쪽으로 통행을 금지하는 표지판을 모두 무시하고 무모한 행동을 하는 것 같았다. 하지만 뒤를 돌아본 순간, 내 인생 전체를 변화시킬 수단을 우연히 발견했음을 깨달았다. 이와 같이 잠재력을 최대한 발휘하는 길은 우리가 목적지에 도달하게 되었을 때 쳐다보게 되는 곳, 즉 백미러에서 시작된다는 게 밝혀졌다.

과거가 곧 미래다

잠깐 퀴즈를 하나 풀어보자. 다음 중 어떤 활동이 더 쉬울까?

① 향후 20년 동안 이룰 수 있는 최고의 삶을 설명하기
② 과거 20년 동안 자신에게 일어났던 가장 좋은 일을 설명하기

두 가지 퀴즈 가운데 하나는 공상이고 다른 하나는 역사이다.

하나는 모든 두려움을 헤쳐 나가는 용기, 워런 버핏(Warren Buffet)

과 같은 비전 제시 능력, 일론 머스크(Elon Musk)처럼 미래를 만들어 가는 창의성, 오프라 윈프리(Oprah Winfrey)의 자유로운 긍정심, 네이비 씰(Navy SEALs)의 투지, 끈기, 인내가 필요하다. 반면 다른 하나는 펜과 종이만 있으면 된다.

몇 년 동안 첫 번째 활동을 계속 시도해 봤지만 성공하지 못했다. 비전의 벽을 넘어설 가능성이 100만분의 1조차 되지 않았다. 그러던 어느 날 오후, 조지아주 오거스타 공항에 앉아 있다가 두 번째 활동을 해봐야겠다는 생각이 들었다.

노트 한쪽 페이지에 '**최고의 순간**'이라고 쓰고 생각나는 대로 막 적기 시작했다. 내 과거는 한 권의 책이고, 거기서 가장 중요한 내용을 손쉽게 찾아볼 수 있도록 밝은 노란색 형광펜을 손에 쥐고 있다고 상상했다.

미국 남부에 위치한 작은 공항에서 갑자기 목록을 작성하기 시작한 이유는 최근에 최고의 순간을 경험한 적이 있었고, 그 느낌이 아직 생생하게 남아 있었기 때문이다. 전날 밤 오거스타 메트로 상공회의소에서 자리를 가득 메운 청중을 상대로 한 연설은 정말 최고였다. 그래서 그 일을 노트에 적었다. 그리고 이어서 내 인생의 대표적인 순간들도 몇 가지 적었다. 이는 내가 목록을 작성하는 데 빨리 익숙해지는 가장 쉬운 방법이었다. 내가 휘갈기듯 쓴 내용은 다음과 같다.

〈최고의 순간〉

- 내 결혼식 날
- 두 아이의 탄생
- 크리스마스 무렵에 산토리니, 코스타리카, 뉴욕 등으로 여행을 갔을 때
- 학자금 대출을 다 갚았을 때

뻔한 내용이 다 떨어지자 좀 더 색다른 것들이 등장했다.

- 친구와 함께 '마사스 바인야드'라는 식당에서 9파운드짜리 랍스터를 먹었던 일. 여행 가방만 한 크기라서 회전 톱으로 잘라야 했다.
- 달리기를 마치고 잠시 숨을 돌리면서 이웃집 개 '스카우트'를 쓰다듬어 준 일
- 가장 좋아하는 작가 중 한 명인 스티븐 프레스필드(Steven Pressfield)가 내가 쓰고 있는 책에 대한 격려의 글을 보내준 것

내가 기록한 최고의 순간이 전부 특별한 것은 아니다. 흔히 겪는 일도 있다.

- 새로운 달에 내 마음대로 쓸 수 있는 새로운 30일이 생기는 것
- 현관 밖을 내다봤더니 문 앞에 택배 상자가 놓여 있는 게 보일 때
- 아내와 아이들을 웃게 해줬을 때

1장. 당신의 과거가 미래를 만든다

개인적으로 좋아하는 순간이지만, 남에게는 그다지 중요하지 않아 보이는 것들도 있다.

- 크리스마스에 코스트코 매장을 돌아다니는 것
- 식당에서 테이블이 아닌 칸막이가 있는 자리에 앉는 것
- 우리 집 마당의 모이통에 날아온 새들을 보는 것

그날 공항에서 인생 최고의 순간을 스무 개 넘게 적었고, 이후 며칠 동안 생각나는 대로 계속해서 새로운 내용을 추가했다. 최고의 순간이 무엇인가에 대해 어떠한 제한도 두지 않았다. 과제가 아니라 놀이처럼 느끼고 싶었기 때문이다. 덕분에 내 책이 〈뉴욕타임스〉 베스트셀러 순위권에 올랐다는 전화를 받은 일처럼 중요한 일도, 일주일간의 근무가 끝났을 때 책상 위를 정리하는 만족감 같은 사소한 일도 모두 적을 수 있었다.

이 목록에 적용되는 규칙은 '모든 내용이 다 중요하다.' 단 하나뿐이었다. 나는 내 머릿속의 모든 생각에 깐깐하게 딴지를 거는 나이트클럽 경비원을 내쫓았다. 이제 나에게는 지원서를 검토하는 깐깐한 입학사정관 같은 것도 없다. 우편함의 색을 따져대는 주택 조합도 없다. 규모와 중요성에 상관없이 원하는 모든 순간이 목록에 포함되었다. 스스로 게임 규칙을 직접 만들면 승리가 보장되기 때문에 목록 작성은 쉬웠다.

경이로움으로 가득한 과거를 돌아보며

인생 최고의 순간을 목록으로 작성하면서 무언가 배울 점이 있을 것임은 이미 알고 있었다. 그러나 그에 많은 걸 기대하지는 않았다. 나는 목표광인 데다 자기계발을 위해 거의 모든 기법을 적용해 봤기에 그러했다. 그럼에도 무슨 이유 때문인지 최고의 순간 목록의 결과는 꽤 놀라웠다.

첫 번째로 놀라웠던 점은 그 목록이 대단하게 느껴졌다는 것이다. 돌이켜 보면 최고의 순간을 모아놓은 목록을 만들면 기분이 좋아지는 것은 당연한 일이기에 놀라지 않았어야 했다. 이는 본질적으로 내 머리와 심장에 가장 아끼는 친구와의 추억, 기념할 만한 물건, 지금까지 살면서 경험한 최고의 순간을 찾아보자고 말한 것이나 다름없다.

내 머리와 심장 모두 그러한 요청을 받고 혼란스러웠을 것이다. 이들은 나의 요청과 정반대의 일을 자신의 소임이라 여기는 경향이 있기 때문이다. 내 머리와 심장은 내가 그동안 저지른 실수를 기억해 두었다가 아무 때나 무작위로 재생하곤 한다. 마치 계속해서 깜짝 파티가 열리는 것과 비슷하다. 다만 현수막의 글귀가 '생일 축하해!'가 아닌, '나는 네가 예전에 한 실수를 알고 있다.'인 점만 다르다.

사소한 말실수부터 전 직장에서 저지른 큰 실수에 이르기까지 내가 후회할 만한 행동을 목록으로 나열하자면 장편 서사시만큼이나 길다. 이를 과학자들은 '부정 편향(Negative Bias)'이라고 부른다. 부정 편향은 한마디로 우리를 위협에서 보호하기 위해 부정적인 부분은 지나칠 정도로 강조하지만, 긍정적인 부분은 과소평가한다. 겨우 생후 8개월 된 유

게임 규칙을

직접 만들면

승리가 보장된다.

아도 개구리보다 뱀의 이미지, 행복한 얼굴보다 슬픈 얼굴이 보일 때 더 빨리 몸을 돌린다*. 우리의 뇌는 본래 이러한 방식으로 작동하도록 설계되어 있다.

두 번째는 목록을 작성하면서 감사하는 마음을 갖게 되었다는 것이다. 감사에 관한 과학적인 이야기로 당신을 지루하게 하고 싶지는 않다. 하지만 감사의 유익함은 수많은 연구를 통해 밝혀진 바 있다. 나는 그 연구 결과가 사실이라는 걸 알고 있으며, 마음 깊이 이해하고 있다. 하지만 개인적으로는 어떠한 계획도 없이 감사를 실천하는 일이 항상 힘들었다. 누군가가 감사해야 한다느니, 마음이 풍요로워야 한다는 말을 하면 항상 나도 동의하기는 하지만, 그럴 때마다 대체 어떻게 하면 될까 하는 의문을 낳았다.

그동안 나는 실용적이면서 실천 가능한 조치를 원했었는데, '최고의 순간 목록'이 바로 길잡이가 되어주었다. 나에게 최고의 순간 목록은 감사로 향하는 지름길이나 다름없다. 목록을 작성하는 동안 오랫동안 잊고 지냈거나 당연하게 여겼던 삶의 많은 것들에 감사하게 되었다.

세 번째는 그 목록이 '자기인식(Self-Awareness)'을 가르쳐 주었다는 것이다. 자기인식은 그 자체만으로 강력한 힘이다. 스스로를 잘 알지 못하면 진실한 인간관계를 맺을 수 없으며, 직장에서 성공할 수 없다. 또한

---

* John Tierney and Roy F. Baumeister, The Power of Bad: How the Negativity Effect Rules Us and How We Can Rule It (New York: Penguin Books, 2021), 71.

건강을 유지하거나 인생에서 중요한 목표를 달성할 수도 없다. 누군가 이에 반문할 수 있겠으나, 자기인식이 갖추어지지 않은 채로는 현실을 정확히 파악할 수 없다.

예를 들면 스스로를 열정적인 사람이라고 생각하지만, 화가 많다는 이유로 해고되어 충격을 받는 어느 리더가 있을 것이다. 또 50대에 들어 의사에게 건강을 위협할 정도의 과체중이라는 경고를 받고 모욕감을 느끼는 한 가장도 그 예이다. 그리고 자꾸만 쓰레기 같은 남자와 사귀게 되는 이유를 고민하는 20대 후반의 젊은 여성 또한 그에 포함될 수 있다. 그럼에도 그들은 본인이 먼저 변해야 하는가에 대해 한 번도 의문을 품지 않는다.

자기인식은 평생을 색맹으로 살았던 사람에게 고연색성(full-spectrum) 안경을 씌우거나, 소리를 듣지 못하는 아이에게 인공와우를 이식하여 처음으로 어머니의 목소리를 듣게 되는 것과 같다. 이렇듯 자기인식이란 내 눈에 보이는 모든 색상을 보고, 내가 들을 수 있는 모든 소리에 귀 기울이며, 나를 살아있게 하는 삶의 모든 순간을 확인하는 것과 같다.

자신이 정말 좋아하는 게 무엇인지 모른다면 잠재력을 활용할 수 없다. 개인적으로 최고의 순간이라고 생각하는 내용을 목록으로 작성하면 어떤 일이 일어날지 추측해 보자. 그러면 자신이 무엇에 관심이 있는지 바로 알 수 있다. 이 목록은 자기인식으로 빠르게 향하는 프리패스이다.

마지막으로 네 번째 놀라운 점은 최고의 순간 목록이 나에게 '마음챙김(Mindfulness)'을 가르쳐 주었다는 것이다. 누구나 현재에 정신을 온전히 쏟고 싶어 하고, 지금 이 순간에 충실할 수 있기를 바란다. 이를 위한 가장 쉬운 방법은 바로 우리의 기분이 밝아지도록 주의를 기울이는 것이다. 현재에 정신을 온전히 집중하는 것은 곧 지금 머무는 순간에 향수를 느끼는 법을 배우는 것이기도 하다.

당신의 머리와 심장에 과거의 멋진 순간을 찾으라고 지시하면 그들은 자연스럽게 그 순간을 현재에서 찾기 시작할 것이다. 그렇다면 당신은 지금 이 순간이 정말 멋지다는 사실을 깨달으며 당장 목록에 추가해야겠다고 생각하게 될 것이다. 그렇게 우리는 현재에 집중하기 시작한다.

> 현재에 정신을
> 온전히 집중하는 것은
> 곧 지금 머무는 순간에
> 향수를 느끼는 법을
> 배우는 것이기도 하다.

이상의 네 가지 놀라움만으로도 펜과 종이 한 장이라는 입장료를 지불할 가치가 충분하지만, 아직 목록은 완성되지 않았다.

다시 미래로

이제 170개 항목으로 늘어난 목록을 다시 읽어보면서, 나는 앞으로 날마다 바뀔 심오한 생각에 사로잡혔다. 이러한 순간을 더 늘리고 싶다. 170개에서 멈추고 싶지 않았다. 이 목록에 천 개, 만 개, 백만 개 항목이 추가되길 바랐다.

터무니없다고 여길 수도 있겠지만, 나는 목록을 검토할 때마다 이러한 순간이 더 자주 일어났으면 좋겠다고 생각하지 않을 수 없었다. 물론 자주 잊어버리긴 하지만, 그러한 순간이 항상 생겨나게 할 수 있을까 궁금해졌다.

나는 천성적으로 부정적이며, 냉소적이기도 하다. 자기계발의 성과를 믿기는 하지만, 대부분의 기법에는 매우 회의적이다. 나는 뉴잉글랜드에서 자라면서 어린 시절부터 지키지 못할 약속을 하는 사람들에게 늘 민감하게 반응했다. 하지만 그런 불신을 잠시만 멈출 수 있다면, 인생 최고의 순간을 예외사항이 아닌 규칙처럼 찾아오게 만들 방법을 찾을 수 있을까?

그리고 어느 달, 어느 주라는 특정한 시간에 구애받지 않고 하루 24시간 속에서 과거에 경험한 최고의 순간에서 그다음 최고의 순간으로 도약하는 삶을 살 수 있을까?

이국적인 곳으로의 여행 일정이나 크고 가시적인 성취가 예정되어 있지 않은 평범한 월요일에도 최고의 순간을 만끽할 수 있을까?

최고의 순간을 가끔이 아닌, 항상 누릴 수는 없을까?

후회를 버리고 남은 인생을 최고의 나날로 만들 수 있을까?

내가 할 수 있다면 당신도 그러할까? 정말 목록을 통해 최고의 삶을 시작할 수 있을까?

2장

당신이 경험한 최고의 순간을 기록하라

이전 장에서 나는 자기만의 **'최고의 순간 목록'**을 만들어 보도록 유도했다. 자기인식을 높이고, 감사와 마음챙김을 더 일찍 이해하는 방법에 대하여 나는 곳곳에 힌트를 주었다.

그럼에도 2장까지 읽은 당신은 더 이상 평범한 독자가 아니라 도전해 볼 준비가 조금은 된 사람이라 할 수 있다. 특히 내가 약속한 만큼 좋은 성과를 이룬다면 더더욱 그러할 것이다.

당신은 아마 인생에서 가장 좋았던 순간이 언제였는지 벌써 생각해 봤을 것이다. 어느 순간에는 형광펜으로 줄을 그어놓거나 여백에 메모를 해뒀을지도 모른다. 최고의 순간 목록 만들기는 일단 시작만 하면 손쉽게 할 수 있는 일이다. 그렇지만 그 손쉬운 일이 더욱 쉬워지도록, 최고의 순간을 찾고자 할 때 창의력을 발휘할 수 있는 7가지 길잡이 문장을 소개한다.

1. _____을(를) 할 때 시간이 빨라진다/느려진다.

나는 글을 쓰다 보면 시간이 쏜살같이 지나가는 것 같다. 그래서 가끔 시계를 확인하면 놀라곤 한다. 하지만 때로는 그와 반대인 경우도 있다. 일찍 일어난 날에는 아직 오전 8시밖에 안 되었는데도 벌써 많은 일을 끝냈음에 놀라기도 한다. 다시 말하면 시간이 느리게 흐르는 것처럼 느껴지는 것이다.

위와 관련하여 카블리 시스템 신경과학 연구소에서는 바로 그 현상을 연구한 바 있다. 연구원들은 사람이 참여하는 활동과 경험의 내용을 바꾸면 뇌의 측면 내후각 피질(LEC, Lateral Entorhinal Cortex)에서 시간 정보를 처리하는 과정이 바뀌어 시간을 인지하는 방식이 달라진다는 사실을 발견했다[*]. 즉 어떠한 일을 할 때 시간이 빠르게, 또는 느리게 흘러가는 듯한 느낌에는 그저 기분 탓이 아니라 과학적 근거가 숨어있다는 것이다.

관공서에서 줄을 서서 기다릴 때는 시간이 느리게 간다. 그러나 이

---

[*] Rita Elmkvist Nilsen, "How Your Brain Experiences Time", Norwegian University of Science and Technology, https://www.ntnu.edu/how-your-brain-experiences-time.

러한 일은 '최고의 순간 목록'에 추가할 거리는 못 된다. 여기에서의 핵심은 바로 '즐거움'이기 때문이다.

혹시 당신은 시간 감각이 엉망이 될 정도로 즐거움을 느끼는 일이 있는가? 나는 수년 동안 수천 명의 사람에게 이 질문을 던졌고 다음과 같이 다양한 형태와 규모의 답변을 받았다[*].

조 웨만은 영상을 편집할 때만큼은 시간이 멈추는 듯하다고 말했다. 캐서린 마리의 경우 학생들을 가르칠 때 그렇다고 말하며, 학생들에게 역사에 대해 신나게 강의하다 보면 언제 시간이 이렇게 흘렀나 하고 깜짝 놀랄 때가 있다고 덧붙였다.

제시카 벤징 스미스는 자연 속에 있으면 시간 가는 줄 모른다고 한다. 스미스는 남편과 함께 847일 동안 하루도 빼놓지 않고 야외에 나갔다고 한다. 그 외에 마이클 시워에게는 요리, 니키 림블에게는 피아노 연주가 그러했다.

하지만 나에게 동영상 편집은 악몽 같은 일이다. 요리로 말하자면 물조차 제대로 못 끓이는 격이다. 심지어 피아노 레슨은 부모님이 나를 골탕 먹이고 싶을 정도로 미워하는 마음에 일부러 시키는 것이라는 생각마저 들었다. 따라서 제시된 활동은 나의 목록에 없는 것들이다. 오히려 그러한 일들은 당신의 목록에 적혀 있을지도 모른다. 이상과 같이 시간 가는 줄 모르고 즐기는 일이 무엇인가를 묻는 질문에 대한 당신의 답변은 나의 것, 더 나아가 이 책에 소개한 모든 사례와 다

---

[*] The comments from individuals that I share throughout the book are from private groups on Facebook and LinkedIn and are used with the generous permission of the named participants.

를 것이다.

당신의 삶에서 최고의 순간을 찾고자 한다면 시계를 확인하라. 시계에서 힌트를 얻게 될 것이다.

2. 지금까지의 직장생활 중 최고는 _____이었으며, 그 일을 정말 좋아했던 이유는 _____이었다.

회사 운영을 제외하고 내가 거쳐온 최고의 직장생활은 유명한 개인 금융 전문가인 데이브 램지(Dave Ramsey) 아래에서 일했을 때였다. 그 일을 정말 좋아했던 이유는 전국 각지에서 현장 이벤트를 진행했기 때문이었다. 입사한 지 3개월째 되었을 때, 데이브는 나에게 경기장에 모인 8,000명의 관객들 앞에서 연설할 기회를 주었다. 그 연설은 지금까지의 최대 관객 수보다 7,900명이나 많았으며, 나에게는 더없는 최고의 경험이었다.

최고의 직업을 가져본 적이 없다면, 다음과 같이 범위를 축소해보자.

'전 직장에서 가장 마음에 들었던 점은 _____(이)다.'

내가 애틀랜타에 살 때 마지막으로 다녔던 직장에서는 매주 수요일마다 회의를 했었는데, 그때마다 나는 경영진 앞에서 진행 중인 프로젝트를 발표했었다. 나는 이처럼 마감일이 정해져 있는 게 좋았다. 한 주의 업무를 계획하는 데 도움이 됐기 때문이다. 지금까지 내가 경험했던 현장 이벤트와 기업 회의는 업무상 성격은 서로 다르지만, 모두 나의 목록에 적혀 있다.

3. _____을(를) 볼 때마다 웃음짓게 된다.

　이 문장의 빈칸에는 사람, 장소, 사물 등 뭐든 들어갈 수 있어서 재미있는 답변을 기대할 수 있다. 나는 '롭 센텔'이라는 친구를 만날 때마다 웃음이 나온다. 롭은 정말 유쾌한 사람이며, 우리가 만나면 함께 있는 동안 내내 웃으며 시간을 보낼 것을 서로 알고 있다.

　다른 이야기를 하자면 나는 테네시주 몬트이글 정상에 있는 휴게소가 보일 때마다 미소를 짓게 된다. 그 휴게소는 곧 채터누가와 애틀랜타의 교통 체증을 벗어났다는 의미이기 때문이다. 그 뒤로는 언덕이 완만해지고 제한 속도가 시속 70km로 올라가면서 내슈빌까지 직선으로 반듯하게 뻗은 평탄한 길만 남았다. 또 벤치메이드(Benchmade)사의 주머니칼을 보면 어린 시절로 다시 돌아간 듯한 기분이 들어 미소가 절로 나온다.

　캐서린 핸슨은 아들이 세상을 누비는 모습을 볼 때마다 미소가 떠오른다고 말했다. 어느 날 오후, 통학버스에서 내린 아들이 일부러 집으로 향하는 길에서 벗어나 진흙탕 도랑으로 들어가는 모습을 보았다. 캐서린은 이 어린 장난꾸러기가 물웅덩이를 지나치지 못하는 모습에 웃음을 참을 수 없었다. 그녀는 그 순간을 목록에 추가했다.

　언젠가 당신이 웃고 있음을 깨닫는다면 주위를 둘러보고 그 이유를 알아내도록 하라. 그곳에 생애 최고의 순간이 당신을 기다리고 있을 것이다.

4. 오늘 여유가 있다면 _____에 시간을 쓸 것이다.

　나는 인스타그램에서 도움이 필요한 누군가에게 돈을 기부하는 인플루언서의 영상을 즐겨본다. 그중 한 남성 인플루언서의 영상은 지나가는 사람에게 1달러만 줄 수 없겠냐는 부탁으로 시작한다. 그리고 인플루언서가 1달러를 받자, 그는 호의에 대한 보답으로 그 사람에게 1,000달러를 건네며 영상이 마무리된다.

만약 내가 누군가에게 그만큼 베풀 수 있는 사람이라고 가정해 보자. 내가 당신에게 돈 대신 여가를 줄 수 있다면, 당신은 그 시간을 어떻게 쓸 것인가? 개켜야 하는 빨래처럼 해야 할 일에 얽매이지 않고 말이다. 그렇다면 당신은 남는 시간에 무엇을 하고 싶은가? 그리고 그 질문에 가장 먼저 떠오르는 대답은 무엇인가?

5. 복권에 당첨되어 1억 6,300만 달러의 당첨금을 받는다면, _____를 백만장자로 만들 것이다.

위와 같이 구체적인 금액을 언급한 이유는 바로 그 일이 실화이기 때문이다. 2011년 10월, 데이브 도스와 여자친구 앤젤라는 1억 100만 파운드, 약 1억 6,300만 달러의 복권 당첨금을 받았다. 두 사람은 당첨금을 자선단체에 기부하는 것은 물론, 친구와 가족까지 백만장자로 만들기로 했다.

이에 데이브는 "살면서 지금까지 우리에게 많은 도움을 준 사람들 15~20명 정도의 명단을 작성했어요."라고 말했다[*]. 데이브의 사례와

---

[*] Elizabeth Dunn and Michael Norton, Happy Money: The Science of Hap-pier Spending (New York: Simon & Schuster, 2013), 117.

같이 최고의 순간 목록에 추가할 관계보다는 당신이 100만 달러를 흔쾌히 내어줄 수 있는 사람이 누구인지부터 생각해 보길 바란다.

6. 자랑 같겠지만, 내가 이뤄낸 가장 큰 성과는 ① _____ ,
   ② _____ , ③ _____ 이다.

최고의 순간 목록을 작성하는 때만큼은 부끄러워하거나 과시적인 사람으로 보일까 걱정하는 데 시간을 허비할 필요가 없다. 자랑스러워할 만한 일을 해냈거나 성공적인 회의를 마치고 퇴근길에서 기쁨에 겨워 쾌재를 부른 적이 있다면, 프로젝트의 모든 퍼즐이 하나로 맞추어진 때가 쭉 생각난다면 그 일을 적어보자.

물론 살면서 승리를 자축할 기회가 그리 많지 않아 처음에는 어려울 수도 있다. 그러나 소아 비뇨기과 전문의인 레슬리 맥퀴스턴은 다음과 같이 말한다.

"전 엄마이자 외과의사예요. 그 사실에 떳떳하니 부끄럽진 않아요."

한 여자가 '엄마'와 '외과의사'라는 두 업적을 모두 이루었음에 부끄러움을 종용하던 세상을 상상할 수 있는가? 물론 그럴 수 있다. 그것이 바로 '우리가 사는 세상'이다. 우리는 이에 주저해서는 안 된다. 당당하게 이겨내야 한다.

7. 휴대폰의 사진 갤러리를 스크롤할 때, _____이(가) 언제나 힘이 되어준다.

당신에게 자신감을 불어넣는 것이 무엇인지 그저 상상하려고만 하지 말고, 사진을 통해 관심을 갖거나 기억하고 싶은 순간을 다시 되돌아보

라. 당신이 잊어버린 것들이 사진 속에 분명히 있을 것이다.

애널리스트인 에린 클라크는 페이스북 메모리(Facebook Memories)를 이용하면 최고의 순간 목록을 쉽게 작성할 수 있다는 사실을 발견했다. 이와 같이 기술에 기대어 도움을 구하는 것을 두려워하지 말자.

이상에서 소개한 7가지 길잡이 문장은 처음 목록을 작성하기에 충분할 것이다. 물론 당신만의 문장을 직접 만들 수도 있다.

연구 참가자 중 한 명인 타히스 블루는 내 질문 목록을 마음에 들어 하면서도 "오랫동안 아이를 돌봐야 하는 힘든 시간 동안 멋진 순간을 기억하거나 새로운 순간을 기대하는 게 정말 어려울 수 있잖아요."라고 말한 적이 있다. 따라서 나는 목록 작성을 위해 다음과 같은 두 가지 질문을 직접 만들었다.

① 자녀들과 함께하며 가장 큰 기쁨을 느낀 순간은 언제인가?
② 남편과 유대감을 느낀 순간은 언제인가? 무엇이 남편과 연결되어 있다고 느끼게 하는가?

목록을 확장하는 또 하나의 방법은 친구들에게 목록에 추가할 내용이 더 있는지 물어보는 것이다. 나 또한 마법처럼 깨달음의 순간이 반짝 찾아와서 폭스바겐 GTI를 좋아한다는 사실을 알게 된 것은 아니니까. 그저 아내 제니와의 상의 끝에 그녀가 날 도와줬을 뿐이다. 따라서 당신이 할 일은 친구에게 다음과 같은 문자를 보내는 것이다.

존 에이커프라는 작가의 책을 읽고 '최고의 순간 목록'을 만
드는 연습을 해보고 있어. 날 기분 좋게 해주는 것들을 모두 모
아서 방대한 목록을 만드는 건데, 과거의 추억, 좋아하는 취미,
잘할 수 있는 일, 그 외에 날 기쁘게 하는 것들이면 다 된대.
　작가는 우리가 때로 인생이라는 그림에 너무 가까이 선 탓
에 캔버스 전체를 다 볼 수가 없어서 혼자 알아차리기 어려울
수도 있대. 그러니까 내 삶을 더 넓은 시야로 바라봐 줄 수 있
는 친구로서 그 목록에 추가해 주고 싶은 내용 있어? ^^

　위의 방법에 꺼림칙함을 느낄 정도로 내향적인 사람도 있을 것이다.
상관없다. 당신에게 어울리는 방식으로 목록을 작성하면 된다. 내 얘기
를 하자면 나는 운동 감각을 통해 학습하는 경향이 있으며, 촉각 경험을
선호하는 편이다. 따라서 나는 워드 프로그램을 사용하기 전에 먼저 노
트에 최고의 순간들을 적어놓는다.

　원한다면 그림을 그리거나 말소리를 녹음했다가 나중에 받아적어도
되고, 미술용품을 활용해서 콜라주를 만드는 것도 좋다. 내면을 들여다
볼 수 있는 순간을 모을 수만 있다면 어떤 방법을 사용해도 문제는 없다.
브라이언 로빈슨은 그동안 경험한 최고의 순간을 포스트잇에 적어 컴퓨
터 키보드 옆에 붙여둔다. 그 이유에 대해 브라이언은 그렇게 해야 내용
을 쉽게 보충하고, 보게 되면서 계속해서 자신감을 얻을 수 있기 때문이
라고 설명한다.

이토록 간단한 방법의 수혜자는 비단 나뿐만이 아니었다. 250명이 넘는 사람들을 대상으로 6주 동안 '최고의 순간 목록' 연구를 진행했을 때였다. 그때 모두가 각자 다른 방법을 사용했음에도 결과는 동일하다는 사실에 용기를 얻었다.

나는 연구 참가자들에게 30개의 항목을 생각해 보라고 요구했는데, 아이오와주 펠라에서 치과의사로 일하는 에릭 레커는 그 숫자를 훌쩍 뛰어넘었다. 에릭은 나에게 다음과 같이 전했다.

"제 목록은 계속 늘어나고 있어요. 지금은 항목이 150개가 넘죠. 여기에서 큰 깨달음을 얻었습니다. 저는 살면서 스스로에게 너무 많은 부담을 준 나머지, 어떻게든 이 연구를 즐기려고 애썼어요. 그런데 그 과정에서 정말 많은 놀라운 추억과 순간을 만들었어요. 아주 멋진 삶이죠. 그리고 이런 순간을 더 많이 누릴 방법을 예전부터 찾고 있었는데, 이 목록은 이미 제 삶을 변화시켰어요. 저는 최고의 순간이 곧 저를 찾을 거라 믿습니다!"

에릭은 잠재력을 목표로 전환시켰고, 최고의 순간 목록을 유용한 도구로 사용했다. 그리고 그 결과에 놀라워했다. 물론 모든 참여자가 이러한 반응을 즉시 보여준 것은 아니었다.

베로니카는 항상 스스로의 생각에 갇혀 놀라운 순간을 깨닫지 못하는 경우가 많았기에 목록을 작성하는 데 어려움을 느꼈다고 털어놓았다. 리타의 경우 스스로에게도 최고의 순간이 여러 번 있었다는 걸 알지만, 자신과 관련된 것을 평가절하하는 경향으로 힘들어했다. 캐럴은 본래 비관적인 성격이기에 처음에는 쉽지 않았다고 말한 바 있다.

최고의 순간 목록은 다음과 같이 당신이 배운 모든 내용과 반대된다. 그렇기에 반응은 더없이 훌륭할 수밖에 없다.

- 자랑하지 말라.
- 트라우마에 집중하라.
- 스스로의 미래를 알아내기를 기대하라.
- 스스로에 대한 생각은 이기적이다.

대부분에게는 이 활동이 매우 낯설게 느껴졌겠지만, 어려움을 겪었던 이들도 모두 발전하는 모습을 지켜볼 수 있어 즐거웠다. 마지막으로 캐 럴의 상황을 확인했을 때, 그녀는 최고의 목록을 만들어 가고 있었다.

"일단 시작하고 나니까 갈수록 쉬워졌어요. 여전히 목록에 계속 새로 운 항목을 추가하고 있어요. 어제는 몇 달 동안 만나지 못한 친구와 점심 을 먹었죠. 오늘은 학교에서 손자를 데려와 아들이 어릴 적에 아끼던 장 난감 트랙터로 농사짓기 놀이를 했고요. 지금 이 순간이 최고인 이유는 남편과 함께 앉아서 새소리와 폭포 소리를 듣고 있기 때문이에요."

캐럴은 위와 같이 말하며 눈 깜짝할 새에 벌써 세 가지 항목을 목록에 적어 넣었다.

최고의 순간 목록을 작성할 때 가장 중요한 것이 있다. 이는 1장에서 언급된 내용으로, 머릿속의 경비원부터 내쫓으라는 점을 명심하는 것이 다. 우리의 생각 속에 세워진 클럽에는 누구나 입장할 수 있다. 사람들의 입장을 가로막는 바리케이드도, 게스트 명단도, 드레스 코드도 없다. 따라서 최고의 순간 목록에는 어떤 것이든 넣을 수 있다.

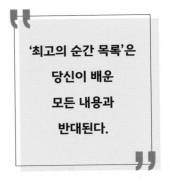

'최고의 순간 목록'은
당신이 배운
모든 내용과
반대된다.

나는 당신의 목록에 몇 개의 순간이 적혀 있는지 알 수 없다. 그러나 목표로 삼아야 하는 완벽한 숫자 같은 건 없다. 또 이건 끝을 내야 하는 그런 실습도 아니다. 나는 처음 몇 주 동안 170개 이상을 추가했고 지금도 이틀에 한 번씩 새로운 순간을 추가한다.

최고의 순간 목록을 통해 무려 감사, 자기인식, 마음챙김, 행복을 모두 배울 수 있다는 점에서 이 책은 미국 헌법 제정 이래 가장 위대한 책이 되지 않을까. 하지만 좀 더 꼼꼼히 살펴보니, 이 목록을 통해 할 수 있는 일은 그게 전부가 아니라는 걸 알게 되었다.

1990년대의 유행하던 싸구려 3D 포스터를 기억하는지는 모르겠다. 한참 쳐다보고 있으면 갑자기 범선을 탄 유니콘이 나타나는 포스터 말이다. 목록을 열심히 들여다봤을 때에도 그러한 일이 나에게 일어난 적이 있었다. 다만 내 눈에 보인 네 가지는 유니콘보다 훨씬 좋은 것이었다.

3장

미래의 당신을 위해 과거를 분석하라

나는 성격검사지를 솔직하게 작성한 적이 없다. 그동안 나는 DISC *, MBTI **, FFM *** 등 다양한 성격검사를 접해왔다. 업무를 위해 다른 곳

---

*　20세기에 개발된 종합심리검사로, 성격과 행동 유형에 따라 주도형(D, Donimant), 사교형(I, Influence), 안정형(S, Steadiness), 신중형(C, Concientious)의 4가지로 분류한다.

**　Myers-Briggs Type Indicator, 마이어스와 브릭스가 카를 융(Carl Jung)의 심리 유형론을 토대로 고안하였으며, 외향/내향, 감각/직관, 사고/감정, 판단/인식 지표로 16가지 성격 유형을 설명하는 성격유형검사이다.

***　Five Factor Model, 개방성, 성실성, 신경증, 외향성, 우호성으로 대표되는 5가지 성격 특성 요인을 중심으로 한 성격유형검사이다.

에서 그 내용을 다뤄본 적은 있지만, 질문지에 솔직하게 답한 적은 없다. 하지만 상관없다. 당신도 마찬가지일 테니까.

성격검사지를 솔직하게 작성하는 사람은 아무도 없다. 아무리 애를 써도 아래의 예에서 보는 바와 같이 '이래야 한다'라는 생각이 항상 끼어들게 마련이니까.

'이 질문에는 다르게 대답해야 해.'
'리더처럼 보이고 싶다면 여기에 체크해야 해.'
'승진하고 싶다면 이 보기를 선택해야 해.'
'듣기 능력에 더 관심을 가져야 하니까 이것을 선택해야 해.'

위와 같은 생각으로 아직 완성되지 못했지만, 당신이 되고 싶어 하는 모습을 결정할 때 적어도 몇 가지 답변이 왜곡될 수밖에 없다.

나는 어느 성격 테스트에서 '본인이 스탠드업 코미디언이 될 수 있다고 생각한 적이 있는가?'라는 질문을 받은 적이 있다. 물론 확실히 '아니오'에 체크해야 했다. 무슨 이유로 많은 직업 중 굳이 스탠드업 코미디언을 선택했는지는 모르겠다.

다만 상사가 회사의 다른 리더들과 함께하는 연봉 협상에서 나는 그 질문에 대한 답변을 어떤 관리자에게도 검토받고 싶지 않다. "존은 스스로 스탠드업 코미디언이 될 수 있다고 했어요. 그러니까 직위를 강등시키든지, 적어도 화장실 옆에 있는 작은 사무실에 배치해야 하지 않겠어요?"라고 말할 것이 뻔하기 때문이니까 말이다.

설사 당신이 스스로를 재미없는 사람이라고 생각하더라도 당신이 어떠한 사람인지를 묻는 다양한 질문은 각기 다른 방향으로 뻗어갈 수 있다. 따라서 자신에 대한 정확한 모습을 찾기는 어렵다. 최고의 순간 목록이 강력한 힘을 발휘하는 이유도 바로 그 때문이다.

최고의 순간 목록은 당신의 관심사를 나열한 가공의 목록이 아니다. 언젠가 즐길 거리에 대한 당신만의 환상을 죽 늘어놓은 것도 아니다. 또한 아직 실천하지 못한, 오랫동안 가슴에 품던 희망사항의 초상도 아니다. 최고의 순간 목록은 바로 당신의 실제 모습을 보여주는 스냅 사진과 같다. 30개든 3,000개든 목록에 담긴 순간을 자세히 살펴보면 당신의 미래를 보여주는 네 가지 패턴을 보게 될 것이다.

당신의 목록에 무엇이 적혀 있는지는 모르지만, 그 모든 순간이 다음 네 가지 범주 가운데 하나에 속할 것이라는 건 안다.

① 경험
② 성취
③ 관계
④ 사물

위의 네 범주는 오랜 시간 동안 당신의 생애 최고의 순간을 좋은 부분을 이끌어 왔다. 이들 범주는 그저 지금까지 당신이 알아차리기만을 기다리고 있었던 것뿐이다.

그 네 가지는 과연 무엇을 의미하는가?

모든 순간은

다음 네 가지 범주 중

하나에 속한다.

1. 경험

2. 성취

3. 관계

4. 사물

» 경험: 직접 겪은 최고의 순간

'경험'이란 하와이 여행처럼 인생에서 흔치 않은 것일 수 있다. 또는 당신이 가장 좋아하는, 문을 여는 순간 기분이 좋아지는 동네 카페에 들르듯 일상적으로 겪는 일도 포함된다. 아니면 고등학교 졸업 파티에 초대받는 것처럼 특별하거나, 새 책을 펼칠 때 풍기는 향기처럼 소소할 수도 있다. 혹시 새 책의 향기를 맡지 않는다면 당신은 좋은 것을 놓치고 있는 것이다. 그 또한 경험이기 때문이다.

» 성취: 노력으로 이룬 최고의 순간

'성취'란 당신이 성공적으로 이루어 낸 목표나 과업을 말한다. 이를테면 출판 계약 체결도 성취이다. 일찍 일어나 애틀랜타까지 교통 체증을 피해 출근하는 일 또한 여기에 속한다. 월급이 인상되는 것도, 월요일 아침에 바로 일을 시작할 수 있도록 금요일 오후에 사무실을 청소하는 일도, 헬스클럽에 가는 것도 마찬가지이다. 이와 같이 성취에는 반드시 크고 작은 승리가 수반된다.

대머리독수리를 흔히 볼 수 없는 내슈빌 집 근처에서 대머리독수리를 본 일은 그 과정 동안 나의 노력이 전혀 들어가 있지 않았기에 그저 '특별한 경험'일 뿐이다. 다만 조류 관찰 동호회에 가입하고, 미국흰두루미에 관한 책을 통해 이동 패턴을 알아보고자 다른 주로 떠난 적이 있다면, 그것은 성취이다.

» 관계: 타인과 함께한 최고의 순간

'관계'는 다른 사람과의 상호작용 속에 만들어진 최고의 순간이다. 그 사람이 없었다면 그 순간은 목록에 포함되지 않았을 것이다. 예컨대 매주 수요일 밤마다 친구들과 저녁 식사를 하는 것은 관계의 순간이다. 그러나 친구들과 자주 가는 식당임에도 그곳에 혼자 저녁을 먹으러 갔다면 최고의 순간이 아니다. 따라서 이 범주에서는 사람이 가장 중요하다. 혼자가 아닌 누군가와 어떠한 순간에 관련되어 있다면, 그 순간은 관계에 속한다.

» 사물: 최고라 여기는 물건

'사물'은 앞에서 설명한 세 가지 범주와 약간 다른 성격을 지닌다. 단순하게 말하자면 '사물'은 당신을 미소짓게 하는 물리적 대상을 뜻한다. 새로 산 운동화부터 여행을 훨씬 즐겁게 만들어 주는 노이즈 캔슬링 헤드폰, 볼일을 마치고 주차장에서 신나게 발걸음하는 나를 기다리는 자동차, 낮에 집중하기 위해 사용하는 타이머까지 모두 사물의 범주에 드는 것들이다.

이해했다면 목록을 잠깐 살펴보자. 모든 항목이 위의 네 범주 가운데 하나에 속할 것이다. 수백 명의 사람이 꼽은 수천 가지 최고의 순간을 범주에 따라 분류하는 작업은 언제나 효과적이었다. 이렇듯 범주를 이용하는 일은 결코 실패하지 않는다.

범주를 이해하게 될 때, 목록이 과거에 대한 작업에서 미래를 위한 도구로 바뀌기 시작한다. 이러한 점에서 범주를 이해하는 일은 정말 중요하다. 이는 마치 당신이 좋아하는 음식의 재료를 파악함으로써 앞으로 그 음식을 요리할 수 있으리라는 사실을 깨닫는 것과 비슷하다. 그러한 깨달음을 얻은 나는 목록에 적힌 내용을 다음과 같이 범주에 따라 분류하였다.

» 유타주에서 혼자 스키를 탔던 날 → 경험

이 항목은 혼자 스키를 탔으니 관계의 순간은 아니다. 성공한 바가 없으니 성취도 아니다. 내가 그 순간을 좋아한 이유가 앱으로 슬로프의 난이도를 추적하여 성취감을 느꼈기 때문이라면 성취에 속했을 것이다. 그러나 내가 목록에 적은 건 성취 때문은 아니다. 또한 나는 리조트 소유주도 아니기에 사물도 아니다. 스키를 탄 건 순전히 경험이었다.

» 집 앞에 아이들의 자동차 전조등 불빛이 비칠 때 → 관계

자녀에게 운전을 가르치는 일은 정말이지 끔찍하다. 그때 나는 아이들을 약 시속 112km로 달리는 차들이 즐비한 고속도로에 내보내야 했다. 그러나 정작 아이들은 그 1.3톤짜리 흉기에 대해 아는 바가 없으니 나로서는 끔찍할 따름이었다. 이에 전전긍긍하던 차에 친구 집에서 돌아오는 아이의 차가 무사히 돌아오는 걸 보았다. 이는 나에게 확실한 최고의 순간이었다.

» 아이디어 노트를 완성했을 때 → 성취

종이에 기록하는 걸 좋아한다면 노트의 가장 마지막 페이지까지 글을 쓰는 일은 정말 만족스러운 경험일 것이다. 예전만 해도 나는 스무 페이지 정도 글을 쓰다가 새 노트가 생기면 그것에 정신이 팔려 예전에 쓰던 노트는 내팽개치곤 했다.

그러나 이번에는 노트를 끝까지 다 썼다. 이 일은 항상 시작만 하고 끝을 맺지 못하는 탓에 바람에 마무리를 잘하는 사람으로 거듭나기 위해 《피니시(Finish)》라는 책까지 써야 했던 나로서는 진정한 성취였다.

» 막내딸과 함께한 도넛 달리기 → 관계

당신도 1.6km의 거리를 최대한 빨리 달리면서 도넛 4개를 먹은 적이 있을지 모르겠다. 생각만 해도 속이 더부룩해지는, 식감도 퍽퍽한 싸구려 공장제 글레이즈드 도넛 말이다. 한 달 동안 도넛을 싫어하게 될 정도로 맛도 최악이었다. 그럼에도 딸 맥레이와 함께 달렸기에 그때의 기억은 내 최고의 순간이 되었다.

» 잘 준비된 상태로 회의에 참석하기 → 성취

회의는 나의 최고의 순간 목록에 카메오로 몇 번 출연한다. 말하자면 '132. 회의가 일찍 끝나는 것, 아니면 아예 취소되는 것'이 그 예이다. 회의가 취소되어 하루에 15~30분 정도 시간이 나면 나는 큰 안도감을 느낀다. 이와 같이 나는 회의를 별로 좋아하지 않지만, 이왕 참석한다면 준비가 되어 있는 편이 좋다. 그중 나는 회의 참석자의 예상 질문에 대한 답을 미리 준비하는 것을 특히 좋아한다. 이러한 일은 성취에 해당한다.

이상에서 당신은 나의 목록을 분류하는 일이 쉽다고 생각했을 것이다. 그런데 실제로도 쉽다. 지금까지의 작업은 스스로의 관심사가 무엇인가를 파악할 수 있는 가장 확실한 수단이다. 이 과정은 당신이 선호하는 대상을 쉽게 찾을 수 있으며, 마음에 드는 조던 운동화를 '성취'로 혼동하지 않도록 도와준다. '관계'의 범주 또한 식별하기 쉽다. 누군가 한 명이라도 당신의 시간 속에 함께 있었다면, 이는 관계의 순간이다.

물론 성취와 경험은 다소 모호할 수 있다. 그러나 두 범주의 차이는 노력이 그 순간의 주역이었는가, 아니면 그저 카메오 수준이었는가에 따라 나타난다. 등산은 경험이다. 그러나 과거보다 더 빠르게 등산을 마친 일은 성취이다. 또한 친구와 함께 등산을 갔다면 관계에 속한다. 한편 등산로에서 주워 책상 위에 올려둔 솔방울은 사물에 해당한다.

단어를 전부 쓸 필요도 없다. 목록을 살펴보고 각 항목 옆에 약어인 E(Experience, 경험), A(Achievement, 성취), R(Relation, 관계), O(Object, 사물)를 계속 적어나가기만 하면 된다. 그 결과 나의 목록은 다음과 같이 정리되었다.

성취 61개

경험 59개

관계 35개

사물 15개

그리고 위의 결과에서 나는 몇 가지 사실을 깨달았다.

1. 나는 생각보다 성취를 훨씬 좋아한다

어릴 때 다녔던 교회에서는 성공을 부정적인 것으로 보았다. 따라서 성취에도 겸손하거나 직접적인 언급을 피해야 했다. 당신이 있는 곳은 그렇지 않겠지만, 적어도 우리 문화권에서는 스스로의 성과를 내보이는 것을 용납하지 않는다.

만약 SNS에 스스로 이뤄낸 성과에 대한 글을 올린다면 누군가는 반드시 '#은근히잘난척'이라는 댓글을 달 것이다. 불행한 이들은 자신과 같은 사람이 많아지기를 바라면서 자신의 불행을 SNS에 공유해 달라고 호소한다. 그러나 그들은 정작 남의 기쁨에 축하해 주는 것은 어려워한다.

내가 작성한 '최고의 순간 목록'을 살펴본 결과, 성취는 동기부여의 큰 원동력이라는 명백한 진실을 부정할 수 없었다. 최근 인기몰이 중인 에니어그램(Enneagram) 성격검사 결과에 따르면 나는 재미를 추구하며 외향적인 '7번 유형', 즉 열정적인 사람이라는 결과가 나오곤 했다.

하지만 내가 실제로 어떤 사람인가를 더 깊이 고찰하는 여러 작업을 통해 살펴본 결과, 나는 3번 유형인 '성취가'에 더 가까워 보인다. 나는 추진력과 야심이 넘치기 때문이다. 목표에 집착하는 내 모습을 자주 놀리곤 하는 친구들에게는 그리 대단한 일은 아니다. 그러나 나는 스스로 성취를 얼마나 좋아하는가를 처음 깨달았을 때는 참 놀라웠다.

2. 인간관계는 중요하지만 동기부여 수단은 아니었다

사실 나의 최고의 순간 중 다른 사람과 관련된 것은 약 20%에 불과했다. 나는 혼자 있는 것을 좋아하지 않는다. 그렇기에 사람들과 어울리는 걸 선호하지만, 나는 생각보다 훨씬 내향적인 사람이다.

위와 마찬가지로 나는 내 직업인 대중 연설가의 성격이 외향적으로 보여도 사실은 그렇지 않다는 점에서 혼란스러웠던 적이 있었다. 연설 중에 청중들은 모두 나에게 주목하지만, 마이크를 든 사람은 나뿐이다. 연단에 오른 사람은 나 하나뿐이며, 나는 그 순간을 완전히 통제하고 있다. 비록 나는 청중들에 속해 있지는 않지만 무대 위에서 사람들과 함께 새로움을 창조해 낸다.

나는 90분의 단독 기조연설보다 다른 발표자 5명과 함께 20분간 패널로 참여하는 일이 훨씬 힘들다. 패널은 다른 사람들과의 상호작용이 필요한, 정말 외향적인 활동이기 때문이다. 이 목록은 내가 내향적인 사람임을 상기시킨다.

3. 사물은 의외로 큰 의미가 없었다

사물은 나에게 그리 큰 의미를 지니지 않았다. 따라서 나는 목표 달성에 대한 보상으로 사물을 이용하려 할 때마다 도중에 의욕을 잃기도 했다.

몇 년 전, 나는 고급 자동차 사진이 인쇄된 값비싼 포스터를 구입한 적이 있었다. 당시 나는 포스터를 사업 목표와 연결시킨 다음 수십 개의 조각으로 잘랐다. 스스로 설정한 재무 수치에 도달할 때마다 화이트보드에 조각을 하나씩 붙이면서 자동차 사진을 완성하고, 목표를 끝까지 달성하면 그 차를 사려고 했다.

그러나 지금 그 포스터는 구입할 때 들어있던 지관통에 그대로 있다. 사실 나는 물건에 별로 관심이 없었기에 포스터로 아무것도 하지 않았던 것이다. 그래서 내가 가장 좋아하는 순간 중에서 물건이 차지하는 비율은 10% 미만이다.

4. 소셜 미디어는 단 한 번도 목록에 포함한 적이 없다

'최고의 순간 목록'에서 재미있는 부분 중 하나는 빠진 것이 무엇인가를 깨달으면 놀라게 된다는 것이다. 지금까지 내가 기록한 최고의 순간만 170개 이상인데, 그중 소셜 미디어와 관련된 순간은 하나도 없었다. 이에 다음과 같은 의문이 들었다.

나는 왜 일주일에 7시간씩 인스타그램을 하는 걸까? 그러면 스스로 가장 바람직하다고 여기지도 않는 일에 거의 하루 일과 시간만큼을 할애하는 건 이상하지 않은가?

그렇다면 목록을 검토한 결과 당신이 언급하지 않은 관계는 무엇인가? 어떤 경험이 본인에게 중요하지 않았는가? 갖고 있어야 한다고 생각하지만 실제로 별로 좋아하지 않는 물건은 무엇인가? 목록에 포함되지 않은 것들이 왜 여전히 당신 삶 속에 남아 있는가?

독자의 상당수는 자신이 작성한 목록을 완벽히 집계하지는 못할 텐데, 이는 나도 이해하는 바이다. 나 또한 호기심을 충족하려고 집어 든 책이 무슨 수업에라도 등록한 것처럼 수십 가지 과제를 안겨주는 걸 좋아하지 않는다.

또한 나는 책으로 위장한 익힘책도 좋아하지 않는다. 그러나 적어도 이 책은 그렇지 않다. 최고의 순간 목록을 만들고 내용을 분류하다 보면 당신에게 추억을 기록한 종이 한 장 이상의 의미가 되어줄 것이다. 이러한 작업은 앞으로 몇 년 동안 당신의 잠재력을 기르는 기반을 형성하는 데 도움을 줄 것이다.

충고와 약속

이 책을 쓰는 동안 연구 참여자, 행사 현장의 청중, 그리고 멀리서라도 나와 눈이 마주친 모든 사람에게 최고의 순간 목록 작성을 함께하자 예상치 못한 일이 일어났다. 물론 개념은 이해했지만, 사람들은 그것을 시도할 권한이 자신에게 없다고 생각했다. 모두 직장에서는 고쳐야 할 약점, 가정에서는 처리해야 할 문제, 학교에서는 해결해야 할 단점에 초점을 맞추라고 교육받는다. 따라서 인생 최고의 순간이나 소소한 개인적 성취를 찾는 일이 처음에는 낯설게 느껴진다.

충고하건대 처음에는 당신도 위와 같은 일을 겪을 수 있다. 당신의 여정에 내딛을 첫 발걸음을 가로막는 괴물이 문 앞을 지키고 있다면, 바로 그 문제부터 해결하는 게 좋을 것이다. 누구나 자기만의 '최고의 순간 목록'을 작성할 권한이 있다. 목록을 작성한 뒤 다음에 무슨 일이 일어날지 정확히 알게 될 것이다. 이에 과거에 경험한 최고의 순간이 더 나은 현재를 만들고, 미래를 계획하는 데에도 도움을 줄 것이다.

최고의 순간은 비전과 현실이 일치하는 순간이다. 당신이 바라는 삶, 되고자 하는 모습이 당신의 현실, 즉 당신의 꿈과 실제 하루가 서로 부합하는 때이다. 이와 같이 비전과 현실이 하나가 되는 시간, 이것이 모든 최고의 순간이 지니는 공통점이다.

때로는 현실이 가능성에 대한 비전을 뛰어넘기도 한다. 코스타리카의 한 야외 레스토랑에서 내려다보이는 태평양의 탁 트인 전망이 어떤 모습일지 상상할 수는 있다. 반면 나의 비전은 그 실제 모습을 제대로 보여 주지 못한다. 이는 인터넷에 올라온 사진으로도 온전히 표현할 수 없다. 항구에 있는 섬이 어떤 모습인지, 다람쥐원숭이 가족이 정글의 나무 꼭대기를 가로질러 오가는 모습이 얼마나 놀라운지를 말로 설명해도 부족하기만 하다. 그 순간을 제대로 포착할 수 있는 건 현실뿐이다. "너도 그곳에 같이 있었다면 좋았을 텐데."라는 표현이 생겨난 것도 그러한 이유 때문이다.

그리고 당신도 그러한 경험이 있었을 것이다. 어쩌면 수십에서 수백의 순간 동안 시간이 느리게 흘러가는 듯한 무언가를 경험했다. 발을 딛고 땅에 뿌리를 내린 뒤 절대 떠나지 않고 싶은 상황을 말이다.

우리 모두 그러한 일을 겪은 적이 있다. 다들 최고의 순간을 어느 정도 맛본 경험을 지니고 있다. 그리고 그와 동시에 잠재력으로 온몸이 근질 거림도 느꼈다. 이는 잠재력이 비전과 현실 사이의 격차를 나타내기 때문에 발생한다. 즉 당신이 생각한 이상적인 삶과 현실이 아직 일치하지 않았다는 것이다.

희망이 있다면 잠재력은 허비되지 않는다. 사라지지도, 약화되지도 않는다. 당신은 도토리가 아니기 때문이다.

도토리를 보이는 족족 줍는 건 아마 내가 하는 일 가운데 가장 나이 들어 보이는 일일지도 모른다. 비가 와야 한다는 말을 하거나, 물건을 들어 올릴 때마다

잠재력은
비전과
현실 사이의
격차이다.

무겁지는 않지만 조금 불편하다고 한다든지, 내 뒤에 사람들이 모여 줄을 설 때마다 아슬아슬하게 때맞춰서 왔다는 말을 하는 것도 마찬가지일 것이다.

하지만 도토리가 보이면 줍지 않을 수 없다. 도토리는 잠재력을 나타내는 완벽한 물건이기 때문이다. 15g짜리 도토리 안에는 24m 높이의 참나무가 들어있다. 높이가 1인치밖에 안 되는 그 왕국 안에 4.5t의 목재가 있다. 그 작은 씨앗 안에 통나무집이 있다. 도토리 한 줌 안에 숲 전

체가 들어있다. 도토리를 수백 개만 주워 담으면 1.6km 길이의 애팔래치아 등산로를 조성할 수 있을 것이다.

도토리의 잠재력은 놀랍지만 일시적이다. 도토리는 몇 달, 혹은 몇 년간 생명을 이어가지만 결국 그 순간은 지나간다. 잠재력도 사라진다. 도토리를 되살리기 위해 할 수 있는 일은 없다. 그 어떤 조치나 기술과 목표, 하다못해 결심으로도 한때 그 안에 감춰져 있던 걸 깨울 수는 없다. 그렇게 도토리의 생명은 끝난다.

하지만 당신은 도토리가 아니다.

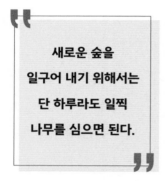

새로운 숲을
일구어 내기 위해서는
단 하루라도 일찍
나무를 심으면 된다.

당신의 잠재력은 망가지지 않는다. 끝나지도 않는다. 치유가 불가능할 정도로 손상되지도 않는다. 그러나 잠재력을 외면하는 건 가능하다. 주의를 기울이지 않으면 한 달, 또는 일 년, 심지어 평생을 외면할 수도 있다. 하지만 잘 발휘하기로 결심한다면 언제든 이용할 수 있는 것이 잠재력이다.

새로운 숲을 일구어 내기 위해서는 단 하루라도 일찍 나무를 심으면 된다. 잠재력이 담긴 보물 상자는 언제나 열쇠 하나만 있다면 열 수 있다. 그리고 줄곧 마음속으로 될 수 있다고 생각해 왔던 존재가 되고 싶을 때, 단 한 번의 결심이면 이룰 수 있다.

'최고의 순간 목록'은 위의 내용을 실현하기 위해 사용할 첫 번째 수단이다. 그러나 이제는 과거를 뛰어넘어야 할 때가 됐다. 지금은 현재를 살면서 미래를 쟁취해야 할 때다. 그러기 위해서는 지금까지 만난 사람들 가운데 가장 상대하기 까다로운 사람과 맞서야 한다.

4장

'나' 자신부터 변화하라

내가 매일 상대하는 사람 중 가장 어려운 사람은 바로 '나'다.

몇백 달러를 투자해서 일주일에 몇 시간씩 헬스클럽에 다니면 더 오래 살 수 있다. 정말 놀라운 투자 수익이지 않은가. 하지만 평소에는 헬스클럽에 가기 싫어한다.

내가 매일 글을 쓰면 책을 출간할 수 있다. 이는 우리 아이들이 학자금 대출 없이 대학에 갈 수 있다는 뜻이다. 하지만 평소에는 글을 쓰고 싶은 마음이 잘 생기지 않는다.

친구들이 힘들 때 위로해 주고, 나 또한 그 반대의 상황일 때 깊고 오랜 관계를 지속할 수 있다. 이와 관련하여 약 80년 동안 사회적 고립을 연구해 온 하버드대 연구진은 사회적으로 고립된 이들이 조기에 사망할 위험이 50~90% 더 높다는 사실을 발견했다[*]. 그러한 사실을 알면서도 나는 평소에 스스로를 고립시키려고 한다. 특히 누군가가 문자메시지 대신 전화를 걸면 짜증이 난다.

매일 열심히 이를 닦고 치실을 사용하면 신경 치료를 받을 필요는 없을 것이다. 그러나 나는 평소에 늘 양치질과 치실 사용이 세상에서 가장 힘든 일인 것처럼 행동한다.

조금의 노력이라도 들인다면 장수, 대학 진학 및 은퇴 이후를 대비할 돈, 끈끈한 우정, 치과 치료가 필요 없는 나날 등 우리에게 엄청난 보상을 안겨주리라는 걸 알고 있다. 그러나 정작 우리는 나태한 버릇을 고치지 못한다.

최고의 순간 목록을 정리하면서 나의 잠재력을 떠올리지만, 실천은 여전히 나에게 어렵다. 나의 인스타그램 약력에 기재된 공식 직함은 '동기부여 연설가'이다. 그러나 평소에 나조차도 동기부여가 힘든데 당신에게 동기를 부여하는 일은 더욱 어렵다. 그 이유는 분명하다. 난 어려운 일을 좋아하지 않는다. 왜냐면 어려우니까.

헬스클럽에 가지 않고, 책을 쓰지 않고, 친구들과 어울리지 않고, 치실을 사용하지 않는 삶이 훨씬 쉽다. 순수한 의지력과 투지, 규칙은 나를 1~2주 정도 지탱해 줄 수 있겠지만, 결국에는 이런저런 핑계를 대면서

---

[*]   Daniel Z. Lieberman and Michael E. Long, The Molecule of More: How a Single Chemical in Your Brain Drives Love, Sex, and Creativity—and Will Determine the Fate of the Human Race (Dallas: BenBella Books, 2018), 201.

그만두게 된다.

그러나 나는 지금까지 만나온 사람 가운데 가장 설득력 있는 사람이다. 누군가 스스로의 앞길을 막는 사람은 우리 자신뿐이라 말하면 나는 속으로 수긍하며 아주 곤란한 놈이라고 맞장구친다.

말로는 잠재력을 최대한 발휘하고 싶다고 하면서도 정작 당신의 조언을 모두 무시하는 친구가 있다면, 당신은 그 친구에게 배신감을 느낄 것이다. 오늘부터 새로 시작하겠다는 말만 몇 달, 또는 몇 년 동안 계속해서 늘어놓고 얼마 안 가서 조언과 반대되는 행동을 한다면 당신은 그 친구에게 화가 날 것이다.

내가 나의 고객이라면 애초부터 스스로를 해고했을 것이다. 이 상황이 연애였다면 나는 첫 데이트 도중 급한 전화가 온 척하며 도망갔을 것이다. 내가 타인이었다면 상대하기에 그리 번거롭지는 않았을 테지만, 스스로를 없애기는 불가능하지 않은가. 내 안에는 하나뿐인 '내'가 있다. 당신에게도 하나뿐인 '당신'이 있듯이 말이다.

새로운 최고의 순간을 만드는 일이 그리 간단하지 않았다면 나는 변화에 대한 스스로의 적극적인 저항에 굴복했을 것이다. 스스로의 잠재력을 최대한 활용하는 것이 몹시 복잡한 일이라면 얘기는 다르겠지만, 그렇게까지 어렵지는 않다.

확실한 최고의 순간인 저서 출판을 원한다면, 몇 가지의 확립된 절차를 거쳐야 한다. 매일 누릴 수 있는 최고의 순간인 운동을 통해 엔도르핀으로 쾌감을 느끼고 싶다면 당장 이용할 수 있는 자원이 수백만 가지나 있다. 당신의 삶에 투자하는 친구나 공동체와의 유대감을 느끼는 최고의 순간을 원한다면 손쉽게 할 수 있는 일들이 있다. 이와 같이 우리가 인생에서 이루고 싶은 일들은 대부분 신비롭거나 복잡하지 않다.

사람들은 대부분 목표 달성을 위해 무엇을 해야 하는지는 알고 있다. 그러나 비전의 벽보다 더 심각한 두 번째 장애물이 존재한다. 바로 우리의 '정체된 자아'이며, 변화를 성가신 일로 여기는, 우리의 일부이자 실로 강력한 존재이다. 나 또한 스스로에게 자극을 주기 위해 최선을 다했지만 결과는 늘 같았다. 이에 나는 단기적인 성공 이후 오랜 시간 동안 아무것도 하지 않았다.

나는 40년 동안 삶을 그런 식으로 대해왔다. 이에 할 말이 없다. 다만 나는 어떠한 것이 효과가 없다는 사실을 확인하고자 할 때 철저해진다. 이전에 언급한 바와 같이 나는 만성형이다. 30대 중반이 되어서야 비로소 나에게 잠재력이 있음을 깨달았고, 40대 중반이 되어 오거스타 공항에서부터 잠재력을 활용하게 되었다.

나는 항상 파티에 늦게 참석하지만, 일단 도착하고 나면 먼저 다른 사람들에게 파티 장소를 알리려고 한다. 가장 빠른 길을 알려주고, 피해야 하는 장애물을 모두 공유한다. 이와 같이 힘들게 얻은 내용을 모두에게 나눔으로써 다른 사람들이 힘들이지 않도록 했다. 그다음 그 모든 내용을 가장 작고 단순한 초대장으로 만든다. 그렇게 책자 형태로 제작되는 초대장은 모두를 파티에 참여할 수 있도록 한다.

혹시 놓친 것이 있을까 싶어 최고의 순간 목록을 다시 살펴보는 사이 15년 동안 잊고 지냈던 기억이 불현듯 떠올랐고, 그렇게 게임은 시작되었다.

당신은

지금까지 만나온 사람

가운데

가장 설득력 있는 사람**이다.**

블로그에서 시작된 내 삶의 혁명

나는 2008년에 세 번째 블로그를 시작했다. 여기에는 특별한 계산도, 전략도, 계획도 없었다. 딱히 독창적이지는 않지만, 그저 머릿속에 떠오른 우스운 농담을 써보고 싶었던 것뿐이었다. 당시 나는 고작 몇 주 정도 블로그에 글을 끄적이다가 지루해져서 금세 포기할 것이라 생각했다. 블로그에 게시물을 20개 정도 올리고 100명의 친구에게 이메일로 URL을 보냈을 때에도 기대는 전혀 하지 않았다.

그런데 8일이 지나자 무려 4,000명이 내 블로그를 방문했다. 이러한 일이 어떻게 일어났는지 낱낱이 설명하고 싶지만, 입소문을 타도록 만드는 공식을 안다는 이들은 그 공식을 팔려는 사람들뿐이기에 아껴두겠다. 나는 그에 관련된 기술도 없고, URL에는 오타까지 있었으며, 명확한 방향성이 없었음에도 블로그는 급물살을 타기 시작했다.

몇 주가 지나고, 나는 최선을 다해 가속 페달을 밟기로 결심했다. 그 이유는 태어나 처음으로 모든 것이 그저 게임일 뿐이라는, 커튼 뒤에서 엿보듯 발견한 강력한 진실 때문이었다. 나는 블로그 게임에서 승리하기 위해 여러 영역과 참가자를 살펴보면서 내게 필요한 것이 무엇인지 알아내기 시작했다.

블로그를 운영하면서 나는 블로그에 훤히 보이는 득점표를 확인하는 걸 좋아했다. 또한 구글 애널리틱스(Google Analytics)를 통해 늘어나는 나의 블로그 트래픽에 기쁨을 감출 수 없었다. 방문자의 국가 목록을 확인하는 것도 또 다른 재미였다. 나는 독자들이 남긴 수십, 수백 개의 댓글을 즐거운 마음으로 읽었다.

블로그가 매일마다 나의 삶에 안겨주는 작은 승리들이 모두 마음에 들었다. 이는 시간이 지나고 나서 깨달은 게 아닌, 그 당시 바로 인지한 최고의 순간이었다. 그리고 앞으로 그러한 순간들이 더 많아지길 바랐다.

게임에서의 승리는 즐거움을 준다. 나는 이 게임에서 이기기 위해 한 일은 승리를 목표로 삼고, 그에 대한 규칙을 지키는 것뿐이었다. 정말 쉬웠다. 쓰는 글이 많아질수록 더 많은 게시물을 올릴 수 있고, 게시물이 늘어날수록 더 많은 사람이 읽게 될 것이다. 또한 게시물 링크를 많이 공유할수록 더 많은 이들이 블로그를 방문하게 된다. 블로그에 방문하는 사람이 많아지면 댓글도 늘어나고, 그 댓글에 답하면 독자들과 더 많은 상호작용을 할 수 있다.

모든 게 너무나 명확하게 느껴졌다. 블로그 게임으로 나는 영화 '매트릭스'의 가상 세계를 이해했다. 매트릭스의 세계에서 날아드는 총알은 실탄이 아닌, 그저 한 줄의 명령 코드일 뿐이었다.

만약 나의 정체된 자아에게 200만 어절 분량의 글을 쓰고, 새벽 5시에 일어나 새 게시물에 집중할 수 있도록 TV 시청을 중단하고, 엑셀 스프레드시트로 이웃신청 블로거 목록을 작성해야 한다고 말했다면 바로 싫다는 대답을 들었을 것이다.

아니면 그 일에 꾸준하고 일관성 있게 접근한다면 결국 내슈빌로 이사해서 책 아홉 권을 쓰고, 와이클리프 진(Wyclef Jean)*과 함께 레인지 로버(Range Rover) 행사에서 연설하고, 나의 아이디어를 이용해 아

---

* 1990년에 결성된 미국의 힙합 그룹 '푸지스(Fugees)'의 멤버

이들을 대학에 보낼 수 있었을 것이라고 말했다면 공황발작을 일으켰을 것이다.

내가 처음으로 블로그에 썼던 유머 게시물을 생각해 보면, 당시에는 주위의 기대와 큰 압박감을 감당하지 못했을 듯하다. 하지만 나는 스스로를 그런 식으로 대하지 않았다. 내가 한 일이라고는 그저 게임을 즐긴 것뿐이었다. 게임은 쉽다.

당신은 최소 18년 동안 게임을 해본 경험이 있을 것이다. 우리는 걷기 전부터 까꿍놀이, 숨바꼭질, 술래잡기 같은 놀이를 알고 있다. 초등학교 교사들은 읽기 교육 방안으로 게임을 활용한다. 중학교 시절 코치에게 게임은 학생들을 고취시키는 수단이었고, 고등학교 때에 게임은 우리를 살아있게 해주었다.

최근에 나는 새벽 3시 반에 강연을 한 적이 있다. 강연을 하는 일반적인 시간대는 아니지만, 이는 평범한 행사가 아니었다. 바로 게임이었다.

몇 년 전, 학부모와 교사들은 졸업식 날 밤이 10대에게 위험한 때임을 알게 되었다. 청소년 교통사고는 4월부터 7월까지, 즉 교내 무도회 날부터 7월 4일까지 증가하는 경향을 보이기 때문이다. 그리고 그 기간의 중심에는 졸업식이 있다. 그동안의 밤을 더 안전하게 보내도록 하는 건 불가능하지만, 교통사고 위험이 커지는 특정 기간에 집중하여 사고를 예방할 수 있다.

학교 행정실에서는 음주 운전을 하지 말자는 메시지의 전달 횟수를 늘리거나, 주의가 분산된 상태에서 운전을 하지 말라고 훈화하는 특별 조례를 추가하는 대신 게임을 고안했다. 그것은 바로 '졸업 프로젝트'로,

이는 졸업식이 끝난 직후 학교에서 밤새 진행되는 행사이다. 이 행사에서 학생들은 밤 10시부터 새벽 5시까지 흥겹게 놀면서 경품도 받을 수 있다.

학교 측은 18년 동안 기다려 온 순간이 끝나자마자 수백 명의 졸업생을 무작정 밤거리로 내보내기보다 학생들 스스로가 떠올릴 수 있는 가장 멋진 게임을 만들어 즐기도록 했다. 그때 나는 경품을 전달하는 일을 했었는데, 새벽 3시 반에 만난 십 대 무리는 정말 다루기 쉬웠다.

위와 같이 '졸업 프로젝트'가 효과적이었던 이유는 바로 게임의 효과 때문이었다. 게임은 스스로의 잠재력을 최대한 발휘하며 사는 것보다 훨씬 쉽다. 이 말에서 학생을 교장실에서 "존슨, 왜 인생을 자꾸만 허비하는 거야?!"라고 꾸짖는 화난 고등학교 교장 선생님을 떠올릴 수도 있겠다.

한편 일부 목표는 성취를 위해 스스로의 정체성을 모두 매몰시키기 쉽다. 책 쓰기, 사업 시작하기, 몸매 관리하기 등의 목표에는 부담감이 수반되곤 한다. 이와는 달리 게임은 그냥 게임일 뿐이다. 그리고 스스로 즐길 수 있다. 물론 우여곡절이 있을 테지만, 이는 어느 게임이나 마찬가지이다.

또한 게임은 규칙을 훨씬 쉽게 이해하도록 돕는다. 일관성을 지키는 것은 어렵다. 의지력과 자제력을 발휘하는 것도 그렇다. 그러나 게임은 어렵지 않다. 게임을 할 때 진심으로 기대할 수 있는 확실한 승리와 새로운 최고의 순간이 약속된다면, 집중은 훨씬 쉬워진다.

인스타그램에서 시간을 낭비하지 않으려고 억지로 참느라 일주일을 허비할 필요가 없다. 게임이 너무 즐거운 나머지 내 삶의 다른 일과에서 시간을 끌어와 더 오래 즐기고 싶을 정도로 좋아하는 게임을 찾기만 하면 된다. 좋은 게임의 힘은 방해요소가 당신을 유혹하는 힘을 잃게 한다.

블로그에 글을 쓰기 위해 새벽 5시에 일어나기 시작한 건 마크 월버그(Mark Wahlberg) 같은 훌륭한 직업윤리를 갖게 되었기 때문이 아니다. 잠도 뒷전으로 미룰 만큼 좋아하는 일이 생겼기 때문이다. 좋아하는 게임은 억지로 할 필요가 없다. 그 자체의 추진력이 당신을 끌어당기는 자석이 되기 때문이다.

미하이 칙센트미하이(Mihaly Csikszentmihalyi) 교수는 1970년대에 진행한 70,000페이지 분량의 연구에서 집보다 직장에서 집중력과 창의력을 발휘하여 만족감을 느끼는 사람이 많다는 사실[*]을 발견했다. 사람들이 월요일 아침에 일터로 돌아가고 싶어 하지 않는다는 이유로 사무실을 악마화하고, 술집에서는 '일요일의 공포'라는 특별 메뉴를 제공하는 문화권에서 어떻게 그러한 연구 결과가 사실일 수 있을까?

칙센트미하이 교수는 우리가 흔히 간과하는 사실 하나는 업무가 낮에 하는 대부분의 다른 일보다 게임에 훨씬 가깝다고 말한다.[**] 직장의 환경은 명확한 목표, 합의된 규칙, 피드백, 문제 해결을 위해 다양한 책략을 활용하는 것을 허용한다. 다시 말해 일은 본질적으로 보람 있는 다

---

[*] Mihaly Csikszentmihalyi, Finding Flow: The Psychology of Engagement with Everyday Life (New York: Basic Books, 1997), 59.

[**] Csikszentmihalyi, Finding Flow, 59.

른 활동과 같은 구조를 가지고 있으며, 게임처럼 몰입을 제공한다.* 여기에서 칙센트미하이 교수의 몰입 개념을 사용하든, 아니면 잠재력이라는 단어를 사용하든 결과는 동일하다. 게임은 우리에게 최고의 순간을 쉽게 달성하도록 도와준다.

> 게임은
> 우리에게
> 최고의 순간을
> 쉽게 달성할 수 있도록
> 도와준다.

직장에서는 내가 할 수 있는 게임을 다른 사람이 만들어 놓았기 때문에 순식간에 잠재력이 폭발하는 경험을 할 수 있다. 매일 출근할 때마다 홈디포(Home Depot)**나 스테이플스(Staples), 오토트레이더닷컴(AutoTrader.com)***으로 게임을 하고 있는 것이다. 그러나 그 일이 항상 즐거운 건 아니다. 일은 그냥 일일 뿐이니까 말이다. 하지만 회사에는 게임이 있었기에 최고의 순간 또한 누릴 수 있었다.

내가 블로그로 잠재력을 마음껏 발휘할 수 있었던 이유는 내가 직접 만든 최초의 게임이 블로그였기 때문이다. 이는 "그 목표를 이루기 위해 왜 그렇게 열심히 일했는가?"라는 질문을 던졌을 때 깨달은 사실이었다.

나는 최고의 순간에 도달하기 전까지는 관성적으로 살고 있었다. 당시의 내 모습은 내 안에 묻혀있던 잠재력과 같았다. 성인이 된 후에는 12

---

*   Csikszentmihalyi, Finding Flow, 59.

** 건축 자재 및 도구, 조경용품 등을 판매하는 프랜차이즈 매장

*** 중고차 거래 및 자동차 관련 시장 정보를 제공하는 온라인 마켓

년 동안 8번의 정규직 일자리를 거쳤다. 회사에 채용될 만큼의 카리스마는 있었지만, 싫증 나는 순간 그만두고 다른 일을 찾았다. 그중에는 특히 명함의 잉크가 마르기도 전에 퇴사를 한 적도 있었기에 나의 경력은 탄력을 받지 못했다.

일뿐 아니라 사람들과의 관계도 좋지 않았다. 미래의 장인에게 결혼 승낙을 받으려고 했을 때에도 거절당했다. 그날은 와플 가게에서 맞은 최악의 순간이었다. 그때 가게 주크박스에서 이글스(Eagles)의 '데스페라도(Desperado)'라는 노래가 흘러나왔고, 그 노래는 우리 두 사람의 대화에 이상할 정도로 들어맞았다.

그러나 결혼한 지 22년이 지난 지금은 장인과 좋은 친구가 되었다. 이제 10대가 된 두 딸의 아버지인 나는 장인의 반응에 전적으로 동의한다. 장인이 나를 거절한 건 100% 올바른 결정이었다. 그때의 나는 목적지도 없이 떠돌고 있었기 때문이다. 이러한 상황은 내가 블로그를 시작하게 된 배경이 되었다.

그러한 성공이 어떻게 가능했을까? 그 일을 시작한 지 15년이 지난 지금도 그 질문은 나에게 도전의식을 불어넣는다. 나의 잠재력을 위한 노력이 인생 전체를 바꿔놓은 것이다. 블로그 활동을 게임으로 전환하여 정체된 자아를 속임으로써 왕성한 활동을 하도록 한다면, 이를 다른 분야에도 적용할 수 있지 않을까? 다른 사람들은 이미 그렇게 하고 있을까?

두 질문에 대한 대답은 모두 '그렇다'이다.

게임이라 생각하기

다라 슐러의 자녀들은 집안일도, 학교 공부도 하고 싶어 하지 않았다. 그리 놀라울 것 없는 문장일 것이다. 집안일과 공부를 좋아하는 아이는 아마 없을 테니까 말이다.

나 또한 이따금 우리 아이들의 시력이 걱정될 때가 있다. 다들 식기세척기가 어디 있는지 보지 못하기 때문이다. 싱크대에서 겨우 40cm 떨어진 곳에 식기세척기가 있는데도 아이들은 계속 식기를 그 안에 넣지 않는다. 남은 음식과 식기를 그냥 싱크대 안에 쌓아두는 걸 보면 싱크대는 보이는 모양이다. 그러면서 40cm 떨어져 있는 식기세척기는 전혀 보지 못한다. 라식 수술을 해줘야 할지도 모르겠다.

다라는 아이들에게 가족의 일원으로서 방을 직접 청소하라고 훈육할 수 있었다. 아니면 학교에 다니는 것이 지금의 본분이니 숙제는 그 본분을 잘 수행하는 데 필요하다는 것과 같이 의무감에 호소하는 방법도 있었다. 도움이 될지는 모르겠지만 다라가 하루 종일 일하고 매일 저녁도 만든다는 점을 이용하여 아이에게 화장실 청소를 바라는 것처럼 죄책감을 활용할 수도 있다. 앞선 방법을 모두 시도해 볼 수는 있겠지만, 그중 어느 것도 장기적인 효과는 거두지 못할 것이다.

따라서 다라는 지금까지 생각했던 방법 가운데 가장 훌륭하고 효과적으로 아이들을 속이는데, 그것은 게임이었다. 과연 어떻게 아이들을 속였을까? 다라의 말을 그대로 옮겨보겠다.

"커다란 플립 차트에 다양한 집안일, 공부, 재미있는 활동을 적은 다음 포스트잇으로 하나하나 가렸어요. 아이들은 거기에 어떤 것들이 적혀 있는지 모르는 상태에서 포스트잇을 떼어낸 다음 거기에 적힌 항목을 수행합니다. 때로는 집안일 또는 재미있는 활동 두 가지가 연속으로 나오기도 하죠."

종이에 적는 내용은 무작위였다.

"심지어 '엄마에게 하이파이브하기'나 '제자리 팔벌려뛰기 20회' 같은 것도 있어요. 물론 아이들의 반응도 좋았어요. 또 아이들이 다음에 할 일을 제가 아닌 종이가 알려주기 때문에 아이들에게 잔소리를 할 필요가 없어졌죠."

다라는 직접 만든 차트를 그저 DIY 프로젝트의 일환이라고 얘기할지도 모르겠지만, 그 차트는 훌륭한 게임이다. 단순하지만 시각적인 요소를 포함하면서 놀라운 효과를 지닌다. 이는 우리의 뇌가 좋아하는 우연적인 요소가 담겨 있기 때문이다.

사람들은 도파민을 '행복 호르몬'으로 오인하는 경우가 있다. 이는 좋은 일이 생기면 도파민이 더 많이 분비되는 것처럼 생각하는 것과 같다. 하지만 실제로는 그렇지 않다. 도파민 분비는 기쁨을 나타내는 지표가 아니다. 이는 예상치 못한 것에 대한 반응, 즉 가능성과 기대에 대한 반응이다.*

---

* Lieberman and Long, The Molecule of More, 5.

도파민 분비는 과학자들이 '보상 예측 오류'라고 부르는 것에 좌우된다. 회의가 90분 동안 진행될 거라고 생각했는데, 30분 일찍 끝날 경우 예측이 빗나가면서 도파민이 폭발적으로 분비된다. 다른 예로 이번 달에 받을 판매 수수료가 예상보다 많을 때에도, 집안일 차트에 붙어 있는 포스트잇을 떼었을 때 집안일 대신 '15분 동안 좋아하는 비디오 게임을 하라'고 적혀있을 때 도파민이 분비된다.

> 도파민 분비는
> 과학자들이
> '보상 예측 오류'라
> 부르는 것에
> 좌우된다.

위와 같은 일은 잠재력을 더 많이 활용할 때마다 발생한다. 이는 결과가 예상과 정확히 일치하지 않기 때문이다. 내가 처음으로 책을 출간했을 때는 외국어판을 우편으로 받는 게 최고의 순간 중 하나가 되리라고는 예상하지 못했다.

나는 당시에 "언젠가 내 책의 러시아어판이 나올 텐데, 표지에는 노래를 부르면서 산을 오르는 바닷가재가 그려져 있을 거야."라고 생각할 정도로 자신감 넘치고 창의적인 작가가 따로 없었다. 하지만 실제로 그러한 일이 일어났다. *

잠재력을 발휘하면 항상 놀라운 일이 벌어진다. 그 행복한 오류가 도파민을 활성화시킨다. 별도의 시간이나 돈 그 자체가 중요한 것이 아니

---

* 노래를 부르면서 산을 오르는 바닷가재는 불가능한 일을 가리키는 러시아의 관용구로, 미국 영어에서 '돼지가 하늘을 날 때(When pigs fly)'라는 표현과 의미가 유사하다.

다. 예상치 못한 좋은 소식에 대한 설렘이 중요하다.* 집안일 대신 게임을 할 때 그런 즐거움을 누릴 수 있는데, 이는 아이와 어른 모두에게 효과적인 방법이다.

이게 효과가 있다고...?

에이프릴 베이컨은 집안일보다 훨씬 힘든 일을 겪었다. 스물세 살 때 직원 열네 명을 책임지게 됐는데 다들 나이가 50대 이상이었다. 에이프릴은 직원들에게 자신의 존재가 불만이었다는 말로 그 당시의 상황을 직설적으로 설명했다.

동료 직원들은 에이프릴의 나이뿐만 아니라 그녀의 직책도 좋아하지 않았다. 그녀의 업무는 모든 프로젝트 자동화 및 직원들의 업무 변경이었지만, 가능하면 직원들을 해고하기 위해 고용되었기 때문이다. 에이프릴은 해당 과업을 수행하기 위해 받은 주간 점수표로 직원들의 성과를 평가했다. 평가 내용에는 직원들이 전화 통화에 쓴 시간, 문서 작성 속도 등의 측정 기준이 포함되어 있었다. 이러한 업무는 에이프릴에게 불가능한 것이었다.

아직 차를 렌트할 수 있는 나이도 되지 않았는데, 부모 또래의 직원들을 관리한다고 상상해 보라. 게다가 목표는 직원들이 더 빨리 움직이도록 동기를 부여함으로써 부서에 많은 직원이 필요하지 않음을 증명하는

---

* Lieberman and Long, The Molecule of More, 6.

것이라면 어떨까. 이 문장을 적는 나조차도 진땀이 날 정도이다. 이와 같이 직원들은 에이프릴에게 협조하지 않을 명분이 있었고, 에이프릴도 그 사실을 잘 알고 있었다.

"직원들은 제가 성공적으로 업무를 수행하도록 도울 생각은 전혀 없었어요. 그저 제가 실패하는 모습을 보고 싶다는 생각만 굴뚝 같았을 거예요. 그래서 저는 의도적으로 작업 속도를 늦췄어요."

그리고 직원들이 모두 에이프릴에게 반목하던 상황에서 "제 업무 내용을 게임으로 만들기 전까지는요."라는 말을 덧붙였다. 그 말 속에서 에이프릴은 나에게 '전까지는'을 유독 강조했다. 그녀는 그 순간 모든 게 바뀌었다고 말한다.

"제가 가진 점수표와 똑같은 점수표를 직원마다 하나씩, 총 14개를 만들었습니다. 금요일에 점수표를 확인해서 7가지 지표 중 하나라도 개선된 게 있다면 각 지표에 대해 경품 응모권을 지급하겠습니다. 그리고 월말에 응모권을 추첨해서 결과에 따라 100달러짜리 기프트 카드 두 장을 드릴 예정입니다."

그 말에 직원들이 바로 게임에 참여했을까? 당연히 아니다. 그들이 게임을 잘하면 직장을 잃을 수도 있다는 걸 기억하자.

"그 프로그램을 발표하니까 다들 떽떽거리면서 자기들이 초등학생인 줄 아느냐고 항의하셨어요. 그런데 매주 금요일마다 응모권을 받으러 제 사무실에 찾아오고, 저에게 일을 더 빨리 할 수 있도록 도와달라던 사람들은 누구였을까요? 바로 직원 분들이었어요."

8개월 후 에이프릴이 소속된 부서는 업무의 절반을 자동화하고 인력을 감축하였다. 이에 에이프릴은 승진과 함께 봉급이 26% 인상되었다. 그 수치는 그녀가 소속된 회사에서 40년 만에 기록한 최대 인상폭이었다.

"저희는 한 달에 단 200달러로 업무 효율을 두 배로 높였어요."라고 에이프릴이 말한다. 그리고 "상사분께 비용을 지원해 달라고 설득한 적도 있었어요. 그분 말씀으로는 지금까지 승인한 비용 중에서 1,600달러가 제일 쉽게 집행된 액수라고 하시더라고요!"

물론 관료주의와 비효율성에 찌든 사람이라면 에이프릴에 반대하겠지만, 원칙의 힘은 건재하다. 또한 게임을 활용하면 하고 싶지 않은 일을 쉽게 할 수 있다. 그러나 나는 당연히 헬스클럽에 가기 싫다. 당연히 책도 쓰고 싶지 않다. 치실질은 말할 것도 없다.

하지만 자신의 잠재력을 최대한 발휘하면서 그와 함께하는 최고의 순간을 모두 즐기고 싶다면, 처음에는 하고 싶지 않은 일들도 모두 해야 하는 법이다. 이는 당신에게도 마찬가지이다.

이 책과 같은 유형의 책을 100권이나 읽었지만 모두 효과가 없어도 당신이 게으르기 때문은 아니다. 나와 비슷하게 당신에게도 거대한 장애물이 가로막고 있는 것이다. 그 장애물은 바로 당신의 '정체된 자아'이다. 당신이 잠재력의 영역에 도달하기 위해서는 그동안 실패로 끝난 시도에서 비롯되는 기억과 감정, 당신의 취향을 저격하는 유혹을 비롯한 모든 장애물에 맞서야 한다.

당신은 인스타그램이 맞춤형 광고를 만드는 데 능숙하다고 생각하는가? 사실 인스타그램은 당신의 대화 내용 중 극히 일부분만을 엿들었을 뿐이다. 이와는 달리 당신은 지금까지 스스로와 나눈 대화를 모두 들은 사람이다.

전쟁에서는 대개 가장 확실한 정보를 가진 쪽이 승리한다. 한쪽 진영에서 20년, 30년, 혹은 50년 동안을 매일 상대 진영과 함께 보낸다고 상상해 보자. 그들은 상대방의 모든 움직임에 정확하게 예측하고 대응할 수 있다. 우리는 바로 그러한 상대와 맞서고 있는 것이다.

우리는 미래가 아닌 과거를 돌아보면서 최고의 순간 목록을 만들어 비전의 벽을 넘어섰다. 하지만 우리의 정체된 자아는 그리 쉽게 포기하지 않을 것이다. 따라서 잠재력을 최대한 활용하기 위해서는 전적으로 새롭고 다양한 책략이 필요하다.

4장. '나' 자신부터 변화하라

PART

2

THE ZONES

5장

잠재력의 세 영역을 파악하라

나는 목표광이다. 다른 사람들이 와인, 조류 관찰, 정원 가꾸기, 비디오 게임을 좋아하는 것처럼 나는 목표를 세우고 달성하기를 좋아한다.

어느 해에는 1년 동안 책을 100권 읽었다. 다른 해에는 1,600km를 달렸다. 또 다른 해에는 내가 탁구를 얼마나 잘 칠 수 있는지 알고 싶어 탁구 코치에게 레슨을 받은 적이 있었다. 미국 탁구 대표팀의 인가를 받은 나이 든 코치가 임대 건물에서 당신을 향해 탁구공을 수백 개씩 던지면서 "쳐! 쳐! 쳐! 얼른 치라고!"라고 소리 지르는 걸 경험해 본 사람이 있다면 손을 들어보기 바란다. 아마 아무도 없을 것이다.

당신은 목표광이 아니더라도 뛰어난 성과를 올리는 사람일 수 있다. 게으른 사람은 이러한 책을 읽지 않기 때문에 확신할 수 있는 것이다. 그들은 서점에 자기계발서 코너가 있다는 사실조차 모른다. 평소 성과가 저조한 사람은 잠재력을 최대한 활용하는 방법에 관한 책을 자발적으로 읽지 않는다. 그러한 책을 읽는 사람은 고성과자만 하는 일이다. 나는 당신이 그러한 사람이 된 것을 축하하고 싶다.

하지만 크게 축하하기 전에 충고할 것이 하나 있다. 고성과자라고 해서 반드시 '고성취자'가 될 수 있는 건 아니다. 우리 주변에는 산발적으로 높은 성과를 올릴 수는 있지만, 그러한 행동들을 모아 뛰어난 성취로 바꾸는 방법을 모르는 이들이 많다.

나는 12년 동안 수천 명의 목표 달성을 도우면서 이러한 일이 생기는 이유를 알아냈다. 확인 결과 고성과자들은 다음의 세 영역을 오간다.

① 안락 지대(Comfort Zone)
② 잠재력 지대(Potential Zone)
③ 혼잡 지대(Chaos Zone)

안락 지대에서는 삶을 위해 비전과 단절되어 있다. 우리는 익숙함에 안주해 왔고, 꿈은 스스로에게 사치라는 거짓말을 받아들였다. 또한 더 많은 것을 얻고자 손을 뻗는 위험을 감수하는 것보다는 한 곳에서 가만히 안전한 일을 반복하는 편이 낫다고 결정한다. 행동도, 목표도, 진전도 없지만 너무나 편하기 때문에 타성에 빠졌다는 걸 거의 느끼지 못한다. 잠깐 방문하기에는 좋은 곳이겠지만 계속 머무르기에는 끔찍한 곳이다.

안락 지대가 많은 관심을 받긴 하지만 고성과자들이 주로 갇히는 곳은 혼잡 지대이다. 혼잡 지대에 속하는 사람의 특징은 다음과 같다.

한꺼번에 너무 많은 목표를 시도한 적이 있다.

팟캐스트를 듣고 갑자기 열의에 불타서 삶의 모든 부분을 단숨에 바꾸고 싶어진 적이 있다.

하루 일정과 약속을 지나치게 많이 잡고, 스스로 일을 끝내는 속도를 과대평가하는 습관이 있다.

부업을 시작하고, 5kg을 감량하고, 더 좋은 배우자가 되며, 직장에서 급여 인상을 생각하고, 암호화폐에 대해 공부하고, 명상도 자주 하려는 시도를 어느 한 주 주말에 몰아서 한 적이 있다.

잠재력 지대는 이 두 극단의 중간에 위치해 있다. 너무 뜨겁지도, 차갑지도 않아서 딱 좋은 중간 지대이다. 평생 다이어트를 하지 않은 상태와 투르 드 프랑스(Tour de France)에 출전하는 자전거 선수들을 위해 설계된 저울을 이용해 말차맛 단백질 파우더의 무게를 재는 상태 사이를 왔다 갔다 하지 않는다. 당신은 관심 있는 목표를 향해 꾸준하고 즐거운 진전을 이루고 있다. 매일 최고의 순간에 계획적으로 투자하면서 비전과 현실 사이의 격차를 줄여나간다.

처음에는 잠재력 지대로의 도달이 불가능하다고 느껴질 수도 있지만, 실상은 그렇지 않다. 당신이 이미 그 영역에 속해 있다는 사실을 당신뿐 아니라 모두가 알고 있기 때문이다.

고성과자는

다음의 세 영역을 오간다.

1. 안락 지대

2. 잠재력 지대

3. 혼잡 지대

> **사람들은 당신 안의 특별함을 보고 있으며, 당신도 내심 그 사실을 알고 있다.**

피슬리 박사와의 연구 조사에 참여한 이들 중 94%는 남들에게 잠재력이 있다는 말을 들은 적이 있다고 답했다. 한편 70% 이상은 살면서 잠재력을 최대한 발휘했던 순간이 있었다고 응답했다. 사람들은 당신 안의 특별함을 보고 있으며, 당신도 내심 그 사실을 알고 있다.

아니면 새로운 취미를 통해 그러한 점을 느꼈을 수도 있다. 도자기를 만들 때, 처음 만든 것은 한쪽으로 약간 기울어지긴 했지만, 그래도 자기 손으로 직접 만든 것이지 않은가. 그리고 이를 통해 그동안 몰랐던 스스로의 잠재력을 느꼈을 것이다.

어쩌면 직장에서 프로젝트에 모든 걸 쏟아부으면서 사람들이 말하는 '몰입 상태'가 되었을 때 깨달았을지도 모른다. 또는 친구에게 억지로 끌려갔다가 결국 좋아하게 된 운동 수업에서 당신의 잠재력을 알게 되지 않았을까. 혹은 데날리 국립공원에서 하이킹을 하다가 문득 이 순간을 위해 태어났다는, 빙하만큼 거대한 생각이 떠오르면서 스스로를 일깨웠을 수도 있다.

위와 같이 잠재력 지대의 양상은 개인마다 다르게 나타나지만, 우리는 이 영역을 경험할 때 공통적으로 '어떻게 하면 잠재력 지대에 계속 머무를 수 있을까?'라는 질문을 할 것이다. 이 질문은 바로 이 프로젝트 전반에 영감을 주었다.

잠재력 지대에 머무는 시간을 두 배, 세 배, 다섯 배로 늘리기 위해 계획적으로 할 수 있는 행동이 있을까?

최고의 순간을 경험하는 횟수를 늘릴 수 있을까?

잠재력 지대의 관광객에서 주민이 되기 위해 할 수 있는 일이 있을까?

물론 있다. 그리고 당신과 같은 수천 명의 사람들이 그 질문에 답을 찾으려 노력하는 모습도 보았다. 하지만 안락 지대가 너무 매력적이기에 쉽지는 않다.

나도 스스로의 안락 지대를 벗어나고 싶지 않다. 벗어나고 싶어 하는 사람이 과연 있을지 모르겠다. 안락 지대는 편하다. 무엇보다 책임질 일도 많지 않다. 또한 기대치가 낮아서 기대 이상의 성과를 쉽게 달성할 수 있다.

또한 안락 지대는 당신에게 어떤 것도 요구하지 않는다. 따라서 무리할 필요도, 성장할 필요도, 도움을 요청할 필요도 없다. 그리고 조금이라도 어려워 보이는 일은 굳이 시도하려 하지 않아도 된다.

이렇듯 나는 수십 년 동안 안락 지대를 집으로 삼았다. 그러나 삶은 때때로 나를 그 영역 밖으로 쫓아내곤 했다. 현실이 너무 극적으로 변하는 바람에 내 의지와는 반대로 바깥으로 밀려난 것이다. 코로나 팬데믹 때가 특히 그러했다.

당시 나는 우리 회사가 2020년에 최고의 해를 맞이할 것이라 여기며, 그 현실에 편안함을 느꼈다. 나는 지난 7년 동안 그 순간을 위해 노력했기 때문에 2020년 1월에는 이후 1년 동안 계획되어 있는 모든 일에 큰 확신이 있었다. 그러나 2020년이 되자마자 모든 일들이 취소되어 버렸다.

코로나19로 나는 스스로의 의사와 관계없이 안락 지대 밖으로 쫓겨날 수밖에 없었다. 당시 나는 선택의 여지가 많지 않았기에 현장 행사 수익을 대체하기 위한 비대면 행사를 진행하고, 팟캐스트를 시작했으며, 온라인 강좌를 진행하는 법을 배워야 했다.

그 어려웠던 시간이 지나니, 이제는 팟캐스트에 감사하고 있다. 그리고 온라인 강좌를 통해 사람들을 돕는 방법을 알게 되어 보람을 느낀다. 하지만 나는 기꺼이 안락 지대를 떠난 적이 없었다. 억지로 끌려 나왔다. 그래서 화가 난 적도 있었다.

내 사업의 가장 큰 부분이 사라졌다는 사실을 깨달았을 때, 하마터면 놓쳤을 새로운 기술을 배울 수 있는 정말 멋진 기회라는 생각이 바로 떠오르지는 않았다. "변화는 재미있어요!"라는 말처럼 제 입으로 변화를 좋아한다는 사람은 최소 거짓말쟁이이거나 소시오패스이다. 변화는 미친 짓이다.

처음 9개월 동안은 안락 지대에서 벗어난 것이 싫었다. 말했다시피 나는 깨달음이 늦은 사람이기 때문이다. 하지만 코로나19는 나의 시간에 맞추어 움직여 줄 리 없다는 사실을 깨달았을 때, 선택의 여지는 없었다. 이렇게 나는 사람들이 안락 지대를 떠나는 두 가지 이유 중 하나를 직접 경험했다.

① 비자발적 위기
② 자발적 묘책

비자발적 위기는 스스로의 힘으로 어찌할 수 없는 파괴적인 일이 발생하는 경우를 말한다. 직장을 잃거나, 대인관계에 실패하거나, 또는 건강에 대한 두려움을 느끼거나, 배신을 당하는 일이 생길 수도 있다. 이들 위기는 안락 지대를 파괴한다. 때로는 그 계기가 당신에게 직접 닥친 문제가 아닐 때도 있다. 예컨대 친구나 친척이 겪은 위기를 목도하고, 당신도 같은 일을 겪는 것을 피하고 싶어 안락 지대를 떠나기로 결심할 수도 있다.

물론 자발적으로 안락 지대에서 벗어날 수도 있다. 이는 당신이 그 이상을 원한다는 사실을 알게 되었을 때 가능하다. 이는 당신의 삶에 부족한 점을 깨닫고 신속하게 비용과 편익을 분석한다. 이는 결과적으로 스스로를 안락 지대에서 끌어내기 위해 노력할 가치가 있다는 판단에서 비롯된다.

마조히스트를 제외하면 안락 지대를 떠나고 싶어 하는 사람은 아무도 없다. 왜 그 영역을 굳이 제 발로 나가려 하겠는가. 그곳은 즐겁다. 우리는 안락 지대의 규칙도, 그 공간에서 무엇을 해야 하는지도 안다.

안락 지대는 또한 친숙하다. 우리 주변에는 자신보다 훨씬 못한 상대와 사귀는 친구가 꼭 있다. 두 사람은 7년 동안이나 사귀었다. 남자가 사업 아이디어를 5년이나 구상하는 동안 여자 쪽에서는 그를 계속 도왔다. 여자는 그 관계가 만족스럽지 않다. 그럼에도 왜 헤어지지 않는 걸까?

왜 사람들은 마음에 들지 않는 직장에 계속 다니는 걸까?

왜 오래전에 벗어났어야 하는 상황에 계속 머무르는 걸까?

그 이유는 편하기 때문이다. 안락 지대는 별로 흥미롭지는 않지만, 그 공간 너머에 비해 두렵지 않다. 하지만 언젠가는 조금이라도 동기부여를 할 일이 생길 수도 있다. 행사에 참석하거나, 팟캐스트를 듣거나 당신을 고취시키는 소셜 미디어 계정을 찾을 수도 있다. 이는 이 책을 쓰기 위한 연구의 참여자들이 가장 중요한 영감의 원천으로 꼽은 것들이다.

스스로의 능력을 파악하는 일은 당신에게 가치가 있지만, 여러 가지 이유로 쉽지 않은 노력임을 금세 깨닫는다. 정체된 자아를 설득해서 안락 지대를 떠나게 하는 일은 재활치료를 막 마친 호랑이를 야생에 풀어주는 것과 같다. 다음과 같이 말이다.

"이 친구야, 더 이상 우리에 갇혀 살 필요 없어. 문은 열려있으니까. 그냥 나오기만 해도 온 정글을 누비고 다닐 수 있는데. 다 네 세상이라고."

물론 그 과정에서 종종 상처를 입기도 한다. 이에 호랑이는 금세 다시 안락 지대로 돌아온다. 그러면 당신은 새해가 되어 또 다른 결심에 자극을 받을 때까지 시도를 멈춘다. 이와 같이 나는 우리를 찾는 일에 지쳤다. 그 정도면 됐다. 이에 안락 지대가 중대한 적이라는 사실을 인정할 수밖에 없었다. 그렇게 나는 안락 지대로 10년 넘게 힘든 시간을 보냈으니 간단하지만 조심스럽게 목표를 이루어나가고자 한다.

위와 같이 주의하는 이유는 당신을 안락 지대로 더 깊이 끌어들이고 싶지 않기 때문이다. 이 일에 수년간의 노력과 집중, 끈기가 필요하다는 것을 알게 된다면 손에 닿기도 힘든 구석으로 물러나려고 할 것이다. 누구나 그렇지 않을 이유는 없다. 새로운 목표를 시작하면서 앞으로 몇 년간 노력과 집중, 끈기를 쏟겠다고 약속하고 싶은 사람은 어디에도 없을 테니까 말이다.

나는 말콤 글래드웰(Malcolm Gladwell)을 좋아한다. 그러나 그가 K. 안데르스 에릭슨(K. Anders Ericsson)이 정의한 전문성에 관련된 설명은 실망스러웠다.

세계 최고 수준이 되려면 1만 시간이나 걸린다고?
내 잠재력을 발휘하기까지 1만 시간이나 남았다고?

잠깐 계산을 해보자.

하루에 10시간씩 목표에 집중한다면 3년 안에 전문가가 될 수 있다는 얘기인가?
매일 다른 일로 채울 수 있는 여가가 10시간이나 되는가?
새로운 목표 달성을 위해 이번 주에 70시간을 쓸 수 있는가?

그렇다. 위의 내용은 비현실적이다. 대신 하루에 한 시간씩만 노력하는 것이 훨씬 수월하지 않겠는가. 그렇게 한다면 우리는 스스로의 잠재력에 도달하기까지 무려 27년이 걸린다. 솔직히 어려운 일이겠지만, 앞으로 1만 일 동안 매일 1시간의 여가를 쓸 수 있다면 27년 뒤에야 본인의 잠재력을 활용할 수 있다.

나는 지금 47세인데, 그러면 74세가 되어서야 비로소 진정한 내 모습을 갖출 수 있다는 얘기이다. 74세라면 국회의원 평균 나이보다는 젊은데, 그때쯤이면 나는 노인 피클볼 리그를 평정하고 있을 것이다. 그러나 나는 나의 잠재력을 발휘하기 위해 그렇게까지 오래 기다리고 싶지는 않다.

당신도 그래서는 안 된다. 시작할 때부터 너무 부담을 주면 안락 지대를 떠나고 싶어 하지 않는 우리의 자아가 눈치를 채고 달아나려 것이다. 따라서 나는 목표를 이루는 과정을 신중하고 간결하게 진행할 예정이다. 요령이 간단할수록 당신이 빠져들 가능성이 커지기 때문이다.

돌아온 비전의 벽

잠재력이 곧 당신의 이상적인 모습과 현실 사이의 격차임을 깨닫는다면, 곧바로 나의 인생 계획은 무엇인가에 대한 의문을 던질 것이다. 이는 합리적이지만, 1장에서 언급한 '비전의 벽'을 깨우는 기폭제이기도 하다.

비전의 벽은 언제나 조건부 논리에 따라 최악의 가정을 제시하려 한다. '스스로의 계획을 이해한다면 목표를 이루기 위해 노력할 수 있다.'라는 식으로 말이다. 이 얼마나 완벽한 함정인가.

> 시도를 위한 입장료가 스스로의 비전부터 이해하는 것이라면 시작도 하기 전에 그만두게 될 것이다.

당신의 계획과 인생의 사명이 선명하지 않다면 원고를 100어절도 쓰기 힘들 것이다. 또한 영혼의 근본, 즉 본질에 도달하지 못하면 동네 산책에조차 15분씩 시간을 쓰기도 어려울 것이다. 당신의 여정에서 진정한 목표와 이정표, 최고의 경로를 확인하기 전까지 당신은 옷장을 정리할 수 없다. 우선 목표에 대한 것들이 모두 선행되어야 우리는 비로소 목표 달성에 전념할 수 있다.

시도를 위한 입장료가 먼저 스스로의 비전부터 이해하는 것이라면 시작도 하기 전에 그만두게 될 것이다. 그러니 비전은 잠시 제쳐두자. 그보다 훨씬 간단한 것부터 시작해 보자. 먼저 작은 질문 하나에 답하도록 우리 스스로를 속이는 것부터 해보도록 하자.

6장

본격적인 잠재력 게임을 시작하라

비전의 양상은 수도 없이 다양하기 때문에 선택이 매우 어렵다. 그러나 우리 인생을 관통하는 큰 목표, 즉 빅 게임은 사실 다섯 가지뿐이다.

① 커리어
② 재테크
③ 인간관계
④ 건강
⑤ 즐거움

당신이 생각할 수 있는 모든 구체적인 목표, 작업, 임무는 이 다섯 가지 빅 게임 중 하나에 해당될 것이다. 잠재력 영역에서 더 많은 시간을 보내고 싶다면 '내가 뛰어들고 싶은 빅 게임은 무엇인가?'라는 질문에 답하는 것부터 시작해야 한다.

위의 다섯 가지 빅 게임은 다음과 같이 세분화된다.

» 커리어

추천 대상은 다음과 같다.

① 승진을 원하는 자

② 수석 부사장 직위까지 올라가고 싶은 자

③ 프리랜서 그래픽 디자인 사업을 성장시키고 싶은 자

④ 인플루언서가 되어 온라인 메이크업 플랫폼을 구축하고 싶은 자

⑤ 직장에서 보다 편안한 마음으로 회의를 진행하고 싶은 자

» 재테크

다음과 같은 사람에게 추천한다.

① 빚에서 벗어나고 싶은 자

② 은퇴 후 편안한 생활을 원하는 자

③ 산이나 해변의 근사한 집을 사고 싶은 자

④ 자녀의 대학 등록금을 지불해야 하는 자

⑤ 비트코인에 대해 알고 싶은 자

» 인간관계

아래의 내용을 원한다면 선택하라.

① 망가진 결혼 생활을 회복하고 싶은 자

② 결혼을 원하는 자

③ 더 좋은 배우자, 부모, 자녀가 되고 싶은 자

④ 코로나19 기간 동안 재택근무로 외로움을 느끼며 더 많은 친구의 필요성을 느끼는 자

» 건강

이 범주에는 다음을 바라는 사람들이 속할 수 있다.

① 예전에 입던 청바지를 다시 입고 싶은 자

② 동네 수영장에서 좋은 기분을 느끼고 싶은 자

③ 마라톤 경주 참여를 원하는 자

④ 체내 콜레스테롤 수치를 낮추고 싶은 자

⑤ 무릎 관절 건강 개선을 원하는 자

⑥ 불안을 잘 관리하고 싶은 자

» 즐거움

'즐거움'은 포괄적인 게임에 속한다. 따라서 앞의 네 가지 유형에 잘 들어맞지 않는 것은 전부 여기에 포함된다. 그 예는 다음과 같다.

① 동화책에 삽화를 그리고 싶은 자

② 뜨개질하는 법을 배우고 싶은 자

③ 1년 안에 성경을 완독하고 싶은 자

④ 어릴 때 집에서 키우던 벨지안 말리누아를 훈련시키고 싶은 자

⑤ 새로운 언어를 말하고 싶은 자

이상의 접근법은 정체된 자아를 방심시킨다는 점에서 유용하다. '당신의 삶의 목표는 무엇인가?'라는 질문을 한다면 정체된 자아가 안락 지대 저편에서 문을 걸어 잠그는 소리로 답할 것이다.

하지만 게임은 부담감이 훨씬 적다. 게임은 그저 게임일 뿐이다. 따라서 목표에 전념해야 한다는 두려움을 자극하기보다 호기심을 북돋운다. 따라서 당신은 '나는 어떤 게임을 하고 싶은가?'라는 질문에 답하기 위해 안락 지대를 굳이 떠나려 하지 않아도 된다.

첫 번째 질문

당신이 선택한 빅 게임은 무엇인가?

이것이 첫 번째 질문이다.

다섯 가지 게임 중에서 한두 가지를 골라도 되고, 시간의 여유가 있다면 모두 선택해도 된다.

내가 블로그를 처음 시작했을 때는 단 한 가지 게임인 '즐거움'만 할 수 있었다. 다른 게임은 할 시간조차 없었다. 당시에는 전업으로 한 직업

이 있었고, 세 살 미만의 두 자녀와 아름다운 아내, 프리랜서 사업으로 만나는 고객이 있었으며 애틀랜타까지 출퇴근을 해야 했다. 그래서 블로그 활동을 택하고 거기에 집중했다.

가끔 달리기를 했지만, '건강' 게임을 하거나 하프마라톤 훈련을 할 정도로 시간이 많지 않았다. 친구는 있었지만 어울리려면 많은 시간이 들기 때문에 가족 외에 추가적인 관계를 맺을 여지를 만들지 않았다. 또한 사무실에서 주당 40~45시간씩 성실하게 일했지만, '커리어' 게임을 하지 않았기 때문에 프로젝트에 별도로 자원하지는 않았다. 결과적으로 블로그가 지금은 나의 새로운 커리어로 이어졌지만, 처음에는 그렇게 될 줄은 생각하지 못했다. 그동안은 나에게 그저 재미있는 게임일 뿐이었다.

현재 나의 삶은 그때와 달라졌다. 내게는 십 대가 된 딸만 둘이다. 이 말은 이제 주말에 아이들을 즐겁게 해주기 위해 오전 6시부터 오후 8시까지 필사적으로 노력할 필요가 없어졌다는 얘기다.

L.E.는 대학에 다니므로 주말을 캠퍼스에서 보낸다. 맥레이는 크로스컨트리 달리기를 하고 밤에는 친구 집에서 잘 것이다. 그렇게 내가 져야 하는 책임이 예전과 달라졌다. 따라서 나는 원한다면 토요일에 커리어, 관계, 즐거움 게임을 얼마든지 할 수 있다. 이와 같이 생애주기를 고려하면 그러한 상황에 전혀 당황하지 않는다.

시간의 여유를 늘릴 방법이야 얼마든지 있겠지만, 현재 당신의 상황을 수용하여 스스로 감당할 수 있을 정도의 게임만 하자. 여기에서는 당신의 현재 상황을 받아들이는 것뿐 아니라 진행 중이거나 성과를 거둔 게임에 대한 공도 인정해 줘야 한다.

지금 당장은 '가족과 함께하는 저녁 식사' 게임을 제대로 하지 못할 수도 있다. '자녀를 위한 카풀 관리'도 게임이다. 지금까지와 완전히 다른 '하이브리드 근무 일정'이라는 새로운 현실에 대처하는 것도 게임의 일환이다. 이와 같이 당신의 일정에 새로운 게임을 더는 채워 넣을 수 없다면, 이는 당신이 무절제하기 때문이라서가 아니다. 이미 생각보다 많은 게임을 하고 있기 때문일 가능성이 크다.

새로운 게임을 할 준비가 되었다면 먼저 첫 번째 게임을 골라서 시작하자. 이 과정은 어떤 목표를 달성하고 싶은지 브레인스토밍하기 위해 복잡한 창의적 연습을 거칠 필요도 없다. 최고의 순간 목록을 직접 만들어 봤다면 당신이 무엇을 특히 원하는지 이미 알고 있을 것이다.

그렇지 않더라도 오늘 당신은 이미 몇 가지 목표를 달성했다. 내가 이를 확신하는 이유는 나의 책, 온라인 강좌, 팟캐스트를 이용한 사람 가운데 "존, 나는 꿈이나 계획이 없어요."라고 말하는 사람을 단 한 번도 만나본 적이 없기 때문이다.

높은 성과를 올리는 사람은 하고 싶은 일이 수십에서 수백 가지, 때로는 수천 가지나 있는데, 그중에서 하나만 선택하자. 꼭 완벽한 선택을 해야 한다는 법은 없다. 그보다 다음에 무엇을 할지 선택하는 것이 더 중요하다.

빠른 진행으로 당장 손쉬운 승리를 거두자. 선택지는 5개뿐이다. 이 게임의 규칙을 만드는 사람은 본인이기 때문에 실수할 리도 없다는 걸 기억하자. 당신이 선택한 '즐거움'에 '커리어'를 골랐어야 한다고 비난할 생각은 없다. 이것은 당신의 게임이니까.

게임을 완료하기 위한 조치에 대해서도 걱정할 필요 없다. 다음 장에서 게임을 누구나 달성 가능한 손쉬운 목표로 전환하는 5가지 구체적인 방법을 제시할 것이니 말이다. 따라서 지금 당장 시도할 게임 옆에 작은 별표를 그려두자. 그러면 두 번째 질문에 답할 수 있을 것이다.

두 번째 질문

무엇을 얻을 것인가?

게임을 할 때 가장 귀중한 자원인 시간을 게임에 투자하기 전에 두 번째 질문에 대한 답부터 먼저 알아야 한다. 그 질문은 내가 첫 질문 이후로 당신에게 묻고 싶은 것이다.

하지만 대답하기 전에 약속할 게 있다. 바로 이기적이지만 정직하게 행동해야 한다. 가식으로 일관한다면 안락 지대에서 벗어날 수 없다. 나는 항상 동료 작가들에게서 그러한 모습을 본다. 그들은 책을 출간할 때가 되면 자신이 쓴 책으로 단 한 사람의 인생이라도 바뀐다면 보람을 느낄 것이라고 말하곤 한다.

아니, 그렇지 않다. 이는 전혀 사실이 아니다. 책을 쓰는 일은 어렵다. 절차는 간단해 보여도 실제 작업은 정말로 힘들다. 책을 쓰기 위해서는 당신의 자존심, 기대감, 그리고 당신을 멍청하다고 욕한 트위터 사용자 @AngryDragonAllen287의 말이 옳을지도 모른다는 두려움과 수천 시간을 씨름해야 한다. 따라서 당신은 단 한 사람에게 도움을 주는 것만으로는 만족할 수 없을 것이다. 그러나 그것이 당신의 목표라면 차라리 30

분을 투자해서 친구에게 이메일을 쓰도록 하자. 그 편이 훨씬 쉽다.

책 한 권을 쓰기 위해 온갖 수고를 다 했다면 그보다 훨씬 큰 승리를 얻어야 한다. 10만 명의 사람들이 책을 사면서 〈뉴욕타임스〉 베스트셀러 목록에 올라 그 책이 당신에게 많은 돈을 벌어다 주길 바라야 한다. 또한 거리에서 당신을 찾는 낯선 독자에게 당신의 책으로 삶이 달라졌다는 말을 들으며 전 세계 사람들에게 영향을 미칠 수 있기를 원해야 한다. 나는 이러한 일들을 모두 경험했다. 이러한 경험은 내가 살아있음을 느끼게 한다.

작가들이 '나의 책을 통해 단 한 사람의 인생이라도 바뀐다면 보람을 느낄 것'이라고 말하는 이유는 책이 팔리지 않을까, 스스로의 목표가 타인에게 이기적으로 보일까 두려워하기 때문이다. 따라서 사회적으로 용인될 수 있으면서 앞으로 느낄 실망감에서 자신을 보호할 목적으로 거짓된 욕망을 만들어 낸다.

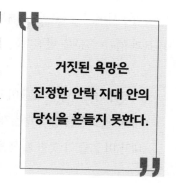

> 거짓된 욕망은
> 진정한 안락 지대 안의
> 당신을 흔들지 못한다.

거짓된 욕망은 스스로의 기대를 거짓말로 포장하여 위험을 회피한다. 한 권만 팔려도 충분하다고 생각한다면, 100권 정도만 팔려도 실패감을 느끼지 않을 테니 말이다. 그러나 거짓된 욕망은 진정한 안락 지대 안의 당신을 흔들지 못한다.

또한 가짜 연료는 당신이 잠재력 지대에 머무르는 데 필요한 동력을 제공하지 않는다. 이는 마치 페라리에 디젤 연료를 넣어 놓고 왜 움직이지 않는지 의심하는 꼴과 다를 게 없다.

그러니 이기적인 사람이 되어야 한다. 물론 세상을 구하고자 하는 고귀한 동기가 있다면 당신은 대단한 사람이다. 그 동기를 당신의 목표에도 적용하자. 그러나 '나는 무엇을 얻게 되는가?'라는 질문에 답할 때는 주저하지 말자.

안락 지대에 갇혀 있는 당신 자신과의 협상 테이블 자리를 상상해 보자. 변화를 원하여 스스로와의 회의를 소집했을 때, 당신의 정체된 자아가 던지는 단 하나의 질문이 있다. 이는 바로 '그것이 나에게 무슨 도움이 되는가?'이다.

영업부서에서 14초만 일해보면 세상의 모든 사람이 결정을 내릴 때 다음과 같은 질문을 던진다는 걸 금방 알게 된다.

그것이 나에게 무슨 도움이 되는가?
내가 왜 그 일을 해야 하는가?
내가 이 일을 다 하면 뭘 얻을 수 있는가?

위의 질문에 고리타분한 가짜 승리만을 내세운 채 협상 테이블에 앉는다면 바로 비웃음을 살 것이다. 그렇다면 당신이 스스로에게 다음과 같이 말한다고 상상해 보자.

"운동을 하면 장기적으로 심혈관 질환에 걸릴 가능성이 극적으로 줄어든다는 연구 결과가 있어. 그뿐 아니라 골밀도도 향상되면서 향후 골다공증에 걸릴 위험이 훨씬 낮아진다고 해."

하지만 그것은 내가 크로스핏(CrossFit)을 하는 이유가 아니다. 이 책을 시작하면서 지금까지 그 이야기를 참느라 너무나 힘들었다. 어쨌든 크로스핏의 첫 번째 규칙은 크로스핏에 대해 끊임없이 얘기해야 한다는 것이다.

지금 하고 있는 얘기가 광고처럼 들렸다면 내가 빌어먹을 케틀벨을 들어올리는 일은 없었다. 또한 나는 스쿼트도 좋아하지 않는다. 턱걸이는 진짜 싫다. 그리고 아령을 든 채 한 팔로 윗몸일으키기를 하지도 않았을 것이다. 그럼에도 내가 크로스핏을 계속하는 이유는 절제력 때문이 아니다. 의지력도 결정적인 요인은 아니다. 하물며 투지는 내게 아무런 도움도 주지 않았다.

우리의 정체된 자아는 생각보다 훨씬 똑똑하다. 그는 우리가 위장된 인격을 통해 동기부여로 호소하려는 속임수를 바로 알아차린다. 그를 안락 지대 밖으로 끌어내는 유일한 방법은 그곳보다 밖이 더 낫다는 사실을 납득시키는 것뿐이다. 그러나 정체된 자아는 나쁜 존재가 아니다. 그러니 스스로의 어떤 부분도 악마화하지 말자. 위장된 자아라도 우리의 일부이며, 나는 나를 사랑하지만 논리나 이성으로는 그에게 동기를 부여할 수 없다.

인간은 비합리적이다. 그렇기에 우리는 항상 말도 안 되는 일을 한다. 상식적인 방법으로는 정체된 자아를 안락 지대에서 끌어낼 수 없다. 그렇다면 우리는 인내심을 가지고 정체된 자아를 밖으로 유인해야 하는데, 가장 좋은 미끼는 '승리'이다.

우리의 정체된 자아도 승리감은 좋아한다. 당신은 스스로를 경쟁심이 넘치는 사람이라고 생각하지 않을 수 있다. 그러나 막상 승리와 패배 중

하나를 선택해야 하는 상황이 되면 언제나 승리를 선택할 것이다.

따라서 나는 스스로에게 '크로스핏을 하면 무엇을 얻을 수 있을까?'라고 물었다. 그리고 최대한 많은 답을 생각해 냈다.

① 엔도르핀이 분비되어 기분이 좋아지고 스트레스가 감소할 것이다.
② 운동 후 차트에 체크하고 나면 큰 만족감을 느낄 것이다.
③ 멋진 새 운동화를 사게 될 것이다.
④ 내 꾸준함으로 트레이너에게 좋은 인상을 줄 것이다.
⑤ 연설할 때 써먹을 새로운 농담거리를 몇 가지 만들 수 있을 것이다.
⑥ 크로스핏을 좋아하는 친구 스콧과의 이야깃거리가 생길 것이다.
⑦ 동네 수영장에서 셔츠를 벗는 게 더 편해질 것이다.

건강을 유지하면 아이들 곁에 더 오래 있을 수 있음을 논리적으로는 알고 있다. 그걸 원하는 것도 확실하다. 하지만 운동하러 가기 싫을 법한 추운 아침에도 운동을 해야 18년 뒤에나 태어날 손자들과 놀아주거나 따라다닐 수 있을 거라 명심한다고 말한다면 분명 거짓말일 것이다.

내가 열거한 대부분의 성취는 딱히 대단하지 않다. 일부는 심지어 과시욕에서 시작되었다. 그러나 처음에는 정체된 자아를 안락 지대에서 끌어내는 게 내 유일한 목표였기 때문에 신경 쓰지 않았다.

목표의 장기적인 이점으로 당신의 삶, 가족, 심지어 공동체까지 변화시킬 것이다. 스스로의 잠재력을 최대한 발휘하면서 살아가면서 자연스럽게 부산물이 생겨난다. 이는 바로 타인도 잠재력을 발휘하며 살 수 있도록 돕고 싶어지는 마음이다. 결과적으로 스스로에게서 비롯된 이 여정이 타인을 위한 봉사로 끝이 난다. 이는 훌륭한 일이지만, 그 이유만으로 안락 지대를 떠나는 사람은 거의 없다. 반면 공동체의 구성원을 돕겠다는 마음은 잠재력 지대에 머무는 가장 큰 이유에 속한다.

그러나 내가 앞에 정리한 크로스핏의 장점과 같이 어떠한 목표에 대한 일곱 가지 이점을 굳이 찾아낼 필요는 없다. 왜냐하면 나는 작가이고, 작가는 원래 말이 많기 때문이다. 그래도 몇 가지만 적어보자. 당신이 이 책을 선택한 이유가 있을 것이다. 아니면 당신의 삶에서 바꾸고 싶은 부

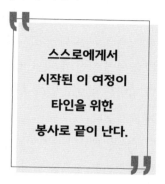

스스로에게서
시작된 이 여정이
타인을 위한
봉사로 끝이 난다.

분이 있을 것이다. 그 부분은 어떤 게임에 해당하며, 그 게임을 하면 무엇을 얻을 수 있는가?

당신이 조금이라도 노력한다면, 비전과 현실 사이의 격차를 줄이기 위해 한두 걸음을 내딛는다면 당신은 무엇을 얻게 될까?

새로운 목표를 시작할 때는 대부분 보상이 아닌 노력에 대한 얘기부터 하기 때문에 처음에는 이 방식이 직관에 어긋난다고 느껴질 것이다. 우리는 목표 달성을 위해 해야 하는 모든 행동을 브레인스토밍한다. 이는 중요한 단계니까 꼭 하겠지만, 그렇다고 처음부터 시작하지는 않는다. 부담스럽기 때문이다. 답답함을 느끼고 있을 때, 그러한 상태에서 벗어나기 위해 가장 먼저 당신이 해야 할 일들의 방대한 목록을 작성한다면 당신의 의욕은 커질까, 아니면 줄어들까?

먼저 승리에 대한 꿈부터 꿔야 우리가 할 일을 정할 수 있다.

6장. 본격적인 잠재력 게임을 시작하라

세 번째 질문

어떻게 성취할 것인가?

아직 안락 지대에서 벗어나지는 못했지만, 그래도 가능성 있는 승리를 몇 가지 살펴본 덕에 정체된 자아의 관심을 약간 자극했다. 그래서 사다리를 벽에 걸친 채 지난 몇 년간 느꼈던 것보다 더 많은 호기심을 품으며 담 너머를 엿보고 있다. 어쩌면 세 번째 질문에 대한 답도 준비되어 있을지 모르겠다.

새로운 최고의 순간이 그만한 가치가 있다면, 새로운 게임을 할 때 당연히 그러한 질문을 던지게 된다. 방금 설명한 최고의 순간이 마음에 든다면 '난 이게 좋은데, 어떻게 해야 이 순간을 더 누릴 수 있을까? 내 잠재력을 더 활용할 수 있는 방법은 무엇일까?'라는 생각으로 나아가게 된다.

이제 이 책 전체에서 가장 훌륭한 아이디어가 등장한다. 답은 게임을 쉽게 만들어서 게임에서 이기는 것이다. 이 또한 첫 번째 질문에서와 같이 이기적인 태도로 승리를 선택하는 것만큼 잘못된 일이라 생각할 수 있다. 솔직히 말하자면 나 또한 그랬다.

그러나 원하던 목표 달성을 위해 할 수 있는 모든 일을 해도 효과가 없었다면, 이제는 더 쉬운 게임을 하는 등의 직관에 어긋나는 일을 시도할 차례이다. 안락 지대를 탈출하는 가장 좋은 방법은 승리의 크기를 키우되 노력은 적게 들이도록 하는 것이다.

나 또한 매우 성공한 사람들을 연구하기 전까지는 '쉬운 게임'을 제안하는 것에 다소 불편함을 느꼈다. 물론 실행 방식은 저마다 다르더라도 그들은 성과 측면에서 모두 비슷한 요소를 공유하고 있었다. 그중 하나는 항상 게임을 이기기 쉽게 만든다는 것이다.

성공한 사람들은 성공을 위한 준비에 집착한다. 세계 최고의 리더십 사상가로 평가받으면서 수백만 권의 책을 판매한 경영 코치 마셜 골드스미스(Marshall Goldsmith)도 유명한 저서인 《일 잘하는 당신이 성공을 못 하는 20가지 비밀(What Got You Here Won't Get You There)》에서 그 사실을 인정했다. 그는 책을 통해 다음과 같이 말한다.

"나는 어떤 일이든 스스로 쉽게 처리할 수 있도록 만든다. 또한 바보 같은 내기는 절대 하지 않는다. 그리고 성공 가능성이 매우 큰 고객과 일한다. 굳이 다른 방식으로 일하고 싶어 하는 사람이 어디 있겠는가?"*

물론 골드스미스에게만 해당되는 이야기는 아니다. 세계에서 가장 성공한 여러 기업에서 수십 년간 일한 골드스미스는 큰 성공을 거둔 이들에게서 다음과 같은 일관된 사실을 발견했다.

"살면서 성공의 메커니즘을 곱씹으며 누군가의 성공과 실패의 원인을 궁금해하다 보면, 그것이 바로 승자의 습관적인 특징임을 알게 될 것이다. 그들은 사전 준비를 스스로에게 유리하도록 한다. 그리고 이를 부끄

---

* Marshall Goldsmith, What Got You Here Won't Get You There: How Successful People Become Even More Successful (New York: Hachette, 2007), 180.

럽게 여기지 않는다."*

그러나 대부분의 사람들은 일을 더 쉽게 만들지 못하고 그 반대로 행동한다. 또한 목표에 대한 규칙을 만들 때, 패배를 보장하는 규칙을 만든다.

나는 《피니시》를 쓰기 위한 조사를 하던 중, 처음으로 그러한 현실에 부딪힌 적이 있다. 과거 마이크 피슬리 박사와 나는 약 900명의 사람들이 6개월 동안 목표 달성을 위해 노력하는 과정을 연구했다. 우리는 프로젝트 중반에 대부분의 참가자가 스스로 달성할 수 있는 목표를 과대평가하는 바람에 무의식적으로 불가능한 게임을 만들어 버렸음을 알게 되었다.

그들은 사전에 자신에게 유리하도록 준비를 하지 않았다. 그저 처음부터 매우 어려운 목표를 세웠고, 이에 바로 좌절을 낳는 현실의 제약에 부딪혔다. 본질적으로 그들은 현실과 동떨어져 이상과 현실 사이의 격차 속에 서서히 죽어가는 거대한 비전을 세우고 만 것이다.

우리는 문제를 해결하기 위해 대상자에게 목표의 양을 절반으로 줄이도록 권했다. 그리고 이에 따른 생긴 결과는 놀라웠다. 이와 같은 흔치 않은 접근법을 택한 사람들의 성공율은 63% 더 높았다.

나는 강연 전에 위의 아이디어를 프레젠테이션 슬라이드에 담아 고객에게 보내면 전화가 꼭 걸려온다. 그리고 "우리 영업팀에게 올해 제품을 절반만 판매하라고 하는 그 최악의 아이디어는 빼달라"고 말한다. 그러

---

* Goldsmith, What Got You Here, 180.

나 그 아이디어는 규범이 아니다. 프로젝트 초기에 잘못된 비전을 설정했다가 중간에 절반으로 줄인다고 성공하지는 않는다. 위의 통계 수치는 목표 달성을 시작할 때 사람들이 쓸데없이 어렵게 만든 게임으로 실패에 빠지는 경우가 얼마나 많은지 보여준다. 이런 일이 생기는 원인은 주로 다음과 같은 세 가지 이유 때문이다.

1. 고의적인 한계 설정

애초부터 규칙과 기대를 불가능한 수준으로 만들면 금방 실패하더라도 스스로를 탓하지 않는다. 바로 처음부터 설정한 규칙과 기대 탓으로 돌린다. 《대도약(The Big Leap)》의 저자 게이 헨드릭스(Gay Hendricks)는 이를 '상한선 문제'라고 부른다.

사람들은 대체로 성공에 허용 가능한 한계를 정한다. 이는 자신이 가족보다 더 성공하거나, 겸손함을 버리게 될까 걱정하거나, 또는 단순히 행복해질 자격이 없다고 생각하기 때문이다. 그리고 상한선에 가까워지면 본의 아닌 자기 파괴 행위로 목표에서 물러나게 된다.[*]

2. 자기인식 부족

스스로에 대해 조금이라도 알지 못한다면 성취에 도움이 되는 규칙을 만들기가 어렵다. 만약 자신이 아침형 인간이라는 사실을 깨닫지 못했다면 창의력이 가장 떨어지는 시간대인 늦은 오후에 중요한 업무

---

[*] Gay Hendricks, The Big Leap: Conquer Your Hidden Fear and Take Life to the Next Level (San Francisco: HarperOne, 2010).

6장. 본격적인 잠재력 게임을 시작하라

를 한꺼번에 처리하려고 할 수도 있다. 이에 '가장 힘든 일을 아침에 가장 먼저 하라' 같은 규칙은 나에게 큰 도움이 될 것이다.

그러나 무엇이 나를 움직이는지 잘 모른다면 그러한 규칙을 만들지도 않았을 것이다. 그렇게 된다면 나는 하루를 쉽게 보내면서 얻을 수 있는 이점을 모두 놓치게 될 것이다. 이는 최고의 순간 목록을 만드는 일이 왜 유용한지를 시사한다. 그 목록은 당신에게 스스로의 진정한 모습을 보여주기 때문이다.

3. 불안감

목표는 가늠하기 어려워야 한다는 무언의 규칙이 존재한다면, 혼자서 쉬운 규칙을 만드는 일이 부정행위처럼 느껴질 것이다. 목표가 '충분히 어렵지' 않으면 엄격한 규칙으로 게임을 더 어렵게 만든다. 이는 정체된 자아가 변화를 포기하도록 한다.

이 책은 자기인식에 분명히 도움이 될 것이다. 다만 자기 파괴 행위와 죄책감의 근원을 탐구하고 싶다면 반드시 상담 전문가를 만나도록 하자. 그것은 내 능력 밖의 일이다.

나는 실패할 수 없을 만큼 낮은 기준을 정하고 빠르게 승리를 쟁취해야 노력하려는 마음이 지속된다고 생각한다. 게임에서의 빠른 승리는 일에 더 빠르게 몰입하도록 한다. 또한 더 자주 승리할수록 그만큼 시도의 횟수도 많아진다. 이와 같이 몇 차례의 빠른 승리를 통해 안락 지대가 의외로 넓지 않다는 비밀을 알게 될 것이다.

따라서 안락 지대를 빠져나가기 위해 몇 달을 힘들일 필요가 없다. 안락 지대는 높아 보여도 정작 폭은 좁기 때문이다. 따라서 외형적으로 극복하기 힘들어 보여도 막상 통과하는 데에는 몇 분밖에 걸리지 않는다. 처음으로 흘린 땀 한 방울, 책 첫머리를 장식할 100여 개의 어절, 처음 방문한 고객들 등 초반에 빠르게 거둔 승리가 안락 지대를 나가도록 도울 것이다.

그렇다면 우리는 어떻게 해야 승리를 거둘 수 있을까? 그 대답은 바로 '**쉬운 목표**'를 세우면 된다.

7장

목표란 클수록 좋다는 착각에서 벗어나라

2021년에 내가 떠올린 아이디어는 1,132개였다. 이는 2021년에 고안한 아이디어가 엄청나게 많았다는 얘기를 하려는 게 아니다. 정확히 1,132개의 아이디어가 있었다는 뜻이다. 그 사실을 기억하는 이유는 일 년 내내 공책에 숫자를 매겨가면서 아이디어를 적어놓았기 때문이다.

나는 작가들이 글을 쓰는 능력을 상실하는 증상인 '집필자 장애(Writer's block)'가 생기는 이유는 잘 모른다. 그러나 아이디어 파산은 확실히 존재한다고 생각한다. 자리에 앉았는데 글을 쓸 수 없다면 아이디어 저장소가 비었다는 뜻이다.

더 나은 작가가 되려면 더 나은 생각을 할 수 있어야 하고, 이는 곧 더 많은 아이디어가 필요하다는 뜻이다. 나는 그 희망을 목표로 삼았으며, 조금씩 나아지고 있다. 그렇게 나는 2022년에 1,563개의 아이디어를 보유하게 되었다.

2020년 6월에는 30일 중 28일간 비타민을 섭취했다. 그리고 같은 해 10월에는 31일 중 26일 동안 아침에 일어나자마자 침대를 정리했다. 또한 두 달 전에는 28일 연속으로 계단을 걸어 올라갔다. 나는 에너지가 넘치는 탓에 자기 싫어서 숨으려고 하는 8살짜리 아이처럼 계단을 뛰어 올라가려고 한다. 그러다 보니 언젠가는 넘어져 뼈가 부러질지도 몰라 그 습관을 바꾸기로 했다.

한편 지난달에는 30일 중 27일간 나에 대한 무례한 행동에도 못 본 체했다. 이에 나는 가장 바보 같은 일에 기분이 상했음을 깨달았고, 이를 고칠 수 있는지 가늠해 봤다.

위와 같이 내가 스스로를 목표광이라 칭하는 것은 결코 과장이 아니다. 나는 수백 가지 유형의 목표를 시도했으며, 수천 명의 사람들이 수천 가지 목표에 도전할 수 있도록 도왔다. 그렇게 살아오는 동안 나는 잠재력을 최대한 활용하는 데 가장 생산적인 다음 세 가지 유형의 목표를 알게 되었다.

① 쉬운 목표
② 중간 목표
③ 보장 목표

위의 세 가지 목표는 서로 비슷해 보여도 성취하는 내용은 각기 다르다. 쉬운 목표는 안락 지대에서 벗어나도록 도와준다. '중간 목표'는 혼잡 지대를 피하는 데 도움을 준다. 그리고 '보장 목표'는 잠재력 지대에 머물 수 있도록 돕는다.

내가 아는 사람들은 대부분 야망에 차서 보장 목표부터 세우고 싶어한다. '모 아니면 도'라는 말은 재미있는 표현이지만, 여기에 담긴 정서는 인스타그램에서 유행하는 최악의 명언보다 더 많은 사람을 안락 지대로 돌려보낸다.

또한 사람들은 상황에 따라 목표 달성을 위해 공격적으로 접근하기도 한다. 이는 퇴원한 환자를 병원에 입원시키는 듯한 역효과를 일으키기도 한다. 이와 관련하여 디트로이트에서 작업치료 보조사로 일하는 에린 퀼먼은 다음과 같이 말한다.

"사람들에게 더 이상 다치거나 부상을 입지 않도록 운동치료를 천천히 받으라고 말씀드려야 하는 경우가 많아요. 기분이 좋아지면 가끔 고통을 잊고 힘이 나기도 하지만, 치료를 너무 강하거나 빠르게 진행하다 보면 실제로 다칠 수 있거든요."

이와 같이 작업치료사의 세상은 사람들이 내일 더 큰 목표를 이룰 수 있도록 매일 더 작은 목표 만들기를 중심으로 돌아간다.

소파에 늘어져 지내다가 어느 날 갑자기 아이언맨이 되거나, 책을 전혀 쓰지 않다가 3부작을 완성하거나, 지저분한 집에 살면서 양말 한 켤레에도 뚜렷한 목적이 있다고 주장할 수 있는 사람은 극소수이다. 우리

쉬운 목표는

안락 지대에서 벗어나는 데

도움이 된다.

중간 목표는

혼잡 지대를 피하는 데

도움이 된다.

보장 목표는

잠재력 지대에서

살아갈 수 있게 도와준다.

같은 평범한 이들이 장기적인 성공을 거둘 수 있는 가장 최선의 길은 항상 쉬운 목표에서 시작해서 중간 목표를 거쳐 보장 목표로 성장하는 것이다.

목표를 세 개의 가로대가 있는 사다리라고 생각해 보자. 두 개의 지주 가운데 하나는 노력, 다른 하나는 시간을 의미한다고 가정해 보자. 그러면 쉬운 목표에서 중간 목표, 보장 목표까지 더 높이 올라갈수록 목표를 달성하기 위해 필요한 노력과 시간도 그만큼 늘어난다.

가로대 가운데 쉬운 목표는 하단에 있다. 도달하기 쉽고, 땅에서 발을 거의 떼지 않아도 된다. 한편 사다리의 상단에는 많은 투자를 요구하는 보장 목표가 있다. 중간 위치에는 중간 목표 가로대가 있다.

그리고 당신이 선택한 빅 게임인 '커리어', '재테크', '인간관계', '건강', '즐거움' 가운데 하나를 골라 사다리 맨 아래에서부터 시작하자. 그리고 다음과 같은 5가지 특성을 지닌 '쉬운 목표'를 만들자.

1. 달성 기간이 1~7일 정도로 짧다

쉬운 목표는 1~7일 안에 달성할 수 있다. 한 달이 걸린다면 쉬운 목표가 아니다. 나는 사업 중 정체를 겪는 부분이 있음을 깨닫고 쉬운 목표를 생각해 냈다. 내가 할 일은 바로 지금껏 만나본 사람 가운데 가장 발이 넓은 브랜드 로메닉에게 비즈니스 코치를 추천해 달라고 부탁하는 것뿐이었다. 그 목표는 화요일에 애틀랜타에서 열린 한 행사의 백스테이지에서 15분간 나눈 대화를 통해 달성되었다.

목표를 달성하고 빠른 승리를 누린 뒤, 나는 그다음 쉬운 목표를 정했다. 이는 브랜드가 추천해 준 사람에게 이메일을 쓰는 것이었다. 그 코치에게 108어절로 작성된 이메일을 보내면서 30분 정도 통화가 가능한지 문의했다. 그러자 바로 전화가 왔다. 그렇게 나는 일주일 만에 쉬운 목표 3가지를 달성한 것이다.

그러나 나는 사업을 개편하지 않았다. 그랬다가는 내 정체된 자아가 당장 안락 지대로 돌아가 버렸을 것이다. 대신 단 일주일만 시도할 테니 무슨 일이 일어나는지 보자며 스스로를 설득했을 뿐이었다. 물론 몇 주 동안 연달아 쉬운 목표를 반복할 수도 있겠지만, 나는 최대 7일 단위로만 생각했다.

기간을 짧게 잡으면 어떠한 일을 한 번 시도할 때 영원히 계속해야 한다는 두려움이 사라진다. 특히 완벽주의자들이 새로운 목표에 대한 시도를 거부하는 이유는 그 일을 평생 계속해야 하는 것처럼 느껴지기 때문이다.

우리는 승자라면 절대 포기하지 않는다는 잘못된 생각을 하고 있다. 그러나 쉬운 목표는 그 반대이다. 쉬운 목표는 결혼이 아니라 잠깐씩 즐기는 데이트와 같다. 목표가 자신에게 맞지 않는다고 판단되면 하루, 또는 일주일 뒤에 예정된 종료일을 기다리면 된다.

2. 첫 단계부터 명료하다

목표를 시작할 때 약간의 혼선이라도 생기면 정체된 자아가 바로 반칙이라고 외칠 것이다. 쉬운 목표를 활용하면 작가 에밀리 P. 프리먼 (Emily P. Freeman)의 말처럼 '다음에 할 정확한 일'을 알아낼 수 있다.

나의 경우 처음에는 크로스핏을 배우는 게 전혀 어렵지 않았다. 이웃 사람인 케일럽 그레고리가 우리 동네에서 가장 인기 있는 헬스클럽 중 하나인 '크로스핏 이스트 내슈빌'의 운영자였기 때문이다.

나는 처음으로 그에게 트레이닝을 받고 싶다고 말했다. 그리고 두 번째로 그의 전화번호를 받았다. 그다음 세 번째로 문자를 보내 만날 시간을 정했다. 그렇게 네 번째로 그의 집에 방문하여 크로스핏 전문가답게 독특하게 개조된 차고에서 그와 함께 간단한 평가를 받았다. 그리고 다섯 번째로 그와 나눈 대화를 메모하여 나의 진행 상황을 추적하기 위해 마이크로소프트 워드로 만든 간단한 차트에 기록했다.

그때까지 나는 아직 크로스핏을 시작하지는 않았지만, 명확하게 구분된 다섯 단계의 목표를 전부 일주일 안에 완료했다는 데 주목하자. 쉬운 목표는 바로 이러한 것을 두고 하는 말이다.

3. 비용이 많이 들지 않는다

다음과 같이 새로운 목표를 위해 필요하다고 생각해서 비싼 물건을 구입한 적이 있는가?

화살을 제대로 쏘아본 적도 없으면서 전문 사냥꾼이 엘크를 잡을 때 사용하는 컴파운드 활을 구입한 사람이 있을 것이다.

누군가 직접 스시를 만드는 데 관심이 조금 생기는 순간 세계 최고의 요리사들이 사용하는 사카이 타카유키 사의 500달러짜리 33겹의 다마스커스 긴가미 3호 칼을 사기도 했을 것이다.

이웃 사람들에게 함께 자전거를 타러 가자는 초대를 받고는 젊은 시절에 처음 샀던 자동차보다 더 비싼 경주용 자전거를 결제한 사람도 있으리라 생각한다.

마지막 사례는 내가 겪은 일로, 우리 집 차고 벽에는 거의 타지도 않은 값비싼 자전거가 걸려 있다. 난 쉬운 목표는 비용이 많이 들지 않는다는 세 번째 규칙을 어기고 사이클링 모험을 시작하면서 바로 과잉 투자를 결정했다. 좋은 자전거를 여러 대 보유하고 있는 친한 친구 딘에게 자전거를 빌릴 생각은 하지 않았다. 그렇게 나는 머지않아 충동구매의 전당에 놓일 탄소섬유로 만들어진 기념비에 돈을 쏟아부었다. 그날 자전거에 그렇게 많은 돈을 쓰고도 잘 타지 않았기 때문에 나는 차고에서 그 자전거 앞을 지나갈 때마다 부끄러워진다.

초기 목표를 달성하는 데 비용이 많이 든다면 정체된 자아에게 그 일을 하지 않을 훌륭한 핑계를 안겨주게 된다. 나는 쉬운 목표 달성을 위해 비즈니스 코치를 고용하지 않았다. 그와의 계약은 훨씬 나중의 일이니까 말이다. 또한 크로스핏 체육관에 등록할 때도 처음부터 1년 회원권을 구입하지 않았다.

몇 년 전 블로그를 시작할 때는 무료 서비스인 블로그스팟(Blogspot)을 사용했다. 가능한 가장 저렴한 호스팅을 사용하고 블로그도 직접 꾸몄다. 그래서 디자인이 형편없었다.

18개월 뒤에는 진짜 웹사이트를 구축하기 위해 디자이너에게 3,000달러를 지불했지만, 초기 목표를 비싸게 설정했다면 결코 시도하지 않았을 것이다. 이처럼 쉬운 목표는 항상 저비용으로 시작하자. 우리의 등 뒤에 있는 돈과 마음의 부담은 충분히 무겁다. 그러니 어떤 일을 막 시작할 때부터 더 많은 짐을 짊어지려고 하지 말자.

4. 당신의 현재 상황과 일치한다

우리는 새로운 목표를 시작할 때 현실과 완전히 동떨어진 대단한 선언을 하면서도 정작 효과를 거두지 못할 때 놀라는 경향이 있다. 보장목표에 도달할 때는 현실을 약간 비트는 방법을 알려주겠지만, 쉬운목표의 경우 당장의 현실과 일치해야 한다.

나는 블로그를 처음 시작할 때 직장을 그만두지 않았다. 그 극적인 행동은 아마 다음과 같이 인스타그램에서 좋은 이야깃거리가 될 것이다. "난 단돈 9달러와 연필 한 자루만 들고 파라과이로 이사했다!"처럼 말이다. 하지만 나는 그렇게 하지 않았다. 대신 블로그를 시작하기위해 일주일에 몇 번씩, 30분 정도 글을 쓸 수 있는 시간을 마련했다. 그 정도는 쉽다.

나는 현재 일정상 일주일에 한 번만 헬스클럽에 갈 수 있다. 그래서 이번 주에는 적어도 5번 이상은 가겠다고 약속하는 건 대단한 행동처럼 보인다. 그러나 이는 사실 저절로 실패할 준비를 하는 것이나 다름없다.

쉬운 목표를 달성하기 위해 지금 처한 현실을 굳이 전체적으로 점검할 필요는 없다. 이는 기껏해야 일주일에 사용할 수 있는 시간의 1%정도, 즉 2시간 미만이 소요된다. 그 시간을 우리의 시간이 허락하는 지점에 맞춰 넣으면 된다. 기혼자의 경우, 우리가 자주 얘기하는 대규모 계획보다 쉬운 목표가 초기에 배우자의 지원을 받기가 훨씬 쉽다.

5. 부족하다는 느낌이 들게 한다

안락 지대에서 벗어난 고성과자는 항상 더 많은 걸 원한다. 크로스핏 체육관에서 일주일 동안 쉬운 목표를 달성한 뒤, 나는 케일럽 트레이너에게 다음과 같이 말했다.

"운동을 충분히 안 한 것 같아요."

그는 "처음 몇 주 동안 무리하게 운동을 한 뒤 다시는 안 할 생각이에요?"라고 되물었다. 이에 나는 웃으며 "맞아요, 난 늘 그런 식이었죠."라고 말했다. 트레이너는 다시 "그럴 줄 알았어요. 그래서 지금 기초를 세우고 있는 거예요."라고 했다.

쉬운 목표는 작은 구조를 만든다. 이는 근육의 기억(Muscle memory)을 깨움으로써 첫 번째 추진력을 제공한다. 아직 부족하다고 느낀다면 좋은 징조이다.

제프리 J. 다운스(Jeffery J. Downs)와 제이미 L. 다운스(Jamie L. Downs)는 《연속(Streaking)》이라는 일관성에 관한 책을 썼다. 그 책에서는 사소한 방법으로 거대한 목표를 달성하는 방법을 가르쳐 준다. 이에 두 저자의 규칙 중 하나는 연달아 달성하기로 한 쉬운 목표가 너무 간단해서 헛웃음이 나올 정도여야 한다는 것이다. 또한 친구들에게 얘기하면 "그게 다야?"라는 반응이 나와야 한다. 이에 제이미는 어떠한 활동을 말로 표현할 때 인상적으로 들린다면, 그것은 우리가 이루

기에 너무 어려울 가능성이 높다고 말한다.[*]

이상에서 설명한 다섯 가지 요소를 필터로 활용하여 당신이 세운 목표가 충분히 쉬운지 확인하자.

- 달성하는 데 90일이 걸린다면 쉬운 목표가 아니다.
- 무엇을 먼저 해야 할지 모르겠다면 규모를 줄이자.
- 재정적으로 부담이 된다면 더 저렴한 방법을 찾아보자.
- 목표를 달성하기 위해 완전히 새로운 사람이 되어 전혀 다른 일정을 소화해야 한다면 처음부터 다시 시작하자.
- 친구들에게 목표를 얘기했을 때 놀란다면, 그 목표는 제이미의 말대로 성취하기가 너무 어렵다.

쉬운 목표는 안락 지대에서 쉽게 탈출하도록 도우며, 당신의 실제 관심사가 무엇인가에 대한 추가적인 통찰력도 제공할 것이다. 2시간도 안 걸리고, 비용도 거의 들지 않으며, 일주일이면 끝나는 쉬운 목표에 흥미를 느끼지 못한다면 거창한 새해 목표를 세웠을 때 포기한 것도 당연하다. 일주일조차 관심을 유지하지 못한다면 당연히 1년 내내 이어질 수 있는 올바른 목표가 아니다. 이는 피트니스 앱인 '스트라바(Strava)'에서 3,150만 건의 활동 분석 결과, 1월 둘째 금요일을 '중도 포기자의 날'

---

[*] Jeffery J. Downs and Jami L. Downs, Streaking: The Simple Practice of Conscious, Consistent Actions That Create Life-Changing Results (n.p.: Page Two Books, 2020), 38.

로 정의한 것과 관련이 있다. 그날 목표를 포기한 사람이 다른 어떤 날보다 많았기 때문이었다.

어느 주에는 쉬운 목표 세 가지를 시도한 적이 있다.

① 덜 불평하기
② 비판을 줄이기
③ 더 많은 사람들과 교류하기

이 목표를 시도한 첫 주에는 4일 동안 결과를 기록했다. 그래서 일주일을 더 시도해 보았다. 그러나 둘째 주에는 목표를 전혀 달성하지 못했다. 7일 동안 한 번도 기록하지 않은 것이다. 셋째, 넷째 주에도 결과는 같았다. 나는 최선을 다했지만 위의 목표를 달성하지 못했다. 가장 쉬운 목표였음에도 그 일에 참여하고 싶지 않았던 것이다.

따라서 나는 아무 부끄러움 없이 세 가지 목표를 모두 그만두었다. 만약 내 목표 사다리에 걸쳐져 있는 유일한 가로대가 새해 결심뿐이었다면 한 해 내내 실패감에 사로잡혔을 것이다. 이와는 달리 나는 쉬운 목표에 대해 "시도해 봤지만 관심이 가지 않았어. 다음!"이라고 말할 수 있다. 이처럼 쉬운 목표를 활용하면 애초에 시도하지 말았어야 하는 목표를 쉽게 그만둘 수 있다.

쉬운 목표를 달성하기 위해 우리는 얼마나 오랫동안 노력해야 할까? 나도 정확한 답을 말해줄 수는 없다. 크로스핏의 경우 16주 동안 쉬운 목표에 집중하다가 중간 목표로 전환했다. 글쓰기의 경우에는 몇 주 동안만 쉬운 목표를 이용하다가 금방 다음 단계로 노력 수준을 높였다. 그 기간은 본인이 하는 게임 진도나 달성하고자 하는 목표에 따라 달라진다. 내가 말해줄 수 있는 것은 다음에 무슨 일이 일어날 것인가다.

당신은 전력 질주로 안락 지대에서 뛰쳐나와 잠재력 지대를 통과한 뒤 혼잡 지대 한가운데로 뛰어들게 될 것이다. 왜냐면 내가 그렇듯 당신 또한 토끼임을 알고 있으니까.

8장

초반의 전력 질주는 실패의 지름길이다

'토끼와 거북' 이야기는 잠재력 허비를 나타내는 가장 유명한 이야기이다. 이 우화를 읽은 지 오래되어 기억이 잘 안 나는 분들을 위해 다음과 같이 내용을 요약해 보겠다.

자만심이 넘치는 토끼는 거북을 느림보라고 놀린다. 이에 거북이 토끼에게 경주를 신청한다. 토끼는 빠르게 앞서가다가 거북에게 스스로의 속도를 과시하기 위해 길가에서 낮잠을 잔다. 그렇게 거북은 잠든 토끼를 지나쳐 간다. 시간이 지나고 토끼는 잠에서 깬 뒤에 벌어진 상황을 깨닫고 미친 듯이 달렸으나, 결국 거북이 경주에서 승리한다.

토끼의 행동은 목표 달성을 쓸데없이 어렵게 만드는 완벽한 자충수이다. 토끼가 평소 속도의 10% 정도로 계속 달렸어도 거북 정도는 쉽게 이길 수 있었을 것이다.

해당 우화에 대해 이솝의 원문에는 교훈이 직접적으로 제시되어 있지는 않다. 그러나 이 이야기는 느리고 꾸준한 자가 결국 승리한다는 교훈을 남긴다. 이러한 점에서 거북은 충만한 잠재력을 보여주며 경주를 계속한다. 토끼와 다르게 낮잠도 자지 않고, 전력을 다해 달리지도 않는다. 그저 꾸준히 성실한 태도를 유지한 끝에 결국 승리한다.

토끼와 거북 이야기를 처음 들었던 어린 시절, 나는 실망을 감추지 못했다. 당시 나는 다리 달린 바위처럼 승리를 향해 느릿느릿 걸어가는 거북은 되고 싶지 않았다. 나는 달리고 싶었다. 그러나 그 이야기를 들은 나는 거북을 위해 만들어진 세상 속 토끼가 된 듯한 기분이 들었다. 그러니 내 잠재력을 최대한 발휘하는 게 그토록 어려웠던 것도 당연하다. 거북이 성공의 상징인 세상에서 당신이 토끼 같은 천성을 지니고 있다면 뭔가 잘못된 것이다.

그렇다면 거북으로 가득한 이 지구를 저주하자. 나는 토끼가 아니다. 그러니 나는 피해자이다. 세상의 시스템이 나에게 불리하게 조작되어 있는 것이다. 결국 이는 내 천성과 반대로 살아야 한다는 뜻인데, 이러한 상황 속에서 어떻게 나의 잠재력을 최대한 활용할 수 있단 말인가? 이와 같이 나는 세상의 기준과 일치하지 않는 불행한 운명에 처했다.

나는 천성적으로 어떠한 목표를 달성하기 위해 장시간에 걸쳐 일관된 노력을 기울이는 데 능하지 않다. 이에 막내딸이 나에게 강박장애 아니면 비강박성 조절장애일 것이라 말한 적이 있다. 딸의 말은 내가 일에 지나치게 집중하거나 완전히 무관심할 정도로 극단적이라는 뜻이다. 따라서 나의 속도는 중립 아니면 과속뿐이었다.

대학 시절, 나는 첫 학기에 2.4학점을 받아 장학금을 받지 못할 위기에 처했지만, 두 번째 학기에는 성적을 4.0학점으로 올려 궁지를 벗어났다. 이는 한 해 동안 평균 B학점을 받는 가장 어려운 방법이었다. 나는 토끼처럼 졸업하기 전까지도 같은 일을 반복하며 스트레스 속에서 졸업장을 향해 급히 내달았다.

하지만 12년 뒤, 대학 시절의 '모 아니면 도'와 같은 습관을 버리기 시작했다. 물론 내가 성숙해졌거나 더 현명해졌기 때문은 아니다. 블로그를 운영하던 시절, 나는 블로그가 성장하기 시작하자 일관성을 유지하면서 얻은 성과에 주목하지 않을 수 없었다. 그렇다고 콘텐츠로 매일 홈런을 쳐야 할 필요는 없었다. 평균적인 수준이라도 일관성 없는 콘텐츠보다 차라리 그 반대가 낫다. 새로운 일을 시작할 때 우리가 미처 생각하지 못한 일이겠지만, 품질을 최우선으로 생각하지 않더라도 일관성이당신을 이끌어 줄 것이다. 그 근거는 시간과 성과에 대한 간단한 원칙 때문이다. 시간을 쏟으면 뭐든 나아지게 마련이다.

지난달보다 운동에 더 많은 시간을 할애하면 이달에는 더 좋은 몸매를 유지하게 될 것이다.

자녀와 많은 시간을 보낼수록 자녀를 더 잘 알게 될 것이다.

고객 서비스에 시간을 들일수록 더 많은 일거리를 얻게 된다.

독서 시간을 늘릴수록 새로운 아이디어를 더 많이 얻게 된다.

입사지원, 면접, 인맥에 시간을 투자할수록 취업 확률이 높아진다.

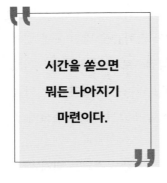

> 시간을 쏟으면
> 뭐든 나아지기
> 마련이다.

음주, 흡연, 롤러블레이드 같은 파괴적인 활동을 제외하면 우리 인생에서 일관성의 원칙이 적용되지 않는 게임은 생각하기 어렵다.

위와 같이 거북이 경주에서 이긴 이유는 토끼보다 빠르기 때문은 아니다. 거북에게는 '중간 기어'가 있지만, 토끼에게는 없었기에 거북이 이긴 것이다. 토끼에게는 전력 질주와 수면, 단 두 가지의 기어뿐이었다. 그렇기에 '토끼는 곧 시야에서 사라졌다.'라는 이야기 속의 표현대로 토끼는 경주가 시작되어 출발하자마자 즉시 거북을 압도했다.

따라서 안락 지대에서 벗어나 쉬운 목표 달성을 경험한 당신은 그 즉시 혼잡 지대로 달려가 '사람들의 시야에서 벗어나고 싶은' 유혹을 느낄 것이다.

당신의 갑작스러운 전력 질주로 친구와 가족은 방금 무슨 일이 일어났는지도 모를 것이다. 당신은 단순히 몸에 좋은 음식을 먹는 게 아니라 'Whole 30'*라는 극단적인 식이요법을 시도하면서 무슨 앙갚음이라도 하듯 냉장고를 뒤엎는다. 그리고 당신은 이러한 큰 변화를 친구들이 온전히 받아들였는지 확신하지 못하면서도 평소 먹는 음식을 밀폐용기에

---

* 30일 동안 특정 음식을 금함으로써 건강과 식습관을 개선하는 식이요법

담아 친구 집에 가져간다. 이와 같이 아무것도 하지 않던 당신은 뭐든 하는 상태가 되었고, 그러한 변화는 주변 사람들을 채찍질한다.

위의 경험은 더없이 자연스러운 과정이므로 부끄러워할 필요는 없다. 이는 쉬운 목표를 달성한 것만으로도 기분이 좋다면 큰 목표를 달성하면 백 배는 더 좋을 것이라는 생각에서 나타난다. 버튼을 누르면 먹이가 나온다는 사실을 알아낸 원숭이처럼 우리도 그 버튼을 점점 더 빠르게 누르기 시작한다. 이에 과거부터 알고 있던 유일한 수단인 전력 질주 기어에 인생을 건다. 그 이후 우리는 무슨 일이 일어나고 있는지도 모른 채 혼잡 지대에 들어서게 된다.

그렇다면 우리는 지금 잠재력 지대를 지나친 채 안락 지대에서 혼잡 지대로 바로 넘어갔다. 이러한 상황은 폭식 아니면 거식, 말하자면 음식을 지나치게 먹거나 완전히 거부하는 상황이 반복되는 요요 다이어트와 같다. 이와 같이 기어가 중립과 과속뿐이라면 당신에게는 안락 지대와 혼잡 지대라는 두 영역만 남게 된다. 하지만 진짜 재미를 찾을 수 있는 곳은 이 두 극단의 중간 지점이다. 그곳이 바로 잠재력 지대이며, 그 지점에 도달하려면 중간 목표가 필요하다.

8장. 초반의 전력 질주는 실패의 지름길이다

중간 목표

잠재력 지대는 거대한 규모를 자랑한다. 0부터 100까지 이어진 선을 상상해 보자. 0은 안락 지대이고 100은 혼잡 지대이다. 그리고 1~99까지는 잠재력 지대이다. 0보다 큰 것은 1이고 100보다 작은 건 99인데, 그 사이에 있는 모두가 잠재력 지대에 속한다. 잠재력 지대에 머무는 데 정확하거나 완벽할 필요는 없다. 그저 꾸준히 노력기만 하면 된다. 이와 같이 마라톤 또한 출발선과 결승선의 폭이 모두 60cm이지만, 중간 부분인 경주로는 42.195km이지 않은가.

잘 짜여진 중간 목표는 일관성에 대한 의문을 해소한다. 또한 우리에게 목표 달성으로 향하는 올바른 길을 가고 있다는 5가지 명확한 징후를 제시한다.

1. 달성 기간이 30~90일 정도로 합리적이다

크로스핏 운동 20가지를 하는 데는 30일이 걸린다. 이는 나에게 쉬운 목표가 아니다. 바쁜 일정 속에서 여유 시간을 짜내어 20일 동안 스무 번 운동을 해야 하기 때문이었다. 그러나 그동안의 쉬운 목표에서 누린 성과를 통해 내가 앞으로 더한 일도 해낼 수 있음을 깨달았다. 따라서 크로스핏은 앞으로도 계속할 의향이 있다.

긴 주말 동안 목표를 달성할 수 있다면 중간 목표가 아니다. 또한 중간 목표는 달성하는 데 6개월이나 걸리지도 않는다. 이와 같이 기간은 당신이 좋은 중간 목표를 세웠는가를 가장 빠르게 확인할 수 있는 단서이다.

2. 융통성이 있다

우리는 일관성을 기르고자 중간 목표를 이용하고 있다. 따라서 목표를 달성할 수 있는 다양한 방법을 갖추는 것이 중요하다. 이는 마치 아주 커다란 스위스 군용 칼을 갖고 있는 것과 비슷하다고 볼 수 있다.

'좋아하는 산책로 달리기', '3시간 동안 글쓰기', '홈 오피스에서 조용히 사업 계획서 작성하기'와 같이 칼날이 하나만 있다면 좀처럼 진전을 이루지 못한다. 그런데 목표에 다른 행동을 추가하는 일은 여러 상황에 대비하기 위한 수단을 마련하는 일이다. 이는 스위스 군용 칼에 다른 도구를 추가하는 것과 같다.

나는 아침에 기운이 넘치거나 몇 시간 정도 여유가 있다면 신나게 글을 쓴다. 하지만 비행기를 탔을 때 피곤하다면 글을 쓰는 대신 오디오북을 듣는다. 만일 그마저 힘들 정도로 지쳤다면 내가 글을 쓰는 주제와 관련된 다큐멘터리를 본다.

에너지가 중간 정도 남았을 때, 나는 기존에 작성한 글을 편집한다. 나는 글쓰기 목표 달성에 도움을 주는 25가지 행동 지침을 지니고 있다. 이는 내 스위스 군용 칼에 그만한 수의 도구가 결합된 것과 같다.

나는 시간과 장소, 에너지에 구애받지 않고 목표 달성을 위해 노력할 준비가 되어 있다. 그 비결은 일정에 약간 여유가 생겼을 때 융통성을 발휘하여 짬짬이 할 수 있는 수십 가지 행동을 미리 준비해 두는 것이다. 다큐멘터리 보기, 팔굽혀펴기 10개 하기, 15분 동안 방 정리하기 등은 그리 대단한 일은 아니다. 그러나 한 번도 움직여 보지 않은 사람의 10cm는 남들의 1km 전진과 같다.

3. 하루 정도 빠져도 계획이 틀어지지 않는다

우리의 목표는 완벽함이 아니라 일관성이다. 며칠 정도는 목표 달성을 위한 일을 하지 않는 날도 있을 것이다. 특히 정해둔 기간이 30일에서 90일이라면 그동안 하루도 빠지지 않고 목표를 추진할 가능성은 낮다. 그러나 중간 목표는 충당할 수 있는 시간이 충분하다는 이점이 있다.

그 예로 나의 친구는 걸음 수에 관한 중간 목표를 세운 적이 있었는데, 매일 10,000보씩 걷는 것이었다. 매일 걷는다고 한다면 한 달이 되었을 때 걸음 수는 굉장히 많을 것이다. 그러나 친구는 목표를 그대로 성취하지 못하는 날도 있음을 금세 깨달았다. 일정이 많아 2,000보밖에 달성하지 못했다면 실패했다는 생각이 들어 목표 전체를 포기할 수도 있다. 이에 친구는 규칙을 바꾸었고, 이제는 일주일에 70,000보를 걷는다. 그러면 화요일에 목표를 달성하지 못해도 주말에 모두 보충할 수 있다.

연속적인 목표가 당신에게 효과적이라면 놀라운 일이다. 이를 이용하자. 만일 그렇지 않다면 스스로에게 목표를 따라잡을 기회를 줘야 한다. 바람직한 중간 목표는 부서지기 쉬울 정도로 경직되어서는 안 된다.

4. 일정 조정이 필요하다

쉬운 목표를 달성할 때는 일정을 조정할 필요가 거의 없다. 그러나 중간 목표는 달성을 위해 계획적인 조정이 필요하다. 당신은 목표 달성을 위해 일주일에 3%, 약 5시간 정도의 시간을 할애할 수 있는가?

위의 이야기는 마치 스톱워치를 들고 다니면서 계속 "이 일에 2~3분 정도 쓰고 싶은데."라고 말하는 것처럼 들릴 수 있다. 그러나 나는 그 정도로 시간을 정확하게 따지거나 하지는 않는다. 그냥 시간을 맥락에 맞게 쓰는 게 도움이 된다고 생각할 뿐이다.

너무 바빠서 쉬운 목표를 중간 목표로 전환할 수 없다고 말하는 것은 곧 "너무 바쁘니 일주일에 3%의 시간도 낼 수 없다. 물론 내 인생을 바꾸고 싶은 마음이 간절하지 않은 건 아니지만, 아무튼 못 하겠다."라는 핑계를 대는 것과 다름없다. 당신이 리더라고 가정할 때, 한 직원이 3%의 성과 향상안을 거부한다고 생각해 보자. 그러면 그 직원은 커리어 개발이 그다지 절실하지 않음을 바로 알 수 있다.

5. 인내심을 길러준다

나는 인내심이 강한 사람이 아니다. 엘리베이터 버튼이 닳도록 눌러대면서 버튼을 많이 누를수록 더 빨리 올 거라고 믿는다. 또 재생 전에 5초짜리 광고를 보여주는 유튜브(YouTube) 영상 시청도 거부한다.

그런가 하면 우리 집 전자레인지는 타이머가 0에 도달한 적이 없다. 음식을 너무 일찍 꺼내는 바람에 음식에 남아 있는 얼음 덩어리를 휘저으면서 이 정도면 됐다고 말하는 일이 다반사다. 이와 같이 나는 참는 걸 싫어한다. 그러나 중요한 일에는 반드시 인내심이 필요하다.

중간 목표를 달성 중일 때에는 빠른 성취를 재촉할 수 없기에 저절로 인내심이 형성된다. 중간 목표를 완료하려면 적어도 30일은 걸린다. 만일 당신이 정한 중간 목표가 '30일 동안 비타민제 섭취하기'라면, 그달의 마지막 날에 할 수 없는 일이 무엇일까? 바로 비타민제 30알을 한꺼번에 섭취하는 것이다.

따라서 바람직한 중간 목표는 하루아침에 달성하기는 불가능하므로 적당한 속도를 유지해야 한다. 즉 시간의 흐름 속에서 매일 집중해야 한다는 얘기이다. 놓친 날을 따라잡을 수는 있지만, 모든 일을 미친 듯이 빠르게 달성할 수는 없기 때문이다.

당신이 세울 중간 목표는 무엇인가?

아니면 쉬운 목표 중 어떠한 것을 좋아했는가?

나는 일주일 동안 글 쓰는 시간을 점검하는 걸 좋아했다. 이와 같이 짧은 게임이라도 한 달 동안 시도한다면 재미를 느낄 수 있을 것이다.

그러나 모든 쉬운 목표가 중간 목표로 이어지지는 않는다. 평균적으로 내가 시도한 쉬운 목표 중 20% 정도만이 사다리의 가장 위에 있는 가로대에 도달한, 즉 보장 목표가 된다.

일례로 나는 일주일 동안 매일 모닝커피에 콜라겐을 넣어서 마실 수 있을지 스스로를 시험한 적이 있다. 그다음에는 한 달, 그리고 마침내 그 시도는 1년 동안 계속되었다. 이 글을 쓰는 지금은 샌안토니오로 여행을 와 있는데, 무릎 건강을 위해 작은 콜라겐 세트를 함께 챙겨왔다.

1주일간 커피에 콜라겐을 넣어 마시는 쉬운 목표는 중간 목표로 이어졌지만, 무릎과 관련된 다른 쉬운 목표는 그러지 못했다. 한 번은 무릎 건강에 좋다는 전문가의 말대로 매일 뒤로 100보씩 걸으려고 노력한 적도 있다. 정말 도움이 될지도 모르겠지만 나는 뒤로 걷는 걸 좋아하지 않앉다. 무엇보다 우리 동네에서 뒤로 걷는다면 사람들이 나를 이상한 사람으로 볼 것이다. 결국 나는 나흘 만에 그 쉬운 목표를 포기했다. 하지만 그것은 중간 목표로 삼을 필요도 없었다.

이 책을 쓰기 위한 조사 과정에서 나와 피슬리 박사는 수천 명의 사람들을 목표 설정 과제에 참여시킨 바 있다. 우리가 테스트한 핵심 원칙 중 하나는 중간 목표였다. 우리는 책 한 권 쓰기, 체중 약 50kg 감량하기, 회사 창업하기 등 복잡한 일 대신 중간 목표에 집중했다.

우리는 참가자들에게 15분 동안 할 수 있는 활동 세 가지를 고른 뒤, 이를 90일 동안 꾸준히 할 것을 독려했다. 참가자들이 과제를 꾸준히 수행할 수 있도록 체크리스트가 포함된 차트와 내가 만든 동영상 콘텐츠를 제공했고, 매일 문자로 알림 메시지도 보냈다. 또한 모든 사람이 참여할 수 있도록 게임도 최대한 쉽게 만들었다.

처음에는 아무도 중간 목표를 좋아하지 않았다. 다들 전력으로 달리고 싶어 했다. 첫날 참여 방법을 알려줄 때, 모두의 얼굴에 그게 다냐고 생각하는 모습이 눈에 선했다. 나는 알 수 있었다. 거북은 이러한 목표 설정 연구 프로젝트에 절대 참여하지 않기 때문이다. 이러한 프로젝트에는 오직 토끼들만 참여한다. 하지만 90일 뒤에 나타난 결과는 중간 목표가 효과적임을 보여주었다.

조사 대상자의 92%는 스스로의 잠재력을 더 많이 활용했다고 답했다. 수치상으로도 흥미로웠지만 더욱 마음에 들었던 것은 따로 있다. 바로 응답자의 88%가 작은 행동에 집중하는 것이 더 큰 목표를 생각하는 데 도움이 되었다고 말한 것이다. 그만큼 일관성은 전파력이 있다. 즉 작고 쉬운 목표를 실천하기 시작하면 다른 목표에도 큰 영향을 미친다.

앤젤라 벨포드는 '플랫폼 구축'을 중간 목표로 선택했다. 인터넷은 사업을 뒷받침하는 고객을 모을 기회를 제공하기 때문에 플랫폼 구축은 요즘 많은 인기를 구가하는 목표이다. 그리고 앤젤라는 중간 결과에 대해 보고했다.

① 4주간 쓴 일기가 이메일 주소 목록을 작성하기 위한 리드 생성기 역할을 했다.
② 팟캐스트를 시작했고, 어제 다섯 번째 에피소드를 올렸다.
③ 처음으로 5일간의 온라인 챌린지를 시작했다.

위의 세 가지 성과는 모두 앤젤라가 새롭게 이루어 낸 것이다. 이 가운데 흥미로운 점은 중간 목표가 예전 목표까지 일깨웠다는 것이다. 이에 앤젤라는 다음과 같이 말한다.

"2017년에 《진짜 멋진 사람이 되자(Be Freaking Awesome)》라는 책을 썼는데, 2018년 이후로는 이 책을 홍보하기 위한 노력을 전혀 한 적이 없었어요."

바로 앤젤라의 정체된 자아가 그 책을 선반에 묻어두려고 한 것이다. 하지만 그녀는 잠재력 지대에서 살아가는 법을 배웠다. 이에 앤젤라는 이렇게 말한다.

"지난 90일 동안 한 일이 3년 동안 한 일보다 더 많아요. 진짜 대단하지 않나요?"

일관성은

전파력이 있다.

앤젤라는 오래된 목표를 되살리고, 그 결과를 직접 확인하는 재미를 알게 되었다. 케이트 호모나이도 비슷한 결과를 경험했지만, 그 후기를 가짜 클레임의 형태로 전하기로 했다. 그녀는 '이 과제의 (무해한) 부작용에 대한 불만(없음)을 제기하고자 합니다.'라고 썼다. 과연 케이트의 두 가지 '부작용'은 무엇이었을까?

① 1.6km를 걷는 게 너무 쉬워졌다. 1.6km 걷기는 더 이상 내 심박수에 영향을 미치지 않기 때문에 심박 측정기에 활동 시간 포인트가 표시되지 않는다.

② 10분씩 시간을 내서 계획을 세워두면 하루가 참 순조롭게 흘러간다. 할 일을 잊어버리지 않고 부담감도 느끼지 않는다. 책임감을 가지고 일을 잘 해낸다는 게 바로 이런 기분인 걸까?

중간 목표는 마법과도 같으며 작고 일관된 행동은 항상 더 큰 최고의 순간으로 바뀐다. 모니카 램은 세 가지 목표를 선택했고, 이들 목표는 모두 성장을 이루었다.

① '매일 특정 시간에 일어나기'라는 목표가 일어나서 계획을 세우는 것으로 바뀌었다.

② '매일 1.6km 걷기'가 3~5km로 늘어났고, 매일 걸음 수와 먹은 음식을 체크하면서 5kg을 감량했다.

③ '내가 활동하는 플랫폼에 15분 투자하기'라는 목표는 새로운 목적을 가진 일의 형태로 발전하였다.

성장할 수 있는 잠재력이 있다는 점은 중간 목표의 가장 큰 재미이다. 만약 모니카의 중간 목표가 '매일 5km 걷기'였다면 그녀는 그 거리감에 압도당해 그만뒀을 것이다. 하루에 조금도 걷지 않던 사람이 갑자기 5km씩 걷는 건 혼잡 지대에서나 할 일이다. 따라서 중간 지점인 1.6km를 하루 목표로 삼았다. 그리고 스스로의 잠재력 지대를 발견한 뒤, 모니카는 목표를 하루 3~5km로 늘리고 걸음 수와 먹은 음식을 체크하면서 5kg을 감량했다.

아마 모니카는 계속해서 10kg을 감량할 것이다. 어쩌면 하루에 8km씩 걷고 있을지도, 하프마라톤에 출전할지도 모른다. 만일 당신이 잠재력 지대에 발을 들인다면 어떤 꿈이든 모두 이룰 수 있다고 느낄 것이다. 모니카는 원한다면 중간 목표를 규모가 더 큰 보장 목표로 손쉽게 전환할 수 있다. 당신도 할 수 있다.

르네 밀드브란트는 '100어절이면 충분하다.'라는 훌륭한 중간 목표를 정해서 게임을 성공시켰다. 르네는 하루에 1,000어절도 쓰지 못하겠다면 차라리 그만두자고 되뇌면서 더 힘든 게임을 하곤 했다. 후자가 훨씬 인상적인 목표이기는 하지만, 그것은 혼잡 지대의 것이다. 따라서 그러한 접근 때문에 그녀는 글을 전혀 쓰지 못했다. 이와 같이 우리는 언제나 스스로에게 혼잡 지대에서의 불가능한 기준을 적용하려고 한다.

처음에는 하루에 100어절씩 꾸준히 쓰는 게 '진짜 작가'가 할 일은 아니라는 기분이 들겠지만, 르네가 보낸 편지는 그 방법이 효과가 있음을 입증했다. 그녀는 지금까지 총 74,002어절을 썼고 이달 말까지 집필을 끝낼 예정이라고 했다. 르네는 책 한 권을 다 쓰기 위한 중간 목표를 세운 것이다.

그 외에도 수많은 참가자와 보고서에서도 성공사례를 계속 확인할 수 있었다. 여기에 크게 놀랄 만한 이유는 없다.

중간 목표를 이용해 혼잡 지대를 피하면 지치거나 포기하지 않고 스스로 선택한 게임을 더 자주 하게 된다. 게임은 많이 할수록 그만큼 이길 수 있다. 그리고 게임에서 자주 이길수록 그만큼 더 하게 된다. 목표는 그렇게 순환된다.

> 게임은 많이 할수록 그만큼 이길 수 있다. 그리고 게임에서 자주 이길수록 그만큼 더 하게 된다.

참 쉬워 보이지 않는가? 회사에서 쫓겨난 전 GE CEO 제프 이멜트(Jeff Immelt)는 본인이 그의 입장이었다면 이런저런 일을 했을 거라면서 공격해 대는 사람들에게 '자기 일이 아닐 때는 모든 게 쉬워 보이는 법이다.'* 라는 명언을 남겼다. 그러니 성공하기 위해 해야 하는 힘든 일들을 폄하하거나 보기 좋게 꾸며대지 말자.

중간 목표는 그 명칭만큼 쉬운 목표보다 어렵다. 중간 목표에는 가장 제한적이면서 더 이상 획득이 불가능한 자원인 시간이 많이 소요된다. 세상 누구도 시간을 충분히 가져본 적이 없다. 그 옛날의 혈거인들도 매머드 사냥, 벽화 그리기, 검치호 피하기 등으로 너무 바빠서 '나만의 시간'을 갖는 게 불가능하다고 항상 불평했을 것이다.

---

* Quoted in Morgan Housel, The Psychology of Money: Timeless Lessons on Wealth, Greed, and Happiness (Petersfield, UK: Harriman House, 2020), 142.

시간 관리가 쉬운 사람은 아무도 없다. 다만 당신은 혈거인과 달리 주머니에 카지노를 넣고 다니기 때문에 더 어렵다.

9장

무심결에 버려지는 시간을 활용하라

우리가 잠재력을 발휘하기 어려운 이유는

넷플릭스에 접속하기 쉬워서이다.
인스타그램에 접속하기 쉬워서이다.
페이스북에 접속하기 쉬워서이다.

스스로의 잠재력을 발휘하기 어려운 이유로 회사를 꼽는 사람은 별로
없을 테지만 그렇게 생각해야 한다.

트위터는 당신의 사업 시작을 원치 않는다.

틱톡은 당신의 하프마라톤 출전을 원치 않는다.

HBO 맥스(HBO Max)는 당신의 도서 집필을 원치 않는다.

데이트 앱 또한 당신이 행복한 결혼 생활을 오래 지속하는 것을 원치 않는다.

그들은 당신이 의미 없는 데이트를 100번 반복하길 원한다. 그래야 유료 서비스 구독이 불티나게 팔리기 때문이다.

당신이 스스로의 잠재력을 탐구하는 데 더 많은 시간을 투자하고, 집중을 저해하는 시간을 줄이려고 할 때마다 수십만 명의 사람들이 매우 긴장한다. 정말이다. 현대사회는 우리가 잠재력을 최대한 발휘하지 못하도록 설계되어 있다.

페이스북의 전 직원 58,456명 목표는 당신의 주의를 분산시키는 것이다. 그들은 당신을 고등학교 시절의 옛 친구들과 연결해 주려고 하지 않는다. 심지어 당신이 친칠라를 좋아한다고 해도 페이스북은 트윈 시티에 사는 다른 친칠라 애호가들에게 관심조차 없다.

당신의 시간을 비즈니스 모델로 삼는 회사도 있다.

또한 그들은 뉴스에 대해 제대로 알려주지도 않는다. 대신 당신의 관심을 광고 수익으로 바꾸려고 노력하고 있다. 이와 같이 관심을 기반으로 하는 사업체에서는 그래야만 한다.

한편 당신의 시간을 비즈니스 모델로 삼는 회사도 있다. 따라서 중간 목표 달성을 위한 시간을 내기 어렵다고 자책하지 말자. 당신에게는 승산이 거의 없다.

그렇다면 왜 그러한 일이 생기는 것일까? 그리고 지금 스스로의 잠재력을 최대한 발휘하는 일이 예전보다 어려워진 이유는 무엇일까? 이는 주의를 분산시키는 기술이 인간의 집중력보다 빠르게 확장되었기 때문이다. 최근 20년 동안 주의를 산만하게 하는 기술이 얼마나 발전했는지 당신은 짐작할 수 있는가?

당시 나의 가장 큰 오락거리는 처음 산 휴대폰에 내장된 '스네이크(Snake)'라는 게임이었다. 이 게임을 기억하는 사람이 얼마나 될지는 모르겠다. 그래도 나와 비슷한 나이대의 독자라면 살짝 웃음짓지 않았을까 생각한다. 스네이크는 화면을 가로지르는 선이 천천히 움직이는 2비트짜리 흑백 게임이었다. 그럼에도 당시에는 정말 눈을 떼지 못할 정도였다. 그것이 내 휴대폰에 담긴 유일한 오락거리였다.

요즘 나오는 휴대폰에는 지금까지 알려진 모든 형태의 엔터테인먼트가 포함되어 있다. 수만 개의 비디오 게임, 팟캐스트, 그리고 수백만 권의 책이 들어있다. 유튜브에는 1분마다 500시간 이상 분량의 영상 콘텐츠가 계속 업로드된다.

내 휴대폰에는 가장 역동적인 최신 소셜 미디어 사이트가 포함되어 있다. 따라서 내가 만났거나, 함께 학교에 다녔거나, 휴대폰을 통해서 본 영화에 등장한 사람과 즉시 연결된다. 심지어 더 락(The Rock)의 인스타그램 게시물에 댓글을 달 수도 있다.

그리고 계산기를 제외한 휴대폰의 모든 앱은 우리의 지갑을 열도록 유혹한다. 한마디로 우리의 주머니에 카지노가 들어있는 것이다. 소프트웨어 설계자는 카지노 업계에서 처음 완성된 기술과 '설득형 디자인'을 사용하여 앱을 제작한다. 따라서 카지노라는 비유는 오히려 현실에 가깝다. 이에 올리버 버크먼(Oliver Burkeman)은 저서 《4,000주(Four Thousand Weeks: Time Management for Mortals)》에서 그러한 문제를 언급했다.

수백 가지 사례 가운데 요즘 흔하게 볼 수 있는 예로 일명 '밀어서 새로 고침'이라는 것이 있다. 이는 '가변 보상'으로 알려진 현상을 이용하여 사람들이 화면을 계속 스크롤하도록 유도한다. 화면을 새로 고침할 때 새로운 게시물이 올라올지 여부를 예측하기 어려울 때, 이러한 불확실성으로 슬롯머신을 할 때와 같이 몇 번이고 다시 시도하게 한다.[*]

휴대폰에 푹 빠지기 쉬운 건 당연하다. 앞서 얘기한 코스타리카에서의 가족 휴가에서 벌어진 일을 목격한 나는 사태가 심각함을 느꼈다. 우리는 태평양이 내려다보이는 거대한 인피니티 풀이 있는 근사한 절벽 위 호텔에 머물고 있었다.

매일 저녁이 되면 태양이 벽에서 떨어지는 그림처럼 하루의 끝을 향해 미끄러지듯 흘러가곤 했다. 심지어 동물 조련사가 때맞춰 풀어준 것처럼 그 전망을 가로질러 날아다니는 형형색색의 마코앵무새 한 쌍도 있

---

[*] Oliver Burkeman, Four Thousand Weeks: Time Management for Mortals (New York: Farrar, Straus and Giroux, 2021), 95.

9장. 무심결에 버려지는 시간을 활용하라

었다. 정말 더없이 멋진 광경이었다.

어느 날 저녁, 나는 석양을 바라보면서 주변에 있는 스무 명 정도의 사람들이 일제히 휴대폰을 들여다보는 모습을 발견했다. 그곳에 일몰을 감상하는 사람은 한 명도 없었다. 그 순간 나는 휴대폰이 코스타리카 해변의 일몰을 쉽게 이긴다면, 다른 어려운 상황도 이겨낼 수 있으리라는 사실을 깨달았다. 이런 멋진 풍경마저 휴대폰에 밀린다면 어떻게 사무실에서 화요일 업무에 집중하길 기대할 수 있겠는가? 당신 또한 그러한 생각을 해본 적이 있는가?

어려운 목표에 집중할수록 산만함이 더 커진다. 넷플릭스 드라마를 몰아서 볼 때는 절대로 주의가 흐트러지지 않는다. 인스타그램을 스크롤할 때도 산만해지지 않는다. 유튜브의 알고리즘에 빠져들 때에도 마찬가지이다. 과연 인터넷 역사상 유튜브에서 동영상을 하나만 시청한 사람이 과연 있을까?

그러한 순간에는 집중이 참 쉽다. 그러나 정작 중요한 일에는 집중하기가 너무나 힘들다.

잠재력 게임에서 당신은 불리한 상황에 놓여 있다. 그러나 카지노 측이 이 게임에서 반드시 이기는 것은 아니다. 그리고 새로운 시간 관리 체계는 물론, 생산성에 대한 새로운 접근법이 필요하지도 않다. 그것만으로는 결코 주머니 속의 카지노를 이길 수 없다. 당신이 최고의 자리에 오를 수 있는 유일한 방법은 바로 두 글자로 된 '언제?'라는 질문을 던지는 것이다.

해야 할 일이 끝나지 않는 이유

대부분의 목표는 낙관적인 거짓말이다. 당신을 불쾌하게 만들 의도는 없지만, 이는 사실이다. 우리는 목표를 달성할 것이라는 믿음 아래 다음과 같은 목표를 힘차게 선언한다.

나는 달릴 것이다!

나는 책을 쓸 것이다!

나는 사업을 시작하고, 체중을 감량하고, 몸에 좋은 음식을 먹고, 더 많이 자고, 다른 수천 가지의 고귀한 일을 할 것이다!

나는 엄청난 잠재력을 활용할 것이다!

예전에 상담 치료사가 이를 두고 뭔가를 말하는 것만으로도 사실이 될 거라는 믿음, 즉 '말로 창조된 현실(Verbal Reality)' 속에서 산다고 이야기한 적이 있다. 이는 우리가 잠재력 지대에 머물고 있지 않음을 알 수 있는 확실한 징후이다.

내가 가장 자주 언급하는 사례로 휴가 때 짐을 싸는 방법이 있다. 나는 독서를 좋아한다. 그래서 7일간 여행을 간다고 하면 속옷처럼 하루에 1권씩 총 7권의 책을 챙긴다. 이 작은 도서관을 공항으로 끌고 갈 때면 여행 가방 무게만 50kg은 되는 느낌이다.

그러나 여행하는 동안 읽은 분량은 고작 반 권 정도이다. 결국 여행 때 가져간 7권의 책을 해변에 꺼내놓고 멕시코만을 구경시킨 채 집으로 가져오곤 했다. 그래도 책들에게는 즐거운 여행 아니었을까? 나는 책들을

1,300km 떨어진 곳까지 싣고 갔지만, 전체 페이지에서 90%조차 읽지 않은 채 돌아가도 참 즐거웠다.

물론 여행을 떠나기 전에는 그 책을 다 읽을 거라고 확신했다. 책을 가져가지 않는다는 건 상상할 수도 없었다. 나는 책의 크기만큼이나 작지만 그 물리적 무게만큼 무거운, 낙관적인 거짓말을 하고 말았다. 나는 300페이지짜리 경영 서적을 하루 안에 다 읽은 적이 없기 때문에 7일에 7권은 말도 안 되는 분량이었기에 결국 거짓말이었던 것이다. 여행 중에 내가 속독가가 될 수 있을 거라 기대했기 때문이었을까.

그렇다고 7일 내내 하루 6시간씩 책을 읽을 생각은 없었다. 아이들이 해변에서 프리스비를 던지며 놀고 싶어 하거나 아내가 산책을 하고 싶어 하면 독서는 금세 뒷전이 되었다. 나의 목표, 즉 내가 계획한 독서량은 내 현실적인 일정과 완전히 동떨어져 있었기 때문에 결국은 낙관적인 거짓말이었다.

이 문제를 해결하기 위해 내가 할 일은 '대체 언제?'라는 질문에 대답하는 것뿐이었다. 누군가 이루고 싶은 목표를 얘기할 때마다 내가 항상 묻는 첫 번째 질문은 바로 '언제 할 건가?'이다.

처음에는 이유가 무엇이든, 방법에도 관심이 없다. 누가 당신을 도울 것인지도 마찬가지이다. 이와 같이 중간 목표를 달성할 시간이 없다면 세상에서 가장 위대한 이유조차 아무런 소용이 없기 때문에 나는 '언제'를 중요하게 생각한다.

이 책을 위한 연구에 참여했던 캘리포니아 로스앤젤레스의 멜리사 C.에게 가장 먼저 던진 질문도 '언제'였다. 멜리사는 조사 기간에 스스로의 잠재력을 더 많이 활용하고 싶다는 소망뿐만 아니라 본인이 직면

한 문제에 대해서도 다음과 같이 얘기했다.

"저는 결혼해서 아이가 있는데, 아이들은 홈스쿨링을 시키고 있어요. 그래서 우리 아이들이 이용하는 홈스쿨 아카데미의 웹사이트 관리업무 계약을 체결했죠. 또 협동조합에서 강의도 해요. 그리고 시간제로 직접 판매 사업도 하는데, 그건 주로 할인을 받으려고 하는 거예요. 사역을 위해 글을 쓰고 가르치고 싶다는 생각도 있어요. 그 외에도 다시 악기를 배우기 시작했고요. 그 외에 퀼트도 배우고 싶어요. 저는 우리 아들들이 자라서 집을 떠나기 전에 집을 정리하고 새 단장을 하고싶어요. 또 마음을 강하게 다져야 할 것 같고요. 이렇게 원하는 것도 많고 해야 할 일도 많은데, 저는 그 사이에서 어떻게 균형을 맞춰야 할까요?"

멜리사의 질문을 검토해 보니, 서로 다른 역할 및 책임과 목표가 열두 가지나 있음을 알게 되었다. 당신의 경우도 그보다 더 많거나 적을 수도 있겠지만 어쨌든 당신도 바쁘게 살고 있을 것이다.

할 일은 너무 많은데 시간은 부족한 현실을 처음 마주하면 우리는 환상적인 해결책을 찾아 나선다. 우리에게는 아직 시도하지 않은 방법, 읽지 않은 책, 내려받지 않은 앱이 있을 것이다.

그러나 사실 그런 건 없다. 나는 목표 달성을 위해 지난 25년간 수십, 수백 번을 시도해 왔다. 시간 관리를 위해 많은 시간을 쏟아부었음에도 지금 이렇게 글을 써놓고 보니 다소 아이러니하다. 마치 미니멀리스트가 되는 방법에 관한 책을 열두 권이나 사는 느낌이다.

우리의 시간 부족을 해결할 방법은 없지만, 그보다 더 좋은 게 있다. 여기에 당신을 자유롭게 해줄 진실이 있다. 당신이 바쁜 이유는 상상력이 달력보다 더 크기 때문이다. 그렇기에 당신이 해야 할 일의 목록도 언제나 그 내용을 달성하는 시간의 양보다 크다.

달력은 평면적이고 작은 시간 상자이다. 그러나 상상력은 달력과 달리 무한하다. 우리의 상상력은 끊임없이 변하고 성장하면서 달라진다. 그리고 우리의 상상력은 배우자, 자녀, 동료, 친구, 상사 등 주변 사람들의 상상력과 결합하기도 한다. 당신이 상호 작용하는 모든 사람은 저마다의 기대와 과업이 담긴 날것 그대로의 놀라운 상상력을 당신의 삶으로 가져온다. 달력은 우리의 상상력에 비할 바가 못 된다.

다음에 또 하루 일과를 끝내면서 그날 하려던 일을 다 마치지 못한 것에 죄책감이 들면 그 생각을 컴퓨터 옆의 포스트잇에 '내 상상력은 달력보다 크다.'라고 적어보자. 그러면 기분은 확실히 좋아질 것이다. 그러나 일을 더 잘하고 싶다면 '언제?'라는 질문에 반드시 답해야 한다.

멜리사 C.의 난해한 목록을 확인한 나는 그동안 묻고 싶었던 질문을 다음과 같이 던졌다. "지금 목표를 위해 투자할 수 있는 시간이 얼마나 있으신가요?" 그러나 나에게 돌아온 답은 가장 흔한 대답인 '모른다'였다.

시간은 한 방향으로만 흐른다. 다들 시간이 우리를 떠나고 있다는 건 알지만 시간이 흘러서 어디로 가는지는 아무도 모른다. 그렇다면 우리의 시간을 감시해 볼 수도 있다. 우리에게 시간이 얼마나 있는지 궁금할 때 확실히 무난한 해결책이 되어줄 수 있기는 하다.

1~2주 동안 30분 단위로 시간을 기록해 보면 매일 '통근에 30분 소요', '자녀의 등교 준비로 30분 소요', '회의에 2시간 소요' 등과 같은 내용을 기록할 수는 있겠다. 그러나 이러한 작업은 상당히 부담스럽다.

나는 예전에도 이런 방식을 시도해 본 적이 있고, 이에 관한 팟캐스트 에피소드를 만든 적도 있다. 하지만 이러한 방식은 지금 우리의 목적에 적용하기에는 다소 실망스러울 수 있다. 이 방법은 "옷을 입는 데 37초가 걸렸네. 적어놓는 게 좋겠어."와 같이 복잡하며 완벽주의를 촉발하기도 한다.

또한 시간 감시는 또 매주 시간이 일정하게 흐를 것이라는 어리석은 희망에 바탕을 두고 있다. 하지만 시간의 흐름은 매주 다르다. 그러니 매주 시간별로 접근 방식을 계획할 수 있다는 희망은 현실적이지 않다. 삶은 그보다 더 유동적이고 역동적이다.

시간 감시의 가장 큰 문제는 계속하고 싶은 마음이 들도록 하는 즉각적인 성과를 제공하지 않는다는 것이다. 그러나 나는 항상 어떠한 목표든지 빠르게 얻을 수 있는 성과를 추구한다. 나는 바로 누릴 수 있는 작은 기쁨과 목표 정진을 부채질할 즉각적인 진전을 원한다. 하지만 잠재력을 충분히 발휘하지 못하고 있다고 느낄 때, 어려운 과제와 빠른 성취 가운데 어느 쪽이 당장 더 큰 동기를 부여할까? 우리 모두는 이미 답을 알고 있다.

그렇다면 빠른 성취는 어떻게 이루어 내야 할까?

바로 처음 15분을 훔쳐야 한다.

조니 뎁은 당신의 목표에 관심이 없다

당신은 비행기 좌석에 앉는 순간부터 실제 이륙하는 시간까지 약 30분 정도 시간이 있다는 사실을 알고 있었는가? 나는 10여 차례의 비행 경험을 추적해서 평균치를 얻기 전까지는 알지 못했다. 그중 가장 빨리 이륙했을 때는 22분이었고, 가장 늦은 때는 1시간 8분이나 걸렸다.

나는 지난 10년 동안 500번이나 비행기를 탔지만, 그 30분의 시간은 전혀 눈치채지 못했다. 그 시간들을 모두 합하면 자그마치 250시간이다. 책 한 권을 쓰는 데 약 500시간이 걸리는데, 바로 내 앞에 책 반 권 분량의 시간이 있음을 알아차리지 못했다. 그러나 나는 잠재력에 집중하기 시작하면서부터 그 30분에 주의를 기울이게 됐고, 결국 내 시간을 다시 훔쳐 오기로 했다. 시간은 더 벌 수 없지만 훔칠 수는 있다.

그렇지만 하루에 한 시간을 더 추가할 수는 없다. 일주일에 여덟 번째 날은 없고, 한 해에 열세 번째 달도 없다. 하지만 집중한다면 시간을 다시 훔쳐서 쓰고 싶은 곳에 쓸 수 있다.

당신이 비행기를 타고 내 옆을 지나간다면, 나는 항상 책을 읽고 있을 것이다. 내가 정한 보장 목표 중 하나는 올해 책을 52권 읽는 것이다. 하지만 여기저기서 30분씩 시간을 훔쳐 오지 않으면 책 읽을 시간은 없었을 것이다. 따라서 나는 비행기에서 옆자리 사람이 휴대폰을 스크롤하는 동안 나는 책을 읽는다.

시간은 충분하다. 그냥 다시 훔쳐 오기만 하면 된다.

조니 뎁의 명예훼손 재판이 진행되는 동안 나는 다음과 같은 짧막한 생각을 트위터에 올렸다.

@JonAcuff

너무 바빠서 관심 있는 일은 할 수 없지만, 조니 뎁과 앰버 허드 (Amber Heard)의 재판은 모두가 패할 수밖에 없는 슬픈 스포츠 경기라도 되는 양 여러 시간을 지켜봤다면 여기 좋은 소식이 있다. 사실 당신은 별로 바쁘지 않다. 일단 책을 쓰고, 나가서 달리고, 당신의 사업을 발전시켜라.*

물론 위의 '조니 뎁'을 '윌 스미스 폭행'으로 바꾸어도 된다. 카다시안 가문 사람들의 최신 근황, 환상의 축구팀, 기타 사소한 오락거리로 대체해도 마찬가지이다.

이 일에 15분, 저 일에 30분을 쓰는 게 뭐 그리 대수냐는 생각을 할 수도 있겠다. 그러나 시간이 지나면 그 자투리 시간은 모두 합산된다. 따라서 올해 비행기를 100번 탄다면 50시간을 다시 훔칠 수 있다. 그러면 내가 관심 있는 일에 주당 근무시간보다 많은 시간을 쏟을 수 있다. 그것만으로도 굉장한 잠재력이지 않은가. 그러니 15분이라도 훔쳐 오자.

10시간씩 이어지는 여유 시간을 찾지는 말자. 전문 지식을 갖추는 데 필요하다는 1만 시간을 바라지도 말자. 그냥 단 15분만 찾아보자.

이번 주에 중간 목표 달성을 위해 15분을 낼 수 있는가? 일주일은 10,080분이다. 그중 15분을 되찾아올 수 있는가? 물론 대답은 '가능하다'이다. 이 책의 독자 가운데 아래와 같이 말할 사람은 없을 테니까.

---

* Jon Acuff(@JonAcuff), Twitter, June 1, 2022, 2:50 p.m., https://twitter.com/JonAcuff/status/1532072076198088704.

"존, 나도 물론 내 잠재력을 더 많이 활용하고 싶어요. 최고가 되려고 노력하고 있고 꼭 변하고 싶어요. 하지만 10,080분 중에 단 15분도 낼 수가 없네요. 너무 바빠서요."

당신이 위와 같은 말을 하리라는 걱정은 하지 않는다. 당신은 나의 생각에 그렇게 반응하는 대신 15분으로는 충분하지 않다는 말을 할 것이다. 그 말은 높은 성과를 내는 사람들이 항상 하는 말인데, 이는 새로운 프로젝트에 전력 질주하고 싶어 하기 때문에서 비롯된다.

물론 나도 동의한다. 겉보기에는 처음 15분이 부족하다고 느낄 수 있다. 하지만 이러한 생각은 당신이 다음 세 가지 사실을 잊고 있었기 때문에 나타난다.

1. 15는 0보다 훨씬 큰 숫자이다

지난주에 목표 달성을 위해 들인 시간이 0분이라면 이번 주의 15분은 무한에 가깝다. 이와 같이 비교해야 한다. 15분을 10시간 또는 10주와 비교하지 말고 0분과 비교하자. 그러면 "좋아, 0보다는 훨씬 많지. 시간을 낼게."라고 생각하게 된다.

2. 15분이면 세상을 바꿀 수 있다

15분은 생각보다 훨씬 많은 일을 이룰 수 있는 시간이다. 미국의 역사를 바꾼 에이브러햄 링컨의 게티즈버그 연설은 단 120초, 2분 길이였다. 또한 우주 왕복선이 대기권을 벗어나는 데는 8분 30초밖에 걸리지 않는다. 9분도 안 되어 지구를 뒤로하고 날아갈 수 있다는 것이다.

그리고 내가 아내에게 프러포즈하는 데 30초밖에 걸리지 않았다. 물론 결혼을 승낙하도록 설득하는 데는 훨씬 긴 시간이 걸렸지만, 한 쪽 무릎을 꿇고 반지를 끼워주는 과정은 꽤 빨리 끝났다. 이와 같이 15분 이내에 할 수 있는 인생의 과업은 많다.

3. 추진력은 항상 처음 15분부터 발휘된다

'시작이 반이다.'라는 옛 속담이 모든 상황에 꼭 들어맞는 것은 아니다. 오히려 중반부가 가장 어렵다. 어떤 목표든 중간쯤에 도달하면서부터 짜증이 나기 시작해서이다.

그러나 첫걸음도 쉽지는 않다. 특히 목표에 대한 두려움이 오랜 시간에 걸쳐 단단하게 고착화된 경우는 더욱 그러하다. 작가에게는 텅 빈 페이지, 기업가에게는 LLC(Limited Liability Company, 유한책임회사) 서류, 몸매를 가꾸려는 사람에게는 첫 요가 수업이 다소 겁날 수 있다.

하지만 16분에 도달할 수 있다면 당신은 아주 좋은 상황 속에 있는 것이다. 일단 발걸음을 떼기 시작하면 두려움은 믿을 수 없을 정도로 빠르게 사라진다. 우리는 굉장히 긴, 시간의 활주로가 필요하다고 생각하지만 일반적으로 시작하는 데 필요한 시간은 처음 15분뿐이다.

아마 지금쯤이면 당신 또한 단 15분의 시간이라도 가치가 있다고 확신했을 것이다. 하지만 우리 모두가 직면하는 고민거리가 아직 남아 있을 것이다. 그 고민은 바로 '여유 시간을 어디에서 찾아야 할까?'라는 질문이다. 답은 그 사이에 있다.

우리가 놓치고 있는 순간들

수잔 로버트슨은 최근 온라인으로 학위를 마쳤다. 수잔 혼자서 이 모든 일을 해낸 것이다. 정말 대단한 성과이지 않은가! 혹시 당신은 수잔이 어디서 공부했는지 알고 있는가? 당사자인 수잔의 얘기를 직접 들어보도록 하자.

"아이들 학교 앞의 승하차 구역을 활용했죠!"

물론 수잔이 단번에 모든 공부를 끝낸 건 아니다. 모든 공부를 마무리할 수 있었다면 그곳은 세계에서 가장 긴 승하차 구역이 되었을 것이다. 그녀는 아이들을 태우러 가서 기다리는 동안 조금씩 공부한 끝에 수잔은 결국 학위를 취득했다.

제이슨 데일리는 애틀랜타에서 비행기를 기다리는 동안 회사 설립 계획을 다 세웠다. 그 공항은 당시 좌절감과 잠재력으로 교차하는 공간이었다. 캔자스시티행 항공편이 연착된 부당한 상황에 분노할 수도 있지만, 그 1시간을 활용해서 새로운 회사 설립 계획을 구상할 수도 있다.

발레리 리히터의 인생 역시 기다리는 일이 너무나 많았지만, 그녀는 건강 게임에 시간을 집중한다.

"저는 기다리는 동안 운동하는 걸 좋아해요. 전자레인지나 오븐에 음식을 넣어놓고 다 될 때까지 기다리는 동안 저는 벽 짚고 팔굽혀펴기, 스쿼트, 제자리 달리기 등을 하죠."

E. 벡도 마찬가지로 발레리의 사례와 같은 일을 '훔친 운동'이라고 부른다. 그는 "저는 양치하면서 한쪽 발로 서서 균형 잡는 운동을 제일 좋아해요."라고 말했다.

앨리슨 오란은 기다림을 즐거움을 위한 게임에 사용한다.

"저는 머리를 말리는 동안 즐거움을 느끼려고 20분 정도 책을 읽어요. 물론 이상해 보이는 거 알아요."

나는 앨리슨의 마지막 말에 반대한다. 전혀 이상하지 않다. 오히려 훌륭한 일이다.

앤 라르게는 누구나 발견할 수 있는 여분의 시간을 찾아냈다. 바로 줌(Zoom) 회의가 시작되기를 기다리는 동안이다. 앤은 항상 10~15분 정도 일찍 로그인을 하고 기다린다. 그리고 그 15분에 일주일 동안 연 줌 회의 횟수를 곱하면 상당한 시간이 된다. 그 시간 동안 앤은 커리어 게임에 집중한다. 작업 목록의 우선순위를 다시 정하고, 감사 메모를 쓰고, 일정이 겹치는 부분을 수정하고, 때로는 일주일 동안의 식사 계획도 세운다.

제니퍼 후그도 위와 같이 자투리 시간이 매우 유용함을 깨닫고, 이를 일상에 적용하였다. 제니퍼는 아침에 20분 일찍 일어난 뒤에 점심시간을 모두 쓰고, 잠자리에 들기 전에 20분 정도 시간을 낸다. 그러면 목표에 집중할 시간이 매일 100분씩 생긴다. 이와 같이 제니퍼는 다른 업무와 균형을 이루며 목표 달성을 위해 노력한다. 결국 그녀는 이 일의 중요성을 스스로 입증해 냈다.

물론 그 일이 언제나 쉽지만은 않다. 이에 제니퍼는 '하고 싶은 마음'이 언제나 절로 생기지는 않기 때문에 매번 선택의 순간에 놓인다고 말한다. 하지만 그녀는 '성공은 순간 안에 있다.'라는 소중한 교훈을 얻었다. 제니퍼는 이상의 일이 스스로의 삶에 매우 결정적임을 증명하였다.

모든 사람은 저마다 동일한 달력을 가지고 있다. 그러나 사람들은 내가 알아내기까지 수십 년이 걸린 사실을 이미 알고 있다. 그 사실은 바로 짧은 시간이라도 매우 중요하다는 것이다.

중간 목표가 학위 취득 같은 보장 목표로 성장하여 완료하기까지 몇 년이 걸리더라도 사람들은 그 시간이 모두 1분으로 이루어져 있고, 수많은 1분들이 매일 숨겨져 있다는 사실을 이미 알고 있다.

짧은 시간뿐 아니라 작은 행동 또한 중요하다. 양치를 하면서 지나가는 2분의 시간을 발견한 E. 벡은 그 순간에 할 수 있는 2분짜리 행동도 찾아냈다. 한편 공항에서 47분이 남는 것을 깨달은 제이슨 데일리는 그 시간에 맞는 47분짜리 활동을 했다.

이상의 내용은 모두 수잔 로버트슨이 학교 앞 승하차 구역에서 공부하며 온라인 학위를 취득할 수 있었던 비결이다. 지금까지 소개한 사례들은 현재 위치한 장소나 남은 시간에 상관없이 할 수 있는 다양한 활동을 준비해 두고 있었기 때문에 진전을 이룰 수 있었다. 수잔은 그저 영상을 틀어놓은 뒤 소리만 듣거나, 교재를 소리 내어 읽으며 시간을 활용했다고 한다. 이와 같이 유연한 중간 목표를 세우는 일은 매우 중요하다.

한편 내가 책을 아홉 권이나 쓸 수 있었던 이유 중 하나도 스위스 군용칼 같은 다양한 활동을 마련해 뒀기 때문이다. 대부분의 작가들은 '두 시간 동안 글쓰기', '주제에 대해 심층적으로 조사하기' 같은 몇 가지 작업만 한다. 그러다 보니 예상치 못하게 15분의 시간이 생겼을 때 그 시간에 맞출 수 있는 활동이 없다.

나뿐 아니라 당신 또한 다양한 활동을 준비해 두어야 한다. 그래야 구체적이고 완벽한 순간에 국한되지 않고 하루를 온전히 즐길 수 있다. 또 무엇을 해야 할지 고민하느라 시간을 낭비하지도 않게 된다. 나보다 먼저 머리를 자르는 사람이 너무 수다스러워서 미용실 예약 시간이 미뤄져도 상관없다. 전자책을 읽을 시간이 10분 더 생겼으니까 말이다.

시간을 허비할 필요가 없는 활동에서 몇 분을 빼앗아 의도적인 활동에 투자하면 기분이 좋아진다. 또 소셜 미디어 같은 방해요소에 대해 생각하는 것보다 훨씬 많은 변화를 이룰 수 있다.

시간을 소중히 여기기 시작하면 스트레스와 걱정에 시간을 허비할 가치가 없음을 깨닫게 될 것이다. 언젠가 스트레스가 "야, 네가 지난주에 했던 실언에 대해 고민하는 데 한 시간만 쓰자."라고 당신을 꼬드길 때도 있을 것이다. 당신이 시간을 소중히 여긴다면 "아니, 됐어. 그 시간이

짧은 시간뿐 아니라

작은 행동도 중요하다.

면 정말 놀라운 일을 할 수 있어."라고 거절할 수 있게 된다. 이와 같이 당신이 잠재력을 추구할수록 스트레스에 시간을 소비할 가치를 느끼지 못할 것이다.

그러나 그렇다고 당신의 걱정이 갑자기 멈추지는 않는다. 하지만 목표를 향해 노력한다면 언젠가 스트레스, 두려움, 의심에 쏟을 시간이 없음을 깨닫게 된다. 제한적인 자원인 시간이 매우 소중해지면서 당신에게 아무 도움조차 안 되는 일에 시간을 낭비하지 않게 된다. 이는 잠재력 발휘의 핵심 원칙이라 할 수 있다.

물론 시간을 허비하는 일을 피하기 위해 더 엄격해지자고 말하는 것은 아니다. 다만 중요한 일에 더욱 전념하면서 결과적으로는 그 어느 때보다 절제하게 된다.

시간이 약이다

'시간을 충분히 투자하면 무엇이든 이룰 수 있다.'

테네시주에서 우연히 얻게 된 교훈이다.

테네시주에서는 10대 자녀가 운전면허 시험을 보기 전, 부모와 동석하여 50시간을 운전해야 한다. 처음 25시간 정도에는 내 목숨이 아이의 손에 달렸기에 매우 힘들었다. 그동안 거의 죽을 뻔했던 적, 그리고 아이들에게 "우리 죽을 뻔했잖아!"라고 일갈하면서도 서둘러 사과해야 했던 적이 몇 번인지 셀 수도 없을 정도였다.

그러나 이 글을 쓰는 동안에도 막내딸이 수영 연습을 하러 차를 몰고 집 앞 차도를 빠져나가는 모습이 보인다. 이제 막내딸은 어디든 혼자 운전할 수 있다. 과연 "우리 죽을 뻔했잖아!"가 어떻게 "학교 갔다가 집에 돌아오는 길에 우유 좀 사 와."가 되었을까? 바로 시간 덕분이다. 절대로 혼자서 차를 몰고 다닐 수 없을 것이라 확신했던 겁먹은 10대도 50시간 정도 연습하면 베스트 드라이버가 될 수 있다.

당신은 어느 날 갑자기 부엌 조리대 위에 둔 가위로 머리카락을 자르는 아이를 보았는가? 콘센트에 포크를 꽂으면 어떻게 되는지 알아보려고 아래층 전체를 합선시킨 아이를 알고 있는가? 혹시 당신을 놀라게 하려고 자동차 옆면에 스크루드라이버로 '생일 축하합니다.'라고 새겨놓은 아이를 만난 적이 있는가?

바로 그 아이가 운전을 하게 될 것이다. 그 아이가 입체교차로가 있는 고가도로, 18륜 트럭, 출퇴근 시간대에 갑자기 내리는 폭풍우를 헤쳐나가게 될 것이다. 그렇게 그 아이도 50시간만 지나면 운전하는 법을 배울 것이다.

그렇다면 당신은 그 시간 동안 무엇을 할 수 있는가? 새로운 직장에 취업할 기회에 50시간을 투자한다면 어떻게 될까? 부업은 어떨까? 아니면 그다지 탐탁지 않은 결혼 생활이라면 어떤 결과를 낳을까?

그 전에 처음 15분부터 시작하자. 확실한 모험에 뛰어들되 이것만은 알아둬야 한다. 별 가치 없는 일에서 시간을 훔쳐 오는 데 익숙해지면 꼭 해야 할 일에 더 많은 시간을 투자해야 한다.

이상과 같은 방식으로 시간을 활용하는 것은 두려움에 대한 완벽한 해결책이기도 하다. 당신의 두려움이 당신에게 사업을 할 수 없을 것이라 말한다면 말다툼보다는 대화의 방향을 바꾸도록 하자. 예컨대 "난 사업을 할 필요가 없어. 그냥 내 게임에 5시간, 10시간, 20시간, 50시간을 투자하고 무슨 일이 일어나는지 지켜보기만 하면 돼."라고 말하자.

당신이 건강을 꾸준히 유지할 수 있을지는 잘 모르겠지만, 5분간 타이머를 설정해 놓고 산책을 나갈 수는 있을 것이다. 또한 마사 스튜어트(Martha Stewart)*처럼 집 전체를 광이 나도록 깨끗하게 청소할 수 있는지는 모른다. 다만 이번 주에 3시간만 투자하면 놀라운 일을 해낼 수 있을 것 같다. 또한 안타까운 루시타니아(Lusitania)호 침몰에 대해 권위 있는 역사서를 쓸 수 있는지는 더욱 모른다. 하지만 아이디어를 탐색하는 데 10시간을 투자한다면 당신의 상상 이상의 영감을 얻을 수 있으리라 확신한다.

시간은 자원인 동시에 도구이기도 하다. 나는 스스로 두려워하는 목표에 부딪힐 때마다 그 목표를 시간에 맞게 쪼갠다. 받은 편지함이 꽉 차 있는 상태일 때는 굳이 메일을 모두 처리하려고 애쓰지 않는다. 그저 30분 동안만 이메일 작업을 하기로 결심한다. 그 외에 텍사스주 샌안토니오의 호텔 방에 있으면서 운동을 별로 하고 싶지 않을 때, 타이머를 45분으로 설정하고 운동을 시작한다. 또한 출판 프로젝트 규모가 너무 거대해 보이면 몇 시간 단위로 나눠서 시작한다. 나는 이 책 전체를 집필하

---

* 미국의 여성 사업가. 과거 가정살림에 대한 비법과 노하우를 정리한 책으로 미국의 가정주부 사이에서 큰 인기를 끌었다.

는 데 600시간이 걸렸는데, 그 시간을 15분, 30분, 60분 단위로 나누어
썼다.

중요하지 않은 활동에 들이던 시간을 다시 훔쳐 오자. 처음 15분을 찾
고 그 사이의 자투리 시간도 찾아보자. 그러면 시간은 더 이상 부족한 자
원이 되지 않고, 일관되고 명확한 진전을 이루기 위해 사용할 수 있는 확
고한 지표가 될 것이다.

결과는 불편을 능가한다

중간 목표는 혼잡 지대를 피하고 자투리 시간을 확보하는 데 도움을
준다. 또 중간 목표는 보장 목표가 될 수도 있지만, 처음에는 낯설게 느
껴질 수 있음을 주의해야 한다.

개인적으로 전력 질주 중에 멈추지 않고, 일정한 속도로 성과를 올려
나가는 일은 처음에 왼손으로 글을 쓰는 것처럼 느껴질 정도로 불편했
다. 나는 마음속으로는 여전히 토끼이다. 그러나 목표 사다리의 중간에
서 시간을 낭비하고 싶지 않았다. 나는 최고 단계까지 올라가 보장 목표
를 달성하고 싶었다.

하지만 나의 자제력조차 스스로를 가로막지 못했다. 대신 몇 가지 중
간 목표를 시도한 결과 나는 조급함을 버릴 수 있었다. 며칠이 몇 주가
되고, 몇 주가 몇 달이 되어 나와 다른 이들이 진전을 이루는 모습을 보
면서 중간 목표를 활용하는 방법이 효과가 있음을 알게 되었고, 나의 경

력은 바뀌었다. 그 이후 나는 꾸준히 책을 쓰고 하프마라톤을 하기 시작했다. 이제 나는 더 이상 잠재력을 허비했던 실패한 대학생이 아니었다. 나에게 필요한 것은 그저 목표뿐이었다.

하지만 일이 본격적으로 시작되자마자 모든 게 내 앞에서 날아갈 뻔했다. 원인은 잘못된 연료를 사용하고 있었기 때문이었다. 그런데도 당시에는 그 사실을 알지 못했다.

PART
3

THE FUEL

10장

당신을 움직일 네 가지 동력을 찾아라

살면서 구렁텅이를 빠져나와야 하는 일은 딱 한 번뿐이었으면 좋겠다. 일단 잠재력 지대에 처음으로 진입하자마자 그곳에 영원히 머물 수 있었으면 좋겠다. 우리의 마음에 새긴 교훈을 처음 배운 그대로 영원히 기억할 수 있었으면 좋겠다. 하지만 풍요롭고 충만한 삶은 단일한 사건이 아닌, 안락 지대와 혼잡 지대에서 벗어나는 시간의 연속이다.

나는 2019년에 작가가 되었다. 작가의 꿈은 매사추세츠주 입스위치에 있는 도이언 초등학교에서 내가 3학년 때부터 키워온 목표였다. 당시 나는 사업을 하면서 기업과 아이디어를 공유하며 전 세계를 돌아다녔다. 이는 마치 약 10년 전에 블로그를 통해 탈출한 안락 지대와 100만 km 이상 떨어진 기분이었다.

서류상으로는 모든 게 훌륭했다. 그러나 그새 문제가 스멀스멀 다가오고 있었다. 내 인생 최고의 출판 계약서에 서명한 지 며칠이 지난 후의 일이었다. 아내가 나보다 그 문제를 빠르게 알아차렸다. 잠재력 지대의 정상에 이르렀어야 할 무렵에 아내는 충격적인 말을 했다.

"존, 당신은 책을 쓰는 2년 동안이나 책을 파는 2년 동안이나 멍청한 건 변함이 없어." (실제로는 멍청하다고 말하지는 않았지만, 나는 이 책을 가족 누구나 읽을 수 있는 수준으로 쓰려고 노력 중이다.)

그날 우리는 부엌에서 한 시간 동안 얘기를 나누었다. 그리고 아내는 진지한 태도로 선언하듯 "이건 아니야. 이건 우리 결혼 생활에 도움이 되지 않아. 난 당신이 비참한 작가보다 행복한 배관공이 되었으면 좋겠어."라며 대화를 끝냈다. 나는 아내의 말이 무슨 의미였는지 이해하는 데 약 일주일이 걸렸다.

책 두 권을 집필하는 일과 같은 큰 프로젝트에 착수하려면 스스로를 불태워야 했다. 그에 대해 내가 아는 유일한 방법은 스트레스를 수반했다. 위기와 불안, 두려움이 나의 연료였다.

나는 선택의 여지가 없을 정도로 절박한 상황이 아니면 자극을 받지 않는다. 나는 스스로를 궁지에 몰아넣고 모든 탈출 수단을 차단한 뒤 목에 칼이 들어올 때까지 마감 시간을 미루어야 겨우 의욕이 생겼다.

이솝 우화에서 토끼는 즐거움을 위해 달린 적이 없다. 그저 자기가 곧

177

10장. 당신을 움직일 네 가지 동력을 찾아라

지게 될 것이라는 불안함을 인지하고 내달린 것이다. 마찬가지로 나의 일처리도 토끼와 별반 다르지 않았다. 프로젝트 규모가 클수록 완료하는 데 더 많은 연료가 필요했다. 따라서 내게 동기를 부여하기 위해서는 더 큰 불안이 필요했다. 4년간의 집필 프로젝트를 완수하려면 스트레스 지수를 100까지 끌어올려야 했다.

화재를 진압하듯 문제에 대처하는 능력이 뛰어난 리더와 함께 일해본 적이 있는가? 이 유형의 리더는 위기의 순간에 빛난다. 그들은 문제에 맞서 실패를 막고 사태를 개선할 수 있다. 하지만 집중할 수 있는 불이 없다면 자신이 쓸모없는 존재라고 느끼게 된다. 그리고 리더들은 이를 좋아하지 않는다. 그러면 그 순간에 그들은 스스로가 중요한 존재라는 기분을 다시 느끼기 위해 불을 지른다. 이제 우리 중에 리더는 없다. 모두 방화범뿐이다.

기업에서 연설할 때 위와 같은 얘기를 하면 사람들이 서로를 팔꿈치로 쿡쿡 찌르면서 근처에 앉은 상사를 곁눈질하곤 한다. 이는 불편한 진실이자 혼잡 지대의 정점이다. 곧 안락 지대와 혼잡 지대 사이를 왔다 갔다 하는 게 아니라 격동의 현장인 스펙트럼의 끝부분에서 일을 시작하는 셈이다. 이는 마치 라스베이거스 유흥가로 이사하는 것과 비슷하다. 처음에야 살아있는 기분을 느끼겠지만, 밤새도록 밝고 시끄러우니 스트레스가 날로 심해질 것이다.

지금까지의 사례는 처음에는 큰 문제가 아니었겠지만, 문제가 갈수록 심각해지면서 지금에 이른 것들이다. 오히려 건전한 형태의 영감이 당신의 삶에 붙은 불을 끌 수 있다.

1980년대에 리처드 베카드(Richard Beckhard)와 루벤 T. 해리스 (Reuben T. Harris)가 진정한 변화를 위해 필요한 요소를 보여주는 유명한 공식을 개발했다.

$$D \times V \times F > R$$

D(Dissatisfaction)는 현재 상황에 대한 불만족이고, V(Vision)는 미래에 대한 비전을 나타낸다. F(First)는 당신이 목표 달성을 위해 진입할 첫 번째 단계이며, R(Resistance)은 변화에 대한 저항을 뜻한다.

위의 공식과 같이 불만과 비전이 크고 첫 번째 단계가 명확하면 저항을 극복하고 변화를 이루어 낸다. 예컨대 생활 습관을 바꾸지 않으면 향후 건강 문제가 생길 것이라 경고하는 의사는 불만을 이용해서 당신에게 동기를 부여하는 것이다.

또한 당신을 해고한 상사는 당신이 다음 직장에서 일을 잘 해내어 상사의 판단이 틀렸음을 증명할 기회를 제공한다. 그리고 헤어진 연인이나 배우자의 경우 헬스클럽에 등록하는 가장 흔한 이유가 된다.

이상과 같이 고통을 변화로 승화시키는 것은 대단한 일이다. 물론 처음에는 말이다. 그러나 고통은 결국 지속 가능한 연료로 사용할 수 없다. 그 이유는 다음과 같다.

1. 고통은 언젠가 끝난다

다행스럽게도 어떤 위기든 끝이 있다.

의사의 제안대로 체중을 감량하고, 해고된 뒤 새로운 직장에 취업할 수 있다. 신용카드 빚을 모두 상환하고, 팬데믹도 언젠가는 사라진다. 이에 관하여 고통이 당신의 유일한 원동력이라면 앞으로 어떻게 해야 할까를 고민하며 혼란에 빠질 것이다. 따라서 고통이 변화의 밑거름일 때, 당신은 고통이 멈추면 변화를 그만두거나 새로운 위기를 만들어 낼 것이다.

한 연예기획사 사장이 아직도 불안을 겪는 직원과 갈등 중이라 말한 적이 있다. 코로나19로 회사가 직원 수를 감축하는 바람에 그 직원은 세 사람 몫의 일을 해야 했다. 그는 한 시즌 동안 일을 잘 해내어 자신이 담당할 작은 부서로 이동했다. 그 직원은 위기의 파도를 타고 결국 성공을 거두었다.

1년 뒤 회사가 새로운 직원들을 채용했지만, 그 직원은 여전히 공황 상태였다. 그는 더 이상 세 사람 몫의 일을 할 필요가 없다는 사실을 인정하지 않았다. 그래서 새로운 동료들과 책임을 분담하지 않은 채 혼자 미친 듯이 프로젝트를 진행했으나, 실수만 연발했다. 고난의 시기는 끝났지만 그 직원은 여전히 고통을 이용하고 있었다. 이는 평온함을 찾은 사무실에 심각한 문제를 일으켰다.

2. 고통은 언젠가 잊어진다

치과에서 처음 받은 신경 치료는 내 인생 최악의 경험이었다. 치료 과정의 매 순간이 싫었고, 그 순간부터 철저하게 이를 닦겠다고 맹세했다. 그렇게 다시는 신경 치료를 받지 않겠다고 다짐하고 결심했다. 하지만 결국 다시 신경 치료를 받게 됐다.

신경 치료의 고통은 나에게 1~2주 정도 새로운 행동을 하도록 동기를 부여했다. 그러나 결국 잊어버렸다. 결국 고통에서 멀어질수록 동기부여의 원천이라는 지위를 잃어간 것이다. 결국 작년에 받은 신경 치료의 통증은 오늘 치실을 쓰게 할 만큼 충분하지 않았다.

3. 고통은 흉터를 남긴다

누군가가 틀렸다는 사실을 증명하는 게 당신의 목표라면, 상처받지 않고 그 경험에서 벗어나는 것은 거의 불가능하다. 해결되지 못한 고통은 이따금 마음의 흉터로 남기도 한다. 이는 스스로 외로운 싸움을 벌이는 꼴이다.

당신이 응징하려는 옛 상사는 이미 당신이 존재했다는 사실조차 잊어버렸을 것이다. 그런가 하면 철이 없고 진정한 관계로 나아가는 방법을 모르는 대학생이었던 옛 연인은 이제 결혼하여 두 아이의 부모가 되었을 것이다. 또한 당신을 인정해 주지 않던 아버지가 10년 전에 세상을 떠난 뒤에도 아버지의 인정에 매달리는 삶을 생각해 보자. 이와 같이 고통을 당신의 연료로 삼는 일은 결국 당신을 더욱 공허하게 만들 뿐이다.

위와 같은 이유를 모두 알면서도 나는 줄곧 고통과 위기를 연료 삼으며 살아왔다. 오랫동안 믿고 사용해 온 연료 공급원을 포기하기는 어려웠기 때문이다. 특히 그 결과가 성공적이었다면 더욱 그럴 수밖에 없다.

그러나 아내는 그런 나와 함께하기 싫어진다고 말했다. 또한 심각한 스트레스로 신체적인 건강 문제가 나타나기 시작했다. 그리고 부단한 노력으로 이루어 낸 꿈을 통해 느낀 모든 기쁨조차도 더는 감당하기 어려워졌다. 그렇게 나는 다시 정체 상태에 빠졌다.

나는 잠재력을 더 많이 활용하고 싶었다. 그러나 내가 아는 방법은 결국 스스로를 태워버릴 수도 있는 연료를 사용하는 것 하나뿐이었다. 우주 왕복선도 지구 대기권을 벗어나면 부스터 로켓을 분리시킨다. 고체 연료원은 초기 추진력으로 로켓 상승을 돕지만, 고체 추진제는 일단 점화되면 계속 연소되므로 적용 횟수가 제한된다.[*] 즉 고체 연료원이 일단 연소를 시작하면 조절이 불가능하기 때문에 완전히 분리하는 방법밖에 없다는 얘기이다.

그때 우주 비행사들은 임무를 수행하는 동안 조절이 가능하여 우주 비행에 가장 적합한 후보인 액체 추진제로 전환한다.[**] 고체 로켓 연료와 마찬가지로 위기 또한 지금 있는 장소에서 벗어나도록 돕는, 단 하나의 기능만 수행한다. 우리가 진정으로 새로운 단계로 나아가고 싶다면 위기에만 의존할 수 없다.

---

[*] Bryan K. Smith, "What Kind of Fuel Do Rockets Use and How Does It Give Them Enough Power to Get into Space?", Scientific American, February 13, 2006, https://www.scientificamerican.com/article/what-kind-of-fuel-do-rock/.

[**] Smith, "What Kind of Fuel Do Rockets Use?"

THE FUEL

나는 로켓 추진체였지만 우주 전체를 탐험하고 싶었다. 따라서 나에게는 새로운 연료가 필요했다.

잠재력 지대로 향하는 연료

15년 전, 조지아주 알파레타의 어느 테라스에서 친구가 나에게 "너희 장인은 왜 아직도 일을 하시는 거야?"라는 놀라운 질문을 했다.

당시 장인은 50대 초반이었지만 고등학교를 졸업하고 스프링클러 시스템을 설치하는 회사에 처음 취업한 이후로 많은 일을 이루었다. 장인은 대학을 졸업하지 않았는데도 여러 기업에서 승진을 거듭했다. 또한 그는 당시 미국에서 두 번째로 큰 민간 주택 건설 회사의 지사장을 역임하였으며, 수억 달러 규모의 프로젝트를 관리한 적도 있었다. 이와 같이 장인은 여러모로 성공한 사람이었다. 하지만 그렇다고 해도 52세에 은퇴할 수밖에 없다는 친구의 생각에 나는 당황할 수밖에 없었다.

"이제 일할 필요가 없잖아. 그냥 골프나 치면서 편하게 지내시면 될 텐데."라고 친구가 말했다. 친구는 우리 장인이 분명히 놓치고 있는 선택지를 생각하면서 "그런데 왜 아직도 일을 하시는 걸까?"라며 말을 이어나갔다.

'왜 아직도 일하는가?'는 성공한 사람에게 물을 수 있는 좋은 질문이다. 오프라 윈프리, 제프 베조스(Jeff Bezos), 워런 버핏(Warren Buffett)은 왜 일하는 걸까? 단순히 돈 때문은 아닐 것이다.

워런 버핏은 자산 2000억 달러 달성이라는 목표 때문에 그렇게 열심히 일하는 것일까 하는 생각이 들 수 있다. 아니면 혹시라도 목표를 달성하면 일을 그만두리라는 의문을 품기도 하겠지만, 아니다. 그에게 돈은 삶을 이끄는 원동력으로서의 효력을 잃은 지 오래다. 따라서 버핏은 2006년에 재산을 기부하겠다고 다음과 같이 약속했다.

"내 재산의 99% 이상은 내가 살아있는 동안이나 죽은 뒤에도 자선 활동에 사용될 것이다."

재산이 1000억 달러 이상인 사람다운 생각이지 않은가. 그러나 그가 그렇게까지 하는 이유를 알고 나면 의미가 더 강렬하게 다가올 것이다.

"내 청구권 증서인 버크셔 해서웨이(Berkshire Hathaway) 주식 증서의 1% 이상을 스스로를 위해 사용한다고 해서 우리의 행복이나 복지가 더 증진되지는 않을 것이다. 하지만 나머지 99%는 다른 사람들의 건강과 복지에 큰 영향을 미칠 수 있다.*"

버핏도 커리어를 처음 시작할 때는 돈을 추구했을지 모르겠다. 그러나 그는 돈을 삶의 원동력에서 보다 지속 가능한 연료로 전환한 지 오래다. 이와 같이 삶의 여정 동안 어느 시점에서 높은 성과를 거둔 사람들이 잠재력 지대에 계속 머물고자 할 때는 반드시 단기 연료에서 장기 연료로 전환한다.

---

* Warren Buffett, pledge letter, The Giving Pledge, accessed October 25, 2022, https://givingpledge.org/pledger?pledgerId=177.

잠재력 지대는 특별하다. 일반적인 연료로는 작동하지 않는다. 다음의 네 가지 종류만 사용할 수 있다.

① 영향(Impact)
② 능력(Craft)
③ 공동체(Community)
④ 이야기(Stories)

위의 단어들이 익숙하게 느껴질 수 있다. 이는 당연한 일이다. 제시된 네 단어는 당신의 최고의 순간 목록에 숨은 아이디어의 상위호환에 해당한다.

- 최고의 성취는 세상에 영향을 미친다.
- 최고의 경험은 능력에 대한 추구에서 시작된다.
- 최고의 관계는 언제나 공동체를 낳는다.
- 최고의 사물에는 이야기가 있다.

'영향', '능력', '공동체', '이야기'는 중간 목표를 달성하기 위한 강력하고 지속 가능한 연료이다. 중간 목표는 의외로 이루기 어렵다. 30~90일 동안 정말로 목표를 성취하고 싶다면 당신을 안락 지대에서 벗어나게 해주는 방안보다 훨씬 많은 것들이 필요하다. 즉 연료가 필요하다는 얘기이다.

잠재력 지대로 향하는 연료

1. 영향

2. 능력

3. 공동체

4. 이야기

당신이 꼽은 최고의 순간이 대부분 관계에 기반을 두고 있다면 '공동체'가 가장 큰 연료가 되어줄 것이다. 경험이 당신의 목록을 가득 채웠다면, '능력'이 좋은 동력원이 된다. 성취가 당신을 빛내주었다면 '영향'을 선택할 수 있다.

네 가지 연료를 모두 이용하겠다면 당신만의 레시피대로 배합해 보자. 사람들은 동기부여를 위한 연료를 저마다 조금씩 다른 비율로 사용하니까 말이다.

워런 버핏은 '영향'을 연료로 삼는다. 일론 머스크는 '능력'을 통해 성공을 거둔다. 오프라 윈프리는 '공동체'의 힘을 믿는다. 당신은 과연 어떤 연료를 사용하는지 함께 알아가도록 하자.

나는 워런 버핏처럼 억만장자가 되지는 못한다. 일론 머스크처럼 화성에 가지 못할 것이다. 오프라 윈프리처럼 당신한테 차를 선물하겠다고 큰 소리로 말할 일도 없다. 다만 실천만을 기다리고 있는 내 잠재력의 50%를 마저 활용하기 위해서는 그에 걸맞은 연료가 필요하다. 이는 당신도 마찬가지다.

11장

누군가에게 기억될 최고의 성취를 이루어라

스물여덟 살의 스콧 해리슨은 모든 걸 다 가지고 있었다. 뉴욕에서 성업 중인 클럽의 프로모터로 일하던 그는 BMW 차주이며, 맨해튼 소재의 아파트에 그랜드 피아노까지 있다. 그리고 패션 잡지의 표지를 장식하는 모델들과 데이트를 하고, 주말에는 밀라노와 파리, 런던을 오가며 보냈다.

반면 스콧의 업무는 간단했다. 근사한 클럽에서 40달러짜리 샴페인한 병에 1,000달러를 지불할 멋진 사람들로 가득 채우는 것이었다. 스콧은 그 일에 능숙했다. 버드와이저(Budweiser)에서는 스콧이 공개

적으로 자사 제품을 마시는 모습을 사람들에게 보여주기 위해 한 달에 4,000달러를 들인 적도 있었다.

사실 스콧은 인터넷이 존재하기 전부터 인플루언서였다. 병든 어머니를 돌보며 어린 시절을 보낸 그는 지금 대도시에 살겠다는 꿈을 이루었고 모든 것을 손에 넣었다. 그의 단기 연료가 바닥나기 시작할 때까지는 말이다.*

돈과 명성, 권력만 있다면 멋진 일을 할 수 있겠지만, 이들은 삶의 이유보다 성공의 결과물이라 생각하는 편이 낫다. 다만 스콧은 겨우 20대 후반에 성공의 지점에 이르렀다. 그 지점은 가장 성공한 사람이라도 삶의 후반에 접어들어야 도달할 수 있는 것이었다.

내가 진행하는 팟캐스트에서 스콧을 인터뷰했을 때, 그는 세상에 충분한 상태란 없다는 걸 깨달았다고 말했다. 그리고 다음과 같이 말을 계속했다.

"제가 죽으면 제 삶의 목적도 사라지잖아요. 그러면 제 묘비에는 아마 '100만 명의 인생을 낭비하게 만든 클럽 프로모터, 여기 잠들다.'라고 적혀있겠죠."

---

* "Reinvent Your Life, Raise Millions of Dollars, Do Work That Matters: The Scott Harrison Story", All It Takes Is a Goal (podcast), episode 71, May 2, 2022, https://podcasts.apple.com/us/podcast/atg-71-reinvent-your-life-raise-millions-of-dollars/id1547078080?i=1000559295402.

11장. 누군가에게 기억될 최고의 성취를 이루어라

사람들이 묘비에 그렇게 암울한 말을 새겨줄지는 모르겠다. 다만 스콧은 자신의 잠재력을 최대한 활용하고 있지 않음을 스스로도 알고 있었다.

또한 스콧은 자신의 감정과 도덕성부터 영혼까지 모두 고갈되어 버린 것 같다는 말까지 덧붙였다. 그는 변화에 대한 저항을 극복할 만한 불만과 고통을 안고 있었으며, 더 이상 그 자리에 머물기를 원치 않았다. 이에 스콧은 스스로의 삶을 완전히 새롭게 바꾸기를 원했다. 그리고 삶의 목표를 찾을 수 있을지, 타인에게 유익한 사람이 될 수 있을지 궁금해했다.

- 내가 누군가에게 쓸모있는 존재가 될 수 있을까?
- 내가 변할 수 있을까?
- 내 삶이 누군가에게 중요해질 수 있을까?

위의 질문은 '영향'이라는 연료를 얻는 과정에서 거쳐야 할 관문이다. 그런데 클럽 프로모터가 과연 그러한 일을 할 수 있을까 하는 의심이 들 것이다. 그러한 배경은 통념상 사회적 영향과는 거리가 먼 능력으로 점철되어 있으며, 세상을 변화시키는 사람이 지니고 있을 만한 유형은 아니기 때문이다.

스콧은 정체기에 빠졌지만, 그에게는 어렵게 취득한 포토저널리즘 학위가 있었다. 이에 그는 당시 학점이 C-에서 D+를 오가는 수준이었다고 고백했다. 그러나 카메라와 카리스마가 있었던 스콧은 사람들을 설득하여 최빈국인 라이베리아로 향하는 자선단체의 병원선에 올랐다. 그에게는 완벽한 계획도, 향후 10년을 내다보는 혜안도 없었다. 그러나 스콧은 안락 지대가 이미 제 기능을 못 하고 있음을 깨달았다. 그곳에 더 머물기에는 스스로에게 너무나 괴로운 일일 정도였다.

의료진을 한가득 태우고 라이베리아에 도착한 머시 쉽(Mercy Ships) 원양 정기선은 축구 경기장에 의료용 부스 1,500개를 갖춘 임시 병원을 세웠다. 스콧은 라이베리아에서 겪는 첫 순간을 카메라에 담으려던 중 병원으로 모여든 5,000여 명의 인파에 놀라고 말았다. 그는 그때의 기억을 다음과 같이 회상한다.

"의료진과 자원의 부족으로 3,500명의 환자들은 희망을 버린 채 집으로 돌아갈 수밖에 없었어요. 시간이 지나서야 그 사람들이 치료를 위해 이웃 나라에서 한 달을 넘게 걸어왔다는 사실을 알고서 눈물이 나더라고요. 시에라리온, 코트디부아르, 기니의 환자들은 부푼 희망을 안고 아이들과 함께 먼 길을 왔지만, 의사는 턱없이 부족했죠."

그 기억은 스콧이 서아프리카에서 받은 첫 번째 충격이었다. 그러나 그것이 끝은 아니었다. 이에 스콧은 아래의 내용대로 그때의 경험을 반추해 갔다.

"시골 지역에 갔을 때, 태어나 처음으로 사람들이 더러운 물을 마시는 모습을 봤어요. 제가 불과 몇 주 전에 클럽에서 보스 워터(VOSS Water)를 병당 10달러에 팔았던 것과 굉장히 대조되는 광경이었죠."

시간이 흐르고 스콧의 인도적인 깨달음은 계속되었다. 그 과정에서 그는 지금까지 목도한 현실을 해결할 방안이 담긴 통계를 발견한다. 이에 스콧은 그 소회를 밝혔다.

"라이베리아에서 발생하는 질병의 50%가 오염된 물과 위생 시설의 부족 때문임을 알게 됐어요. '유레카'를 외친 아르키메데스의 심정이 이해되는 순간이었죠."

이후 그는 곧장 병원선으로 향하여 그 지역에서 25년간 근무한 최고 의료 책임자를 만나 이야기를 나누었다.

"제가 사람들이 물 때문에 죽어간다고 말씀드리니 최고 의료 책임자님께서 제게 그 문제를 직접 해결해 보는 게 어떻겠느냐 권하시더군요. 또 그분께서는 수술로 매년 수천 명의 사람들을 돕는 게 고작이지만, 제가 7억 명의 사람들에게 깨끗한 물을 공급한다면 제가 곧 세계 최고의 의사라고 말씀하셨어요."

위의 순간을 받아들이는 관점은 두 가지가 있다. 실현할 수 없는 비현실적인 꿈으로 치부하거나, 변화를 위한 무한한 연료로 삼는 것이다. 당연하게도 스콧은 후자를 택했다. 스콧의 사례와 같이 당신의 영향력을 고려할 때 문제를 해결하려는 당신의 의지는 멈추지 않을 것이기에 문제의 크기는 당신의 좋은 자극제가 되어준다.

스콧은 그 길로 새로운 마음가짐으로 뉴욕으로 돌아갔다. 그러나 그는 비영리 단체에 대한 구체적인 계획이 없었기 때문에 수중에 있는 것들을 이용해 과업을 시작했다. 세상을 바꾸기 위해 완전히 다른 사람이 될 필요는 없다. 스콧처럼 당신이 기존에 갖고 있던 재능을 다른 방향으로 응용하기만 하면 된다.

> 문제를 해결하려는 당신의 노력은 멈추지 않을 것이기에 문제의 크기는 당신의 좋은 자극제가 되어준다.

"저의 하나뿐인 아이디어는 클럽에서 제 생일 파티를 여는 것이었죠. 친구들을 위해 클럽과 오픈 바를 기부받을 수 있을 거라고 생각했어요."

스콧은 주변 사람들에게 다음과 같은 이메일을 보냈다.

from: 스콧
제 31번째 생일 파티를 열고자 합니다. 참여를 원하시는 분들은 뉴욕 미트패킹 구역으로 오셔서 20달러를 기부하고 클럽에 입장하세요.

그 가벼운 파티가 채리티 워터(Charity: Water)의 시작이었다. 스콧은 그날 밤 현금 15,000달러를 모금했다. 15년이 지나고 스콧과 채리티 워터는 총 모금액인 7억 달러를 들여 29개국에 거주하는 1,500만여 명에게 깨끗한 물을 제공했다.

지금까지 보여준 스콧의 사례는 '영향'이라는 연료와 관련되어 있다.

이 마르지 않는 연료는 당신도 사용할 수 있다.

당신만의 아프리카를 찾아보자

나나 당신이나 스콧의 이야기처럼 놀라운 경험담을 듣고 있으면 아마 시작할 엄두조차 내지 못할 것이다. 사실 스콧도 라이베리아에 처음으로 도착했을 때 누군가 그의 미래를 귀띔한다면 필시 우리와 같은 반응을 보일 것이다. 스콧이 축구 경기장에 세운 임시 병원에서 어떤 조치도 받지 못하고 병든 아이들과 다시 돌아가는 가족들을 보며 눈물을 훔치던 날로 돌아가 보자. 그때 누군가 스콧에게 7억 달러를 모금해서 세상을 바꿀 테니 걱정 말라고 한다면 스콧은 그 말을 절대 믿지 않았을 것이다.

그때의 스콧도 마찬가지로 해낼 수 없을 거라는 생각을 했을 것이다. 그는 직접 목도한 현실에 맞설 준비가 되어있지 않았다. 스콧에게 준비된 것은 클럽에서 파티를 열고, 그 문제를 해결할 수 있는가를 확인하는 것뿐이었다. 영향은 언제나 그렇게 시작된다. 처음에는 크기도 작고 형태도 제각각이다.

세상을 바꾸기 위해 반드시 7억 달러를 모금할 필요는 없다. 때로는 당신의 할 일이 문자메시지를 보내는 것뿐일 때도 있다. 세상을 바꾸고 싶다면 오늘 한 사람을 격려해 보자. 나는 한 달 동안 그러한 일을 중간 목표로 삼았다. 매일 한 사람을 정해 격려의 메시지를 보낸 것이다. 예컨대 난데없이 누군가에게 다음과 같은 메시지를 보낸다.

오늘 당신의 창의적인 발상이 문득 떠오르네요. 예술이나 혁신에 대해 얘기할 때마다 당신을 언급하고 싶어요.

위 메시지에 지금까지 "그런 메시지를 보내기 전에 생각을 해보셨어야죠. 정말 최악의 순간에 보내셨네요."라고 답한 사람은 한 명도 없었다. 오히려 "그렇지 않아도 오늘 저에게 정말 필요한 말이었는데, 덕분에 기분 좋은 하루가 되었어요!"라는 답장을 받았다. 이와 같이 단 1분만에 보낸 짧은 문자 메시지가 누군가의 하루를 행복하게 만들 수 있다.

일반적으로 영향은 100배의 수익률을 안겨준다. 투자한 것보다 훨씬 많은 걸 돌려받게 된다는 얘기이다. 스콧이 이룬 일과 격려의 문자 메시지를 보내는 일처럼 두 극단 사이에서 무슨 일을 하더라도 목표가 만들어 내는 차이를 알 수 있다면 더 오랜 시간을 노력하게 될 것이다.

건강을 유지하는 일은 가족에게 영향을 미친다. 내가 달리기를 하는 이유는 달리면서 분비되는 엔도르핀으로 아내와 아이들을 다정하게 대할 수 있기 때문이다.

신용카드 대금 상환은 사회에 영향을 주는 일이다. 상환을 끝마쳤다면 고등학생 마칭 밴드의 모금 행사에 기부할 돈이

> 목표가 만들어 내는 차이를 알 수 있다면 더 오랜 시간을 노력하게 될 것이다.

생길 것이다. 그 돈은 튜바 구입비가 되어 한 번도 만나보지 못한 한 고등학교 2학년 학생이 음악에 대한 사랑을 일깨우고, 그 힘으로 힘든 학교생활을 이겨낼 것이다.

또는 팟캐스트를 시작해서 용기 내어 부모님의 이혼에 관한 이야기를 공유한다면, 한 번도 가보지 못한 나라에 있는 누군가에게 영향을 미칠 것이다.

이상과 같이 당신이 잠재력을 발휘한다면 그때마다 상상 이상으로 큰 영향을 미치게 된다. 따라서 '영향'은 우리를 잠재력 지대에 머무르게 하는 좋은 연료이다. 이 연료는 언제든 이용할 수 있으며, 결코 고갈되지 않는다. 이에 영향을 활용하려고 한다면 '나의 성취가 세상에 어떤 영향을 미칠까?'라는 질문부터 시작해 보자.

일례로 의료 분야에서 일하는 사람은 업무 스트레스에 짓눌리기 쉽다. 국가 규정은 너무나 자주 바뀌는 데다 업무 시간마저 길다. 그리고 그 결과가 미치는 영향력은 어마어마하다. 그럼에도 의료인은 스트레스 속에서 스스로를 진정시키기 위해 흔히 쓰는 아래의 말을 결코 입 밖에 내지 않는다.

"죽기밖에 더 하겠어?(It's not life or death.)"
"머리가 아플 정도는 아니잖아.(It's not brain surgery.)"

의료인이 위와 같은 말을 하지 않는 이유는 직업상 생사를 가르는 일과 빈번하게 마주치기 때문이다. 어느 날 오후, 나는 업무에 지친 병원 직원들이 가득 모인 방에서 영향과 관련된 질문을 던졌다.

"여러분은 누구를 위해 이 어려운 일을 하고 있나요?"
몇 초 동안의 정적 속에서 한 여성이 손을 들며 말했다.

"전 '장기 기증자의 행진(donor walk)'을 위해 이 일을 해요."

나는 익숙하지 않은 문구라서 그녀에게 설명을 부탁했다. 이에 그녀는 장기 기증자의 행진을 다음과 같이 설명했다.

"누군가 장기를 기증하고자 할 때 우리는 그것을 '장기 기증자의 행진'이라고 불러요. 장기 기증자가 수술실로 이동하는 동안 간호사, 의사, 행정팀 등 의료인과 병원의 직원까지 복도에 일렬로 늘어서서 박수를 치는 거죠. 그게 제가 이 일을 하는 이유예요."

그녀는 중간 목표, 심지어 쉬운 목표를 달성할 생각조차 들지 않는 힘든 시기 속에서도 자신의 일이 그 순간에 주는 강한 영향력을 떠올린다. 그녀는 언제나 장기 기증자에게 감사를 표하는 행렬 속에 서 있다. 그리고 장기 기증자의 행진은 타인의 목숨을 살린다.

한편 교사들을 대상으로 같은 질문을 했을 때, 비슷하면서도 매우 독특한 답변을 들을 수 있었다.

"저는 과거의 저를 위해 교사 생활을 하고 있어요. 중학생 시절 부모님의 이혼은 저에게 큰 충격이었어요. 성적은 말할 것도 없고, 태도도 비뚤어지면서 삶이 망가졌어요. 그런데도 그 모습을 알아본 선생님은 한 분도 없었어요. 그래서 그때의 저와 같은 학생을 만난다면 꼭 도와주어야겠다고 결심했죠. 결과적으로 예전의 저를 위한 선생님이 된 셈이죠."

그것이 바로 영향이다. 연료가 떨어져 가는 듯한 느낌이 든다면 잠시 쉬었다가 재개하도록 하자. 당신의 일로 누군가의 삶이 나아질 수 있다.

11장. 누군가에게 기억될 최고의 성취를 이루어라

혹시라도 당신의 삶에서 그러한 사례를 찾을 수 없다면 스콧처럼 아프리카로 향하거나, 적어도 친구에게 격려의 문자 메시지라도 보낼 때가 왔다는 뜻이다.

당신의 연료 계기판이 'O'을 가리킬 때

어느 날 오후, 커리어에 대한 고민을 상의하려는 친구의 전화를 받았다. 친구는 최근의 일상적인 경험이 자신에게 특별한 의문을 남겼다고 전했다. 누구나 깨달음의 순간을 미리 계획할 수는 없다. 그 순간은 각자의 일정에 따라 나타나는 경향이 있다. 친구는 딸의 무료 레슨을 대가로 발레 스튜디오에 페인트를 칠할 때 깨달음을 얻었다고 털어놓았다.

긴 시간이 지나도록 땀을 흘리며 발레 스튜디오를 밝은색으로 칠하는 동안, 친구는 본업보다 페인트칠을 훨씬 좋아한 것은 아닐까 생각했다고 한다. 친구는 텍사스주의 금융회사에서 남부럽지 않은 직책을 맡고 있었다. 그러나 본업에서는 페인트를 칠할 때만큼 스스로에게 와닿는 영향력을 크게 체감하지는 못했다고 한다.

그날 오후, 친구가 품을 들인 덕에 발레 스튜디오는 앞으로 몇 년 동안 더욱 싱그럽고 따뜻한 분위기가 될 것이다. 그것이 바로 영향이다. 친구가 어느 날 페인트를 칠하던 날을 생각하며 앉아 있다가 문득 고압 세척기로 차로를 청소하는 일을 정말 좋아했던 기억을 떠올렸다고 한다. 마치 우리가 예상치 못하게 잠재력 지대를 엿볼 때처럼 말이다.

그 외에도 친구는 이웃을 위해 봉사할 겸 차로를 청소하다가 흠뻑 젖은 채로 아이들과 함께 행복한 여름을 보냈다. 그리고 코로나19 시기에 가족과 함께 동네에 있는 집집마다 건조기 통풍구를 청소하면서 수천 달러를 벌었던 일도 기억해 냈다.

페인트칠은 나의 친구가 처음으로 포착한 최고의 순간이다. 그러나 친구는 목록을 작성하는 동안 육체노동과 실질적 영향이 모두 수반된 다른 일들도 계속 떠올렸다. 그는 바로 우리가 이 책을 관통하는 질문을 던지고자 내게 전화를 건 것이다.

"앞으로 이러한 순간을 어떻게 더 많이 누릴 수 있을까?"

친구의 연료는 모두 떨어졌지만, 상황이 나쁘지는 않았다. 중년의 위기가 도래한 것도 아니었다. 그럼에도 친구는 뭔가 부족함을 방금 알아차렸다. 당신이라고 예외는 아니다. 따라서 최고의 순간 목록을 다시 살펴보거나 새로운 목록을 작성해 보자. 그 과정에서 자신의 성취(영향), 경험(능력), 관계(공동체), 사물(이야기)을 살펴보도록 하자.

그렇다고 과거에 묶여있을 필요는 없다. 오히려 과거에서 자유로워질 수 있다. 특히 목록이 현재와 미래에 더 많은 최고의 순간을 만드는 데 도움이 된다면 더더욱 그러하다.

연료가 모두 소모되었다는 생각이 들더라도 걱정하지 말자. 당신은 연료를 다시 채울 수 있는 최고의 사람을 이미 알고 있다.

바로 당신이다.

12장

잘하고 싶은 일을 재능으로 만들어라

브렌던 레너드(Brendan Leonard)는 뉴욕시에서 열릴 마라톤 대회에서 절대로 우승하지 못할 것이다. 노력이 부족해서가 아니다. 그는 《나는 달리기가 싫어(I Hate Running and You Can Too)》 같은 제목의 책을 쓰기는 했지만, 여전히 달리기에 진심인 '울트라 러너'이다.

일례로 브렌던은 1년 동안 매주 마라톤 코스를 달렸다. 물론 일주일 동안 총 42.195km를 달렸다는 얘기는 아니다. 매주 한 번씩 42.195km를 완주했다는 뜻이다. 그렇다면 브렌던은 1년간 총 52회의 마라톤을 한 셈이다.

하지만 그는 뉴욕시 마라톤 대회에서 우승하지 못할 것이다. 아마 당신도 그러한 예측을 하고 있을 것이다. 그러나 브렌던에게 마라톤 우승은 애초부터 그의 목표가 아니었기에 순위에 연연하지 않는다. 이에 그는 다음과 같이 말한다.

"저는 손주들에게 그 해에 33,789위를 했어도 상황만 괜찮았다면 32,372위 정도는 했을 거라는 얘기는 하지 않을 겁니다."

따라서 당신이 동료들에게 뉴욕시에서 개최되는 마라톤에 참가했다고 말할 때 우승했냐고 묻는 사람은 아무도 없을 것이다.[*] 이와 같이 브렌던은 그저 즐거움을 위해 달리기를 계속한다. 곧 그는 도전을 위해, 해낼 수 없을 것 같은 자신의 모습과 경쟁하기 위해 달린다. 이를 통해 브렌던은 영향만큼이나 큰 동기를 부여하는 연료인 활동 '능력'을 연마하기 위해 달리고 있음을 알 수 있다.

한편 뉴욕타임스 기자가 유명한 산악인 조지 말로리(George Mallory)에게 에베레스트산에 오르는 이유를 물은 적이 있다. 이에 말로리는 '산이 거기에 있기 때문'이라고 답했다. 이 사례는 능력이라는 연료의 특성을 잘 보여준다.

승패, 영향력의 가시성, 자신의 일을 타인이 알아주는가의 여부와 상관없이 일을 계속하는 이유는 바로 일을 계속할수록 커지는 즐거움 때

---

[*] Brendan Leonard, I Hate Running and You Can Too: How to Get Started, Keep Going, and Make Sense of an Irrational Passion (New York: Artisan Books, 2021), 56.

201

12장. 잘하고 싶은 일을 재능으로 만들어라

문이다. 이러한 즐거움은 일을 지속하는 촉진제가 된다. 나는 수천 명에게 단지 즐거움을 얻기 위해 하는 일이 무엇인지 물었고, 사람들의 응답을 통해 '능력'이라는 단어를 각자 다양한 관점에서 해석하고 있음을 알 수 있었다.

아이다호주 보이시에 있는 트레일러 제조사의 마케팅 관리자인 키스 이스트먼은 식당을 개업할 생각이 전혀 없다. 그러나 키스가 요리를 하는 이유는 식당 개업 때문이 아니다. 그는 그 이유에 대해 이렇게 말한다.

"저는 새로운 장비를 도입하고 숙달하는 과정을 거쳐 최상의 요리를 완성하는 게 참 좋아요."

위와 같이 그는 조리용 장비와 레시피, 그리고 새로운 재료에 대한 도전을 좋아한다. 요리를 좋아하는 것은 곧 그의 요리 능력에 대한 사랑을 뜻한다.

한편 내슈빌에 사는 영업 전문가 알렉스 페레로는 거대 양계장을 세우지는 못할 것이다. 하지만 알렉스에게 왜 닭을 좋아하는지 물으니 아래 같은 대답을 금세 내놓는다.

"저희 가족에게 먹거리를 제공하고, 아이들에게 돌봄과 책임의 의미를 가르칠 수 있으면서 기분까지 편안하게 해주니까요."

달걀은 어디에서나 살 수 있다. 그러나 직접 기른 닭이 낳은 달걀은 특별하다. 이는 곧 능력이다.

또한 워싱턴주 포트 오처드에 사는 전업주부 크리스 셰리는 직접 짠 수예품을 팔 생각이 없다. 하지만 팔려는 마음이 있다면 얼마든지 판매할 수 있다. 그러나 이에 대한 크리스의 말에서 뜨개질은 그녀의 커리어가 아닌 능력이라는 점을 알 수 있다.

"다들 제 수예품을 보고 팔아도 되겠다고 말해요. 그렇지만 저는 그냥 뜨개질을 하면서 새로운 패턴이나 기법을 생각해 보는 게 좋아요. 그리고 열심히 짠 것들을 좋아하는 사람들에게 주는 걸 즐길 뿐이에요."

그런가 하면 텍사스주 타일러에서 초등학교 교사로 일했던 조엘 스프로트 예이츠는 카네기홀에서 피아노 연주를 하게 되지는 않을 것이다. 하지만 조엘이 피아노를 치는 이유는 그게 아니다. 이에 그는 그저 어려운 곡을 완곡했을 때의 만족감 때문에 피아노 치는 게 좋다고 말할 뿐이다. 이와 같이 결과뿐 아니라 노력을 통해 얻는 만족감도 좋은 능력의 핵심이다.

일리노이주 서부에 사는 농부 줄리 체노웨스 터스트리엡은 스스로의 능력으로 일자리를 얻지는 못할 것이다. 그러나 줄리는 다음과 같이 말한다.

"전 공동묘지에 있는 군인의 묘비를 청소해요. 그러면서 고인과 그분의 가족사에 대해 더 많은 정보를 알아보려고 하죠. 그것이 제가 그분들께 조국을 위한 희생과 헌신에 감사를 표하는 저만의 방식입니다."

고인의 가족들은 아마 줄리의 노력을 모를 수도 있다. 이는 사망한 참전용사들도 모른다. 그러나 본인만큼은 알고 있지 않은가. 그것만으로도 충분하다.

즐거움만을 위해 능력을 발휘할 때의 가장 큰 장점은 끝이 없다는 것이다. 이는 곧 장기적인 연료의 특징으로, 달성해야 하는 새로운 단계가 항상 나타난다. 따라서 능력이라는 연료에 정해진 목적지는 없다.

능력이라는
연료에
정해진 목적지는
없다.

보험사 부사장인 애슐리 발랜드의 발언은 이를 완벽하게 설명한다.

"저는 현재 MBA 과정을 밟고 있어요. 그 과정을 마칠 계획이지만, 앞으로도 계속 새로운 지식을 찾고 응용해 나갈 겁니다. 물론 제 이름을 빛내줄 타이틀을 바라보고 하겠다는 건 아니에요. 저는 그냥 배우는 것 자체가 너무나 좋아요."

자신을 위한 능력에 전념하면 실질적인 성과를 얻을 수 있다. 알렉스는 닭을 키우면서 자녀들에게 책임감을 가르친다. 크리스는 언젠가 직접 짠 수예품을 판매할 것이고, 애슐리는 MBA 학위를 취득할 것이다.

지금까지의 사례에서 제시된 사람들의 성과는 모두 행동의 원인이 아닌 결과이다. 이러한 사실은 성과를 이루는 것이 좋은 일이더라도, 우리를 움직이는 근본적인 이유가 아니라는 점을 일러준다.

지금까지 제시한 능력의 사례를 기업 환경에서는 흔히 '몰입'이라고 부른다. 직원들이 일에 확신을 지니고 있다면 적은 급여, 긴 통근 시간, 낮은 직위에도 회사에 머물 것이다. 또한 각자 선호하는 일에 대한 능력을 발휘하고, 더 나아가 그 일이 세상에 미치는 실질적인 영향을 실감한다면 그 사람들은 수십 년 동안 그 직장에 남을 것이다.

반면 그렇지 못한 사람들은 일을 금방 지루해하고, 자신의 것이 아니라 생각하게 되면서 그 일을 싫어하게 될 것이다. 그렇다면 그 사람들은 현재 급여보다 단돈 1달러를 더 받는 조건을 내거는 타사 스카우트 제안에도 금방 넘어갈 것이다.

한편 사람들은 '능력'이라는 연료를 흔히 그 대상이 취미나 자연스럽게 즐기며 하는 일이라고 오해하기도 한다. 물론 앞의 두 가지 모두 활용 대상에 해당될 수도 있겠다. 그러나 능력이 지닌 진정한 힘은 수행 중인 모든 일을 당신의 능력으로 치환했을 때 발휘된다.

미하이 칙센트미하이 교수의 저서 《몰입의 즐거움(Finding Flow)》에서는 시청각 장비 공장의 조립 라인에서 근무하는 리코의 이야기를 들려준다. 리코의 업무는 하루에 400번씩 영화 촬영 기기의 품질을 검사하는 일이었다. 이에 칙센트미하이 교수는 "리코의 일은 누구나 그렇듯 지루하다. 그러나 그는 거장답게 절도 있고 우아한 태도로 그 일을 수행하도록 스스로를 훈련시켰다."[*]

회사에서는 장비 검사에 한 대당 43초를 허용했지만, 리코는 그 일을 게임으로 바꾸었다. 리코는 수년간 다양한 도구와 동작을 활용하여 장비 검사 과정을 연마했다. 그렇게 그는 카메라 한 대를 28초 안에 검사할 수 있게 되었다.

---

[*] Mihaly Csikszentmihalyi, Finding Flow: The Psychology of Engagement with Everyday Life (New York: Basic Books, 1997), 105.

그러나 리코는 실질적인 보상을 받은 적은 없었다. 또한 조립 라인은 언제나와 같이 동일한 속도로 움직였다. 아마 리코의 동료들은 그를 이상한 사람이라 여겼을 것이다. 그러나 리코는 이에 신경 쓰지 않았다. "이 일이 무엇보다 즐거워요. TV 보는 것보다 훨씬 낫습니다."라고 말하면서 말이다.[*]

리코는 자신의 업무를 특별한 능력으로 바꾸었다. 그는 단순히 조립 라인이 아닌, 스스로의 잠재력 지대에서 몇 년의 시간을 보냈다. 그러나 리코는 현 직장에서 스스로의 한계가 다가오고 있음을 실감했다. 따라서 그는 전자공학 분야에서 새로운 선택의 기회를 열어줄 학위를 위하여 야간 강좌를 수강하고 있었다.[**]

리코가 위와 같은 방식으로 업무에 접근한 이유는 말로리가 에베레스트에 오른 것과 같다. 바로 리코의 일이 그곳에 있었기 때문이다.

당신은 리코처럼 공장에서 일하는 사람이 아닐 수도 있다. 하지만 좋아하는 일을 잘하고 싶거나 해야 할 일을 즐기고 싶다면 방법은 하나다. 그 일을 당신만의 능력으로 만들면 된다.

일을 능력으로 치환하려 한다면 스스로에게 다음과 같은 질문을 던져보자.

- 이 일을 더 잘할 수는 없을까?
- 이 일을 더 빨리 할 수는 없을까?

---

[*]   Csikszentmihalyi, Finding Flow, 105.

[**]   Csikszentmihalyi, Finding Flow, 105–6.

- 이 일을 더 즐겁게 할 수는 없을까?
- 이 일의 절차를 간소화할 수는 없을까?
- 이 일에서 시행착오를 겪더라도 새로움을 찾을 수는 없을까?
- 이 일에서 나의 성과를 평가하고 관리할 수는 없을까?

위에서 제시한 것보다 더 많은 질문을 던진다면 단기적인 행동을 장기적인 능력으로 전환하면서 더 많은 답을 찾을 수 있을 것이다.

능력을 빼앗길 때

이 책을 쓰는 동안 텍사스주 댈러스에 있는 소규모 리더 팀에게 능력을 연료로 활용하는 방법에 대해 얘기했다. 현장에서 사람들의 반응을 보고 있으면 나의 강연 내용이 효과가 있는지 바로 알 수 있다.

프레젠테이션 중에 정중하게 고개를 끄덕인다면 별로 효과가 없다는 얘기이다. 이와 별개로 더 나쁜 건 휴대폰만 들여다보는 것이다. 반면 노트북을 챙길 때까지 기다렸다가 차까지 따라가면서 질문을 계속한다면 괜찮은 아이디어였다는 뜻이다. 그날 오후에 한 임원이 그러했다.

그 임원은 정말 의미 있는 강연이었다는 말로 운을 뗐다. 그리고 그는 직장에서 '능력을 빼앗겨' 절망적인 심경임을 털어놓았다. 나는 능력을 잃는다는 생각은 한 번도 해본 적이 없었기에 그 임원에게 자세한 설명을 요청했다.

좋아하는 일을

잘하고 싶거나

해야 할 일을

즐기고 싶다면,

그 일을

당신만의 능력으로

바꾸어라.

"회사에서 승진을 했습니다. 승진은 물론 좋은 일이지만, 직책까지 바뀌는 바람에 직장에서 제가 가장 좋아하는 일을 더 이상 할 수 없게 됐어요."

위의 하소연과 같이 나도 지금까지 거쳐왔던 모든 직장에서도 그러한 상황을 목격한 적이 있었다. 그렇기에 그 임원의 고민이 이해가 되었다.

애틀랜타에서 뛰어난 그래픽 디자이너와 함께 일한 적이 있었다. 그 디자이너는 형태와 기능이 완벽하게 조화된 멋진 웹사이트를 만들었다. 그녀는 피카소가 물감을 좋아했던 것처럼 픽셀을 좋아했다. 그녀는 매일 힘든 일이 계속되었음에도 일을 즐겼다. 그리고 커다란 헤드폰을 쓰고 포토샵(Photoshop)과 일러스트레이터(Illustrator)로 여러 시간을 작업에 몰두했다. 그게 그녀의 능력이었다.

디자인 실력이 워낙 뛰어났던 그녀는 크리에이티브 디렉터로 승진했다. 이후 그녀는 더 이상 디자인 실무를 맡지 않고 디자이너들을 관리하게 되었다. 스스로의 실력과 능력을 발휘한 대가로 더는 좋아하는 일을 할 수 없게 된 것이다. 이는 결국 고위 경영진이 그녀에게 앞으로 좋아하는 일을 할 수 없게 될 테니 그냥 남들이 대신하는 걸 지켜보기나 하라고 말하는 격이다. 이와 같이 승진은 그녀에게 좌절감을 선사했다.

미식축구 선수인 토니 로모의 경우, 선수 경력이 한창이던 때에 해설자로 전직하지 않았다. 만약 그러했다면 로모도 내 친구처럼 괴로워했을 것이다. 애틀랜타에서 만난 그래픽 디자이너의 경우에도 디자인 경력을 스스로 끝내지 않았다. 억지로 빼앗긴 것이다.

그러나 그녀는 사소한 일에도 간섭하는 최악의 마이크로매니저였다.

직접 디자인에 참여하던 시절에 대한 그리움 때문에 부하 직원이 제작한 작업물을 모조리 다시 디자인하곤 했다. 이를 알고 있는 동료들은 그녀에게 작업물을 보여주기를 꺼렸다.

물론 큰 회사가 아니더라도 위와 같은 문제가 발생할 수 있다. 내가 운영하는 작은 회사에서도 매일 그 문제와 씨름하는 중이기 때문이다.

나는 10년 동안 사업을 하면서 글쓰기가 재능이 되었다. 그리고 내가 궁리한 아이디어를 연설, 책, 팟캐스트, 소셜 미디어 등으로 사람들과 공유하는 것을 정말 좋아한다. 그러나 이 일은 나의 사업에 걸림돌이 되기도 한다.

물론 그럴 의도는 없었지만, 나는 다른 사업주와 대화를 나누다가 우리 회사 직원의 수를 물을 때 무척이나 당황스럽다. 마음속으로는 직원이 100명이나 되며, 회사는 내슈빌의 멋진 지역에 세운 근사한 건물에 차렸다고 말하고 싶었다. 그리고 크리스마스에 사무실에서 대규모 파티를 열어 전 직원에게 TV를 선물하고, 직원들은 내가 고용한 순록과 함께 사진을 찍는다고 자랑하고 싶었다.

물론 회사 규모를 늘리고 인력을 추가로 채용할 필요는 있다고 생각한다. 그러나 그러려고 할 때마다 나의 능력을 활용할 시간이 사라진다. 회의, 인맥, 프로젝트의 압박으로 글을 쓸 시간도 없다. 3개월쯤 지나니 스스로에게 좌절감에 시달리는 이유를 묻기 시작한다. 그렇게 나의 커리어 게임과 관련하여 내가 가장 좋아하는 일을 그만두었다는 사실을 깨달았다.

나에게는 사업을 확장하는 능력이 뛰어난 친구가 있다. 언젠가 라스베이거스에 있는 친구의 사무실을 둘러볼 기회가 있었다. 그에게는 제품 및 서비스를 생산하는 회사가 넷이나 있었다. 그만큼 친구는 직원 고용과 관리 업무를 좋아한다. 그런데 책 쓰기는 싫어한다. 만약 그가 가만히 앉아 매일 몇 시간씩 글을 쓰게 된다면, 참담한 심경에 빠져 있을 것이다. 물론 나는 정반대다.

능력이 당신을 움직이는 원동력임에도 스스로의 삶과 동떨어져 간다고 느낀다면, 당신에게 가장 중요한 일을 중단한 건 아닌지 확인해 보자. 여기에서 가장 중요한 것은 '당신에게'이니까 말이다.

그리고 당신의 능력이 스스로의 일과 잘 어울리는지, 그리고 그 일에 적절한 시간을 투자하고 있는지도 검토하자. 물론 그렇지 않더라도 우리는 아직 문제를 빠르게 해결할 수 있으니 걱정할 필요는 없다. 바로 9장을 다시 읽고 처음 15분을 되찾아오면 되기 때문이다.

12장. 잘하고 싶은 일을 재능으로 만들어라

13장

관계 속에서 새로운 가능성을 열어라

나는 되도록이면 토요일 오전 6시 50분부터 달리기를 하지 않으려 한다. 고된 평일이 지나고 겨우 늦잠을 잘 수 있는 주말 첫날부터 8km를 달린다는 건 썩 유쾌한 일은 아니니까. 봄에는 비가 많이 내리고, 여름은 너무 더우며, 가을부터는 날이 어두워지는 데다 겨울은 정말 춥지 않은가.

그렇게 토요일 아침부터 나는 달리기를 하지 않을 핑곗거리를 만들어내지만, 그래도 결국에는 일어난다. 이와 같이 내 동기부여의 원동력은 투지나 규율, 의지력 같은 것들이 아니다. 이 세 친구는 이미 날 끊임없이 실망시켰다. 나를 밖으로 끌어낸 건 달리기 모임이었다.

오전 6시 50분에는 롭 센텔이 우리 집 앞에 와 있을 것이다. 그리고 10분 뒤에는 롭과 함께 케빈 퀸을 데리러 간다. 7시 5분에는 YMCA 주차장에서 저스틴 존슨과 합류하여 강변 산책로를 따라 달린다. 그리고 8시 35분이 되면 그토록 하기 싫었던 달리기가 끝났음에 매우 기뻐하며 쿨에이드 맨*이라도 된 듯 우리 집 현관문을 부술 기세로 뛰어 들어갈 것이다.

안락 지대와 혼잡 지대가 우리의 주의를 분산시키려 할 때, '공동체'는 우리를 잠재력 지대에 붙드는 연료이다. 그리고 지금 나의 삶에는 그 어느 때보다 많은 공동체가 존재한다.

나는 격주 수요일마다 중요한 목표 달성을 도와주는 친구 윌리엄을 만난다. 아내와 나는 수요일 밤마다 자녀가 있는 우리 또래의 부부 세 쌍과 함께 저녁 식사를 한다. 그리고 격주 금요일에는 나와 연령대가 비슷한 동네 아버지 모임에 나간다. 그리고 토요일 아침에는 '징코 이글스(Ginkgo Eagles)'라는 달리기 모임에 참여한다. 모임 티셔츠도 만들었는데 아주 멋지다.

> 안락 지대와
> 혼잡 지대가
> 우리의 주의를
> 분산시키려 할 때,
> '공동체'는 우리를
> 잠재력 지대에 붙든다.

---

* 미국의 식품기업 크래프트사(Kraft Inc.)에서 생산하는 분말주스 제품 쿨에이드(Kool-Aid)의 마스코트 캐릭터로, 광고에서 벽을 부수며 등장한다는 특징이 있다.

13장. 관계 속에서 새로운 가능성을 열어라

또 우리 부부는 동네에서 10년 동안 알고 지낸 부부 여덟 쌍으로 구성된 모임을 한 달에 두 번씩 참석한다. 그리고 일주일에 한 번은 친한 친구인 네이트나 벤과 함께 산책을 간다. 그 외에는 일주일 내내 우리 회사의 팀원과 고객, 잠재 고객과 회의를 하며, 6주에 한 번씩 성과 코치도 만난다.

물론 나의 삶이 언제나 그렇지는 않았다. 사업을 시작한 첫해에는 대학 시절처럼 고립된 생활을 했다. 집안에 마련한 사무실에 틀어박혀 지내면서 세탁소 주인과 나눈 30초 동안의 대화를 의미 있는 상호작용으로 여겼다. 심지어 문자 메시지에 답장조차 보내지 않았다. 이럴 때는 다음과 같은 말을 압축적으로 전달할 수 있는 이모티콘이 있었으면 좋겠다.

"보내주신 문자 메시지를 확인하였습니다. 그러나 완벽하게 응답하는 방법을 몰라서 어떻게 말씀을 드려야 할지 가다듬느라 3주나 지나버렸네요. 휴대폰 속에 코끼리 무덤만큼 쌓인 메시지 속에서 당신의 이름을 볼 때마다 강한 부끄러움을 느낍니다."

나는 이상과 같이 1년 동안 경험한 고립을 삶의 전략으로 테스트해 본 적도 있다. 이제 당신이 이미 알아차렸을 사실을 말하려고 한다. 당연히 그 방법은 효과가 없다. 이미 알고 있겠지만 한 번만 더 말하자면, 나는 남들보다 여러모로 깨달음이 늦은 사람이다. 이는 공동체의 가치에서도 마찬가지이다.

어느 날 오후, 테네시주 채터누가에서 운전하다가 생각에 빠진 채 시간을 보낸 적이 있다. 그 도시의 고속도로는 사람을 싫어한 나머지 교통 체증을 좋아하게 된 사람이 설계했다는 말이 있지만, 어쨌든 생각에 잠기기에 좋은 곳이다. 채터누가를 통과하는 주요 도로는 험난한 산길을 깎아서 만들었는데, 거의 90도로 회전하는 지점도 있다. 그러한 이유로 나는 평생 차를 타고 채터누가를 빠르게 통과해 본 적이 없다.

운전석에서 다른 차에 탄 사람들을 둘러보며, 고속도로를 따라 차를 운전하는 데에는 한 사람만 있으면 된다는 걸 깨달았다. 이 일에는 팀이 필요하지 않다. 운전자 한 명이 시속 100km로 혼다 시빅(Honda Civic)을 몰고 고속도로를 통과할 수 있다.

하지만 두바이 경주에 출전해서 포뮬러 1을 시속 360km로 운전하거나, 1,220만 달러짜리 자동차를 타고 모나코의 해변에서 시속 300km로 코너를 돌려면 최대 1,200명이 필요하다. 그 인원이 모두 조종석에 앉는 건 아니지만, 포뮬러 1 경주에서 자동차가 최상의 상태로 트랙을 도는 데 얼마나 많은 사람이 필요한지 알게 된다면 놀랄 것이다.

나는 내슈빌에 있는 집에 도착할 때쯤 결정을 내렸다. 나는 혼다 시빅보다 포뮬러 1 자동차가 되어 이전보다 더 멀리, 더 빨리 가고 싶었다. 중간 목표를 조금 달성하고 나면 늘 그러한 기분이 든다. 가능성을 맛보고 나면 안락 지대나 혼잡 지대로 돌아가지 않으려 한다. 그러나 잠재력 지대에 계속 머물려면 포뮬러 1과 같이 많은 사람이 필요할 것이다.

13장. 관계 속에서 새로운 가능성을 열어라

범주화는 복잡한 아이디어를 단순화하는 데 도움을 준다. 따라서 나에게 동기를 부여하는 관계를 다음과 같은 다섯 가지로 분류하기로 했다.

① 가족
② 고객
③ 동료
④ 멘토
⑤ 동반자

위의 요소는 다음과 같이 정의할 수 있다.

» 가족: 직계가족과 확대가족

가족은 가장 쉽게 정의할 수 있다. 가족은 직계가족과 확대가족으로 구성된다. 주지하다시피 직계가족은 배우자와 자녀로 구성된다. 한편 확대가족은 어머니, 아버지, 형제자매, 사촌, 조부모 등이 포함된다.

» 고객: 우리가 할 일의 대상자

꼭 사업체를 운영하는 입장이어야 고객이 생기는 것은 아니다. 푸드뱅크에서 자원봉사를 하거나 보험 판매 영업을 해도 고객이 생긴다. 이웃 사람이 다른 이웃과의 갈등을 해결하는 데 당신에게 조언을 구한다면 그 또한 고객이다. 교사라면 평일에 25명의 단기 고객을 항상 상대할 것이다. 마찬가지로 팟캐스트를 운영하거나 책을 써도 고객이 생긴다. 당신의 노력이 누군가에게 도움이 된다면 그 사람이 바로 고객이다.

» 동료: 최소 하나 이상의 게임을 함께 하는 사람들

동료는 '커리어', '재테크', '인간관계', '건강', '즐거움'의 다섯 가지 게임 중 하나 이상을 함께 하는 사람이다. 그 사람과 당신은 같은 직업에 종사하거나 인간관계의 발전 과정에서 비슷한 단계에 있을지도 모른다. 아니면 모두 슬하에 어린 자녀가 있거나 같은 대학팀을 응원하는 등 재미있는 취미를 공유할 수도 있다. 물론 여러 가지 게임을 함께 할 수 있다. 다만 동료라면 최소 하나 이상의 연결고리는 항상 존재한다.

나이가 들수록 공통점을 찾을 수 없는 사람들과 함께 보내려는 시간은 점차 줄어들 것이다. 서로 친한 두 쌍의 부부가 서로의 배우자를 진심으로 사랑하는 일은 정말이지 기적 같은 일이다. 배우자의 친한 친구가 썩 내키지 않는 사람과 결혼했음에도 배우자를 위해 억지로 참고 만나야 하는 어색한 시나리오가 항상 존재하기 때문이다.

정말 놀라운 순간은 배우자뿐 아니라 아이들도 잘 지내는 경우이다. 당신과 친한 부부가 아이를 제대로 양육하지 못하고 있다고 가정해 보자. 그때 당신의 자녀가 그 아이와 어울릴 때마다 영향을 받는다면 당신은 실망을 금치 못할 것이다.

마지막으로 당신은 이 범주를 '친구'라 명명할 수 있다. 그러나 나는 개인적으로 '동료'라는 단어를 선호한다.

» 멘토: 나이나 경험이 나보다 10년 이상 앞서는 현명한 사람

멘토는 간단히 말하면 당신보다 나은 사람이다. 당신이 결혼생활 10년 차라면, 멘토는 대략 20년은 되었을 것이다. 또는 특정 업계에서 일을 막 시작한 당신과 다르게 멘토는 30년 동안을 일한 사람일 수 있다. 아니면 나이는 당신보다 어려도 기술적인 경험은 그 이상일 수 있다. 나의 유튜브 채널을 도와주는 크리스 짐머만은 나보다 12살이 어리지만 10년 전부터 유튜브 채널을 운영해 왔기 때문에 내게는 코치나 다름없다.

멘토는 당신의 삶에서 희망하는 성취를 이룬 사람이어야 한다. 따라서 여기에서는 '현명'이라는 표현이 중요하다. 그리고 그러한 사람들을 보며 본받아야겠다는 생각이 들어야 한다. 멘토들이 이뤄낸 결실은 눈에 잘 띄기에 알아보기가 그리 어렵지는 않다. 그들이 내린 결정은 현실적인 평화, 인내, 탁월함이 담겨 있을 것이다. 그러나 이와는 다르게 혼란과 조급함, 무능함이 배어든 경우도 있어서 멘토를 선택하는 데에는 신중해야 한다.

» 동반자: 당신의 최악의 모습을 알면서도 여전히 당신을 최고라 여기는 사람

동반자는 가장 작은 그룹이다. 나를 비롯해 대부분의 사람들에게 이 범주에 속하는 사람은 소수에 불과하다. 그 사람들은 당신의 모든 일을 다 알고 있으면서도 여전히 당신을 멋쟁이라 추켜세운다. 그리고 그들은 당신이 놀랄 일이나 최악의 상황을 겪게 될 때 가장 먼저 찾는 사람일 것이다. 젊은이들의 표현으로 래퍼들의 가사 속에 나오는 '끝까지 함께 갈 친구(ride or die)', 즉 '찐친'이라고 할 수 있겠다.

이상이 공동체의 다섯 가지 범주이다.
이 설명을 읽는 동안 즉시 떠오르는 사람이 있는가?
그렇다면 누구의 이름이 머릿속에 가장 먼저 떠오르는가?

위의 질문에 답할 수 있다면 당신은 스스로의 공동체를 파악하는 데 남들보다 유리한 선상에서 출발할 수 있다. 공동체를 동기부여의 연료로 삼는다면 전략적으로 접근해야 한다. 혹시 당신은 위의 각 범주에 속하는 사람들 3~5명의 이름을 바로 떠올릴 수 있는가?

'가족'은 쉬울 것이다. 나에게는 아내 제니, 딸 L.E.와 맥레이, 형제자매들, 부모님, 처가 식구들이 있다. 고객 또한 마찬가지로 쉽다. 일단 당신이 최근에 도움을 준 5명의 사람들을 목록에 적어보자.

'동료'는 처음에 조금 어려울 수도 있다. 그러나 생각하다 보면 의외로 쉽게 떠오를 것이다. 예전에 나는 한 멘토에게 동료가 많지 않다고 말한 적이 있었다. 그러나 멘토는 내가 한 해 동안 언급한 사람들의 이름을 계속 늘어놓기 시작했다. 이에 나는 대화를 마치고 집에 돌아와서 15분 정도 공책을 펴놓고 생각나는 사람 18명의 이름을 적었다. 이때 휴대폰의 연락처 목록을 살펴보는 것이 큰 도움이 되었다.

'멘토'의 경우 당신이 놓일 미래의 상황에 대해 조금이라도 고려할 필요가 있다. 따라서 이 범주에는 지금 함께하고 있는 코치에만 국한할 필요는 없다. 그 외에도 오랫동안 만나고 싶은 코치가 있다면 몇 명 적어보자.

13장. 관계 속에서 새로운 가능성을 열어라

나는 요즘 한 달에 한 번씩 캐리 니우호프(Carey Nieuwhof)와 30분 정도 전화통화를 한다. 니우호프는 결혼, 나이, 팟캐스팅 경력 등에서 나보다 10년은 앞선 분이다. 그래서 여러 가지로 배울 게 많은 사람이다.

한편 나의 저서 《생각도 생각이 필요해》에서 언급한 데이비드 토마스(David Thomas)는 더 많은 시간을 함께 보내고 싶은 멘토다. 지금까지 데이비드와는 함께 커피 한 잔 마신 게 전부이지만, 당시의 만남은 나에게 큰 영향을 미쳤다. 물론 데이비드의 일정이 너무 바쁜 탓에 나는 그와 오랫동안 함께할 수 있을지는 잘 모르겠다. 그럼에도 그의 이름을 내 목록에 추가하고 싶다.

마지막 범주인 '동반자'는 어떻게 보면 가장 쉽게 찾을 수 있지만, 제대로 구축하기는 가장 어렵다. 전자의 이유는 당신이 당황스러운 일이나 최악의 사태를 맞이했을 때, 연락할 사람을 확실히 알고 있기 때문이다. 그러나 그 범주에 포함할 만한 사람으로 만들기 위해서는 많은 노력이 필요하기에 가장 어렵기도 하다.

또한 한 사람이라도 여러 범주에 속할 수 있기에 중첩되는 부분이 분명히 있을 것이다. 그러나 그에 연연할 필요는 없다. 예컨대 나의 친구 스티븐 브루스터는 동반자와 동료, 코치에 모두 속한다. 스티븐은 나의 모든 범주에 포함될 수 있지만, 이 작업의 특성상 가장 내밀한 동반자로 분류하였다.

당신의 관계에 꼬리표를 붙이는 것이 다소 극단적이라 느껴질 수 있을 것이다. 나도 이에 동의한다. 하지만 현대사회는 우리에게 고립을 부추기고 있어 극약처방이 필요하다. 이러한 고립은 텔레비전이 3개 이상의 채널을 제공하기 시작한 1960년대부터 시작되었다. 이에 폴 그레이엄

(Paul Graham)은 그러한 현상이 공동체에 큰 변화를 일으켰음을 다음과 같이 지적한다.

"지금은 상상하기 어렵겠지만, 예전만 해도 밤마다 수천만 정도의 가족이 TV 앞에 모여 이웃들과 같은 시간에 같은 프로그램을 시청했다. 요즘으로 따지면 슈퍼볼(Super Bowl) 당일에나 벌어지는 일이 매일 생긴 셈이다. 이는 말 그대로 모두가 동기화된 상태였음을 나타낸다."[*]

편의를 위해 공동체를 희생시키면서 현대인들이 느끼는 고립감은 더욱 커져 갔다. 예를 들면 도어대시(DoorDash)나 우버이츠(Uber Eats) 같은 배달 서비스는 놀라울 정도이다. 그러나 이들 서비스는 식당에서 사람을 직접 마주칠 기회를 박탈한다. 가끔은 드라마 〈치어

> 우리는
> 편의를 위해
> 공동체를
> 희생시켰다.

스(Cheers)〉의 주제가에서 "때로는 모두가 내 이름을 아는 곳으로 가고 싶을 때도 있지(Sometimes you want to go where everybody knows your name)"라는 가사처럼 생각할 때도 있지 않은가.

이 글을 쓰던 날 나는 동네 카페에서 아침을 시작했다. 바리스타는 카페에 들어오자마자 바로 내가 주문할 커피를 만들기 시작했다. 둘러보

---

[*] Paul Graham, "The Refragmentation", paulgraham.com, January 2016, http://paulgraham.com/re.html.

13장. 관계 속에서 새로운 가능성을 열어라

니 한동안 카페에서 본 적이 없었던 바리스타의 아들을 보게 되었다. 이에 나는 바리스타에게 아들의 나이를 물었다.

물론 길고 의미 있는 상호작용은 아니었다. 하지만 나와 바리스타 모두 지구상의 누군가가 나에게 관심을 주었다는 훈훈함 속에 대화를 마무리할 수 있었다. 만약 앱으로 주문했다면 커피를 좀 더 빨리 받을 수 있었을 것이다. 그러나 시스템에는 '금요일 아침마다 똑같은 메뉴를 주문하는 존'이 아니라 주문번호 3455번으로 기록되었을 것이다.

한편 넷플릭스 붐으로 블록버스터(Blockbuster)*가 쇠퇴하면서 영화 마니아인 매장 직원에게 영화를 추천받을 기회도 사라져 버렸다. 또한 코로나19로 출퇴근이 사라졌지만, 그때그때 달라지는 동료와의 점심 식사나 조직의 유대관계를 강하게 만드는 소소한 상호작용마저 앗아갔다. 그리고 마트 배달 서비스는 직접 쇼핑하는 번거로움을 덜어주었다. 그러나 말년이 되어 마트에서 일하는 80세 퇴직자 출신 직원에게 말을 건넬 짧은 시간조차 없어졌다.

실내 자전거인 펠로톤(Peloton)은 시간적, 공간적으로 스피닝 레슨에 참여하는 불편함을 없앴다. 그러나 레슨이 끝나고 우리 집과 비슷한 연령대의 어린아이를 둔 젊은 회원과 함께 스무디를 사 먹는 즐거움 또한 사라졌다.

그런가 하면 줌의 등장은 대면 회의를 비대면 회의로 대체하는 계기가 되었다. 이와 동시에 회의 전후로 10분 동안 함께 소소한 대화를 나누면서 진정한 업무 관계를 구축하던 시간도 없어졌다. 실제로 줌 회의가 끝

---

* 미국의 비디오 대여점 프랜차이즈

난 뒤에는 아무도 잡담을 나누지 않는다. 이에 나는 줌 회의가 끝날 때마다 새우잡이 배에 탄 포레스트 검프(Forrest Gump)처럼 손을 흔들며 인사하지는 않을까 노심초사하곤 했다.

이상의 이야기를 읽다 보면 내가 옛 시절을 굉장히 그리워하는 사람처럼 보이기 시작할 것이다. 그러나 나는 의외로 최신 기술에 호의적이다. 아이폰에서 앱과 콘텐츠 사용시간을 표시하는 스크린 타임(Screen Time) 앱에 따르면 나는 매일 평균 6시간 58분 동안 휴대폰을 사용한다. 이와 같이 나는 기술의 편리함을 만끽하고 있다. 그러나 여기에도 비용이 수반된다는 점 또한 인정해야 한다.

20년 전만 해도 공동체는 살면서 자연스럽게 형성되었다. 그 시절에는 공동체 구축을 위해 큰 노력이 필요하지 않았다. 당시에는 마트에서 이웃을 만나고, 회사 휴게실에서 십여 명의 동료들과 교류했다. 그리고 1년에 몇 번씩 가족과 함께 1시간 정도 식사를 하는 동네 식당의 매니저를 알고 있다. 오전 6시에 시작하는 에어로빅 레슨에서는 매번 마주치는 회원을 만나며, 레슨에 빠지는 사람에게 다른 회원들이 연락을 하기도 한다.

하지만 위와 같이 우연으로 생겨나는 공동체의 시대는 끝났다. 미래는 계획의 시대이다. 다만 우리가 아직 그 사실을 깨닫지 못했을 뿐이다. 저명한 리더십 전문가인 피터 드러커(Peter Drucker)는 2000년에 다음과 같이 미래를 예측했는데, 이 예측은 날이 갈수록 현재의 상황과 더욱 맞아떨어지고 있다.

수백 년 뒤에 우리 시대의 역사를 장기적인 관점에서 기록할 때 역사가들이 주목하게 될 가장 중요한 사건은 기술도, 인터넷도, 전자상거래도 아닐 가능성이 높다. 오히려 인간으로서의 조건이 전례 없는 변화를 겪은 사실에 집중할 것이다. 이는 말 그대로 인류 역사상 처음으로 많은 이들이 선택권을 가지게 되었으며, 그 수가 빠르게 증가하고 있다. 사람들은 처음으로 스스로를 관리해야 하는 상황이 되었다. 그리고 사회는 이에 대한 대비가 전혀 되어 있지 않다.[*]

위와 같이 우리는 기술의 발전으로 고립과 유대 사이의 선택권을 쥐게 되었다. 그러나 과거에는 그와 같은 선택을 했던 적은 없었다.

당신이 고립감이나 단절감을 느낀다면, 또는 스스로의 능력이 한계에 도달했다고 생각하거나 현재 하는 일에 대한 새로운 시야가 필요하다면 색다른 선택을 해보자. 특히 최고의 순간 목록을 통해 관계가 당신에게 중요하다는 사실을 깨달았다면 공동체에 투자해야 한다.

---

[*] Peter F. Drucker, "Managing Knowledge Means Managing Oneself", Leader to Leader no. 16 (Spring 2000), http://rlaexp.com/studio/biz/conceptual_resources/authors/peter_drucker/mkmmo_org.pdf.

우연으로 생겨나는

공동체의

시대는 끝났다.

미래는

계획의 시대이다.

14장

소유 이상의 의미를 부여하라

당신은 최고의 순간 목록을 검토했을 때 사물이 차지하는 비중이 높았는가? 아마 그렇지 않을 것이다. 나는 '사물'이 네 범주 가운데 그 수가 가장 적었으리라 확신한다. 이는 모두에게 해당되는 현상이다.

데니스 코커햄의 전체 목록에 사물은 두 개뿐이었으며, 조이스 에른스트의 경우 해당 범주에 속하는 것이 가장 적었다고 말했다. 조이스의 목록에 담긴 183개 항목 가운데 사물은 33개뿐이었다. 마찬가지로 350개 항목으로 구성된 브룩 T.의 방대한 목록 가운데 사물은 고작 26개였다. 이는 브룩이 꼽은 최고의 순간에서 사물에 집중된 것은 단 7%뿐이라는 말이다.

한편 나의 목록에는 15개의 사물이 포함되어 있다. 이에 나는 의외로 사물에 관심을 두는 사람이 거의 없다는 사실에 놀랐다. 왜냐하면 광고는 항상 그와 반대되는 얘기를 하기 때문이다.

현대 마케팅은 당신이 아직 제대로 된 물건을 소유하지 못했다는 확신을 갖도록 하는 데 기반을 두고 있다. 이에 광고주들은 남들과 구별되며 완벽하고 특별함을 선사하는 상품을 최대한 빨리 손에 넣는 것이 우리의 삶을 움직이는 연료인 양 유혹한다. 그러나 삶에서 최고의 순간을 돌아볼 때 우리는 사물에 거의 관심을 두지 않는다.

삶 속에서 시간과 노력을 들여 갖게 된 물건이라도 우리가 원하는 삶까지 주지는 않는다. 사물이 이 책에서 가장 마지막에 등장하는 범주라서 하는 말이 아니다. 그것이 사실이다. 그렇다고 미니멀리즘을 주장하려는 것은 아니다.

오히려 나는 자동차, 레고(LEGO), 노트북, 책, 등 여러 물건을 애용한다. 이러한 점에서 나는 사물 예찬론자에 가깝다. 다만 사물을 연료로 사용하겠다면 좋은 것과 나쁜 것 사이에 선을 긋는 게 중요하다.

차이는 간단하다. 좋은 사물에는 이야기가 있다. 그러나 나쁜 것은 그저 물건에 지나지 않는다.

좋은 사물에는 언제나 이야기가 담겨 있다. 나의 최고의 순간 목록에도 그냥 좋아서 선택한 것은 하나도 없었다. 그 목록에 포함된 물건 하나하나가 의미가 있고 중요했다. 당신 또한 목록에 추가한 물건을 살펴본다면 나의 말에 수긍할 것이다.

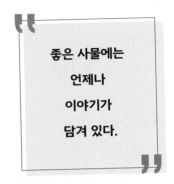

> 좋은 사물에는
> 언제나
> 이야기가
> 담겨 있다.

나와 당신이 함께 커피를 함께 마시고 있다고 생각해 보자. 그 자리에서 내가 당신의 물건을 목록에 넣은 이유를 묻는다면, 당신은 어떠한 대답을 내놓을 것인가? 적어도 다음과 같이 이야기할 것이다.

"이 시계는 아버지께서 주신 거예요. 할아버지께서도 그 시계를 갖고 계셨는데, 제가 열여덟 살이 되니까 제게도 똑같은 시계가 하나 있어야겠다고 생각하셨대요."

"이 지갑은 직장에서 판매 실적을 달성했을 때 스스로에게 줄 선물로 샀어요."

"어릴 때에도 야구 카드가 있었지만, 어른이 되어서도 항상 다시 갖고 싶더라고요. 50대나 되어서 야구 카드에 열광하는 게 바보 같아 보여도 저는 좋아요."

이상으로 내용은 저마다 다르겠지만 당신도 목록 속의 물건에 담긴 이야기를 보여줄 수 있을 것이다. 그리고 그 이야기는 결코 단순하지 않다. 이와 관련하여 우리가 물건에 대해 주로 하는 이야기가 다섯 가지 있다. 이들 이야기는 물건이 우리에게 주는 느낌과 관련이 있다.

① 이야기 1: 어린 시절의 추억을 떠올리는 물건
② 이야기 2: 성취감을 느끼게 하는 물건
③ 이야기 3: 영감을 주는 물건

④ 이야기 4: 쿨함을 안겨주는 물건

⑤ 이야기 5: 유대감을 느끼게 하는 물건

당신은 목록을 검토하면서 위와 같은 기분을 느끼며 웃음짓고 있을 것이다. 하지만 사물을 연료로 사용할 수 있도록 이야기를 세분화해 보자.

이야기 1: 어린 시절의 추억을 떠올리는 물건

내 목록에는 옛 시절을 생각나게 하는 물건이 세 가지 있다.

① 레고 포르쉐 911 GT3 RS 세트

② 벤치메이드 나이프

③ 크레욜라 크레용 64색

위 물건들은 나에게 다시 어린아이가 된 듯한 기분을 느끼게 한다. 이와 같이 어린 시절, 또는 '보내고 싶었던' 과거의 시절을 떠올리게 하는 물건은 모두 이 범주에 속한다.

패니 백과 부메랑을 찾는 사람들이 다시 늘어나고, 〈기묘한 이야기(Stranger Things)〉가 큰 인기를 끌며, 〈탑건: 매버릭(Top Gun: Maverick)〉이 톰 크루즈(Tom Cruise) 최초로 10억 달러의 매출을 달성한 영화가 된 이유는 모두 이용자의 향수를 자극했기 때문이다. 위에 소개된 것들의 공통점은 새로운 세대의 마음을 사로잡으면서도 기성세대의 어린 시절까지 상기시켰다는 것이다. 이는 내 딸이 1980년대 노래를 들으면 〈기묘한 이야기〉에 나온 노래라고 말할 때마다 나는 어린 시절에 나온 노래라고 생각하는 것과 같다.

중간 목표를 달성할 연료로서 당신의 목록에 지난날의 향수를 느끼게 하는 물건이 있는지를 스스로에게 질문해 보자.

이야기 2: 성취감을 느끼게 하는 물건

예전에 스키용품을 산 적이 있다. 개인적으로 스키는 성공했다는 기분을 느끼게 해주기 때문이다. 어린 시절 우리 집은 넉넉하지 못했다. 하지만 가난하지는 않았다. 그렇다고 어린 시절을 지나치게 과장할 생각은 더더욱 없다. 다만 아버지는 목사였고, 어머니는 치위생사였다. 따라서 우리 집에 스키를 타러 가는 것처럼 사치스러운 일에 쓸 수 있는 돈은 없었다.

초등학교 3학년 때 공항에서 한 가족이 서부의 스키 리조트로 향하는 모습을 본 기억이 난다. 형광색 스키 장비를 걸친 그 가족은 모험의 끝에 서 있는 듯해 보였다. 이에 나는 언젠가 스키용품에 돈을 쓸 수 있을 만큼 성공하겠다고 스스로 다짐했다.

시간이 지나고 나는 선앤스키(Sun-n-Ski) 매장에서 스키 장비를 사게 되었다. 내게 장비를 판매한 십 대 계산원에게는 그저 흔한 소매 거래였을 것이다. 그러나 이는 나에게 30년의 시간을 지나 마침내 결승선을 통과한 듯한 기분을 안겨주었다.

'관계'의 범주에서 한 사람이 하나 이상의 범주에 속할 수 있는 다수의 물건 또한 그러하다. 나의 경우 레고 포르쉐 911 GT3 RS 레고 세트는 어린 시절과 성공한 기분을 동시에 느끼게 한다. 그 이유는 당시 400달러의 가격으로 어린 시절에는 감히 살 수 없는 물건이었기 때문이다. 당시에는 그만한 액수의 돈을 본 적도 없고, 그 돈을 장난감에 쓸 수 있다는 생각도 하지 못했다.

하지만 어른이 되어 레고 세트에 그 정도 돈을 쓸 수 있다는 사실에 성공했다는 생각이 들었다. 그래서 사는 김에 스케이트보드도 샀다. 항상 원했던 물건을 살 수 있게 되자 8살의 나와 하이파이브를 하는 듯한 기분이었다.

위의 사연은 당신이 좋아하는 물건을 남에게 말할 때 용기가 필요한 이유이다. 누군가는 돈 낭비라며 레고 세트에 절대로 400달러를 쓰지 않을 거라고 반문할 테니까 말이다. 하지만 그런 말은 무시하자. 최고의 순간 목록은 당신의 것이지 그 사람들을 위한 것이 아니다. 물론 나라면 지갑에 1,000달러를 쓰거나 자동차에 125,000달러를 쓰지는 않을 것이다. 하지만 지갑과 자동차가 당신의 세상을 움직이는 물건이라면 주저 없이 선택하도록 하자.

이야기 3: 영감을 주는 물건

볼 때마다 영감을 받거나 창의력과 희망을 주기 때문에 소유하는 물건도 있다. 그 물건은 집 벽에 걸려 있는 작은 그림일 수 있다. 자전거를 즐겨 타는 사람이라면 아마 자전거가 그러한 역할을 할 것이다. 불필요한 부분 하나 없이 날렵하면서 강렬한 디자인의 자전거를 볼 때마다 더 빨리 가고 싶어질 것이다. 퇴근길에 자전거 거치대 앞을 지나가기만 해도 도파민이 샘솟을 것 같지 않은가?

아니면 이 유형에 속하는 물건은 세상이 얼마나 크고 아름다운지를 일깨우는 방식으로 영감을 주기도 한다. 그런 이유로 사람들은 조개껍데기를 모으기도 한다. 이와 비슷한 사례로 나에게는 도토리를 가득 담아둔 그릇이 있다. 도토리는 나에게 어린 시절의 향수나 성공한 기분을 느끼게 하지는 않지만 영감을 준다. 3장에서 언급한 바와 같이 도토리는 나에게 잠재력을 나타내는 완벽한 사물이기 때문이다.

서점이나 미술용품점, 레저용품점에 가도 영감을 얻을 수 있다. 이들 공간에는 가능성을 대변하는 다양한 물건들이 모여 있다. 서점에는 우리의 인생을 바꿀 수 있는 책이, 미술용품점에는 우리의 손으로 직접 그릴 수 있는 캔버스가 있다. 그리고 레저용품점에는 강에 띄울 카약이 있다.

또한 '사물'은 목표 달성에 대한 보상이라는 점에서 동기부여를 위한 연료가 될 수 있다. 내 친구인 린제이 모레노와 마이클 모레노의 경우 사업에서 중요한 재정적 목표를 달성할 때마다 슈퍼볼 티켓을 구입한다.

또한 이 유형에 속하는 물건은 목표를 달성하는 동안 우리에게 영감을 줌으로써 연료의 기능을 한다. 이는 거금을 들여 산 스탠딩 책상이 논문을 계속 쓰도록 동기를 부여하는 것과 같다. 또한 사물이 주는 영감은 우리가 목표를 이루는 동안 정해진 시기 없이 우리를 찾는다.

이야기 4: 쿨함을 안겨주는 물건

'쿨함'은 성공의 조카뻘 정도이다. 둘은 서로 관련이 있기는 하지만, 완전히 동일하지는 않다.

쿨함은 사람마다 다르게 정의된다. 예컨대 아내 제니는 좋아하는 바지가 있다. 얼마 전에도 아내는 그 바지를 입었는데, 입을 때마다 사람들에게 칭찬을 받는다. 제니가 그 바지를 좋아하는 이유는 바로 그것을 월마트에서 샀기 때문이다.

따라서 제니는 바지를 어디서 샀느냐고 물어보는 사람들을 놀래주는 것을 좋아한다. 1,000달러짜리처럼 보이지만 실은 단돈 10달러를 주고 산 게 아내의 입장에서는 성공이기 때문이다. 그렇기에 아내의 최고의 순간 목록에 들어가 있는 것이다. 이를 두고 "제니 좀 봐. 성공했으니 바지도 월마트에서 사잖아."라고 말하는 사람은 아무도 없을 것이다.

그러나 쿨함에는 개인차가 있다. 나는 비행기에서 공책을 꺼내 아이디어를 적고 있으면 하늘을 나는 중에 멋진 영감을 포착한 작가가 된 듯한 쿨한 기분이 든다. 물론 옆에 앉은 사람은 나를 조금 이상하다고 생각하겠지만 말이다. 차라리 노트북이나 아이패드가 더 실용적이지 않을까하는 사람도 있겠다. 이와 같이 본인이 생각하는 쿨함은 스스로 정의해야 한다.

이야기 5: 유대감을 느끼게 하는 물건

당신이 소유한 물건을 통해 다른 사람과의 유대감을 느낄 수 있다. 그 물건이 기념품일 수도 있겠지만, 꼭 기념품이어야 하는 것은 아니다.

예를 들자면 내 책장에는 할아버지께서 보시던 오래된 성경이 있다. 할아버지가 돌아가셨을 때 아버지께서 나에게 주셨는데, 그 성경을 보면 두 분 모두와 연결되어 있다는 느낌이 든다. 할아버지께서 여백에 적어둔 메모를 읽을 때도 그렇다. 그렇게 사랑하는 이들을 생각나게 하는 물건이 있다.

한편 유대감이 사람이 아닌 공동체 전체에 적용될 수도 있다. 예전에 같이 일했던 사람 중 열렬한 디즈니 팬이 있었다. 당시 나는 애틀랜타에 살았기 때문에 디즈니 월드까지 가는 게 쉽지는 않았다. 그럼에도 그는 가족과 함께 1년에 스무 번씩 디즈니 월드에 갔다. 어느 날 그 사람은 나에게 현재 활동 중인 그린 미키즈(Green Mickeys)라는 게시판에 대해 얘기했다. 그린 미키즈는 바로 디즈니의 열렬한 팬들이 모인 곳이었으며, 그 팬클럽에서는 서로를 알아볼 수 있는 물건을 가지고 있었다.

그린 미키즈의 구성원들은 홈디포에서 미키마우스 귀 모양의 녹색 디즈니 페인트 샘플 카드를 산다. 그다음에 집에 돌아와 녹색 로고 부분을 잘라내 코팅한다. 그리고 디즈니 월드에 갈 때 호텔 문, 유모차, 심지어 모자 뒤쪽에까지 코팅한 카드를 붙여 서로 그린 미키즈 소속임을 확인할 수 있도록 했다. 그 카드는 구성원들끼리 서로 연결되어 있다고 느끼게 하는 예이다.

그 외에 할리 데이비슨(Harley-Davidson) 오토바이, 빅 그린 에그

(Big Green Egg) 그릴도 마찬가지이다. 공동체에 소속된 사람들에게 소속감을 느끼게 하는 물건의 예는 무궁무진하다.

이제 우리 목표가 집에 있는 잡동사니를 정리하는 것이라면, 그 수단으로 지금까지 설명한 5가지 이야기를 이용할 것이다. 아마 곤도 마리에(Marie Kondo)*의 극단적인 버전이 될 것이다. 다만 마리에의 질문인 "이 물건을 보면 마음이 설레는가?" 대신 우리는 그 물건에서 다섯 가지 감정 중 하나를 느낄 수 있느냐고 물을 것이다. 물론 대답이 나오지 않는다면 그 물건을 소유할 필요는 없을 것이다.

이상의 다섯 가지 이야기를 이해한다면 자기인식을 높일 수 있다. 그것이 바로 당신이 소유한 사물에서 오는 진정한 힘이다. 당신이 정말 아끼는 물건이 무엇인지 알게 된다면, 앞으로의 삶을 소중한 물건으로 채워나갈 수 있다. 이것이 바로 최고의 순간 목록의 멋진 점이다. 그 목록은 우리의 과거를 보여주고, 현재를 알려주며, 미래를 준비하도록 한다. 동기를 부여하지 않는 물건을 연료로 사용하려고 하지 말자.

그런데 아마 누군가 다섯 가지 이야기를 읽으며 다음과 같은 생각을 할 수도 있을 것이다.

---

* 세계적으로 '정리의 여왕'이라는 수식어로 유명한 일본인 여성. 2019년 넷플릭스의 '곤도 마리에: 설레지 않으면 버려라(Tidying with MARIE KONDO)'라는 방송 프로그램에 출연하여 진행을 맡은 바 있다.

14장. 소유 이상의 의미를 부여하라

"난 쿨함이나 성공한 기분, 어린 시절의 추억 같은 것에는 관심 없는데… 그냥 유대감만 느낄 순 없을까?"

물론 가능하다. 그렇다면 사야 할 물건의 기준을 유대감으로 결정하여 구입하면 된다. 만일 지프를 샀다면 지프 차주를 마주칠 때마다 손을 흔들어 인사하자. 그 물건이 당신에게 소속감을 불어넣어 줄 것이다.

어쩌면 그와 반대로 어린 시절로 돌아간 듯한 기분을 좋아할 수도 있다. 이는 당신의 가치 체계에서 중요한 비중을 차지한다. 만화책과 스타워즈 기념품 등을 수집하는 일 또한 바로 그러한 이유에서일 것이다. 그러나 이는 오히려 멋진 일이다.

내 친구 숀의 경우 다스 베이더(Darth Vader) 공식 의상에 무려 1,000달러 이상을 썼다. 물론 퍼레이드에서 그 의상을 입으면 어린아이들이 넋을 잃고 쳐다본다. 그 모습을 보면서 그는 다시 어린 시절로 돌아간 듯한 기분을 느낀다. 또한 스타워즈 기념품을 살 돈을 모으기 위해 저축하는 일이 그의 커리어 목표에 대한 동기부여에도 도움이 되었다.

아니면 사물을 통해 영감을 얻는 게 가장 중요한 사람도 있다. 나는 바로 그 이유로 책과 노트에 과소비를 한다. 나에게 책은 새로운 인생을 향해 나아가기 위한 여권과도 같다. 그래서 나는 책에 많은 시간과 돈을 들인다. 이와 같이 당신의 삶에 영감과 관련된 물건이 있다면 중간 목표를 달성하는 게 훨씬 쉬워진다. 그리고 그 좋은 물건을 다른 범주와 연결시킬 수도 있다.

나는 당신의 목록에 있는 물건이 대부분 경험, 성취, 관계와 관련이 있다는 확신이 든다. 스키는 내가 성공했음을 느낄 수 있는 성취의 사례이다. 부콜라 오코로의 냉장고에 부착된 자석은 단순히 종이를 고정시키기 위한 도구가 아니다. 그 자석은 그가 지금까진 다녔던 여행 그 자체로, 경험에 해당한다.

케리 시모닌의 화려한 구두는 '관계'에 대한 이야기가 담겨 있다. 그 구두는 바니스(Barney's) 백화점 세일 때 산 것으로, 친구와의 첫 뉴욕 여행을 상징하는 물건이기에 케리의 구두는 그녀에게 구두 이상의 의미를 지닌다고 말한다.

이상과 같이 사물에는 이야기가 담겨 있다. 그리고 그 이야기 속에 깊이 연결된 물건은 당신에게 훌륭한 동력이 되어준다. 당신이 관심 있는 물건의 유형을 알고 있다면, 최신 기기를 극찬하는 광고에도 흔들리지 않을 것이다. 당신은 이미 잠재력 지대에 머물며 스스로에게 중요한 이야기를 살피느라 여념이 없기 때문이다. 따라서 당신의 집중을 깨려고 주변을 반짝거리며 맴도는 그 어떤 방해요소에도 당신은 눈길조차 주지 않게 될 것이다.

네 가지 연료

나는 아직도 가끔 과부하 상태를 연료로 사용하고 싶다는 충동을 느낀다. 따라서 그 습관을 완전히 버렸다고 한다면 그것은 거짓말일 것이다. 최근에 재무 상담사를 만난 적이 있었는데, 그는 우리가 은퇴 계획을 제대로 세우고 있음을 보여주었다.

나는 그 상담사의 사무실 벽에 걸린 비디오 모니터를 가리키며 다음과 같이 말했다.

"당신이 보여주는 저 차트가 누구의 것인지는 모르겠지만, 오늘 자리를 뜬 이후에도 앞으로 계속 노력할 수 있도록 그 차트가 저와 관련 없는 것으로 생각하겠습니다."

스트레스와 최악의 상황을 동기부여의 원천으로 삼아 성공을 이루었던 나는 격렬하게 싸우지 않는다면 포기조차 없다고 저항한다. 그러나 영향, 능력, 공동체, 이야기라는 건전한 연료에 오랜 시간 의지한다면 신뢰하기 쉬워진다.

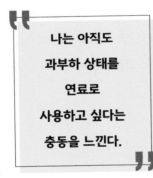

나는 아직도 과부하 상태를 연료로 사용하고 싶다는 충동을 느낀다.

나는 네 가지 가운데 당신에게 동기를 부여하는 가장 핵심이 되는 연료를 알고 있다. 당신의 목록을 내게 보여준다면 지금 바로 답을 말할 수 있다.

영향은 성취이다. 당신이 한 일로 세상이 달라졌다면, 그것이 바로 최고의 성취이다.

능력은 경험이다. 결과에 상관없이 그 일을 경험한 시간이 그 순간을 가치 있게 만든다. 마란다 엥스트롬은 건축 법규를 조사한 뒤 학교, 아파트, 사무실을 위한 자기만의 설계 방안을 제시한다. 마란다는 정규 건축 교육을 받은 적도 없고, 그녀의 설계대로 건물이 지어지는 모습도 보지 못할 테지만, 이에 재미를 느낀다. 마란다는 그 능력을 발휘하기 위해 살아간다.

공동체는 관계이다. 이는 너무나 명백한 사실이기에 설명이 필요 없을 정도이다.

좋은 물건에는 언제나 이야기가 담겨 있다.

오늘과 내일 이틀 동안 당신이 잠재력 지대에 머무는 데 필요한 원동력이 무엇인지 알고 싶다면 성취, 경험, 관계, 사물에 대한 기록을 다시 살펴보자. 나의 목록에는 61가지의 성취, 59가지의 경험, 35가지의 관계, 15가지의 사물이 있다. 이 가운데 나를 움직이는 두 가지 핵심 연료는 영향과 능력이다.

내가 하루 중 가장 좋아하는 때는 3~4시간 동안 혼자서 새로운 아이디어를 적으며 보내는 시간이다. 나에게는 수만 가지 아이디어가 담긴 공책 수십 권이 있다. 나는 한 달 안에 얼마나 많은 아이디어를 떠올릴 수 있는지 살펴보는 것을 좋아한다. 마치 조립 라인에서 일하는 리코가 영화 촬영 카메라를 얼마나 빨리 검사할 수 있는지 확인하고 싶어 했던 것처럼 말이다.

나는 출장을 가면 호텔 방에 틀어박혀 최대한 많은 아이디어를 적는다.(능력) 이는 책, 연설, 강의를 통해 최대한 많은 사람에게 도움이 되기 위해서이다.(영향) 그러나 내 친구 카를로스 휘태커는 나와 정반대다. 그는 어딘가에 방문하면 자기 '인스타 패밀리'와 만날 약속을 잡고 인스타그램에서 낯선 사람들을 최대한 많이 모아 커피숍에서 두서없는 대화를 나눈다.

우리는 각자 다른 방식으로 서로 다른 연료를 사용하고 있지만 결과는 동일하다. 바로 잠재력 지대에서 더 많은 시간을 보내는 것이다. 모든 사람은 각자 고유한 방식으로 네 가지 연료에 접근한다. 그러나 한 가지 연료만 사용하는 사람은 없다. 당신 또한 삶의 어느 순간에 네 가지 연료를 모두 활용하여 성과를 이루어 낼 것이다.

연료를 더욱 계획적으로 사용하며 잠재력 지대에서 더 많은 시간을 보낸다면 재미있는 일이 일어날 것이다. 미래가 당신에게 더 이상 위협적인 존재가 아니게 되며, 비전의 벽은 사라진다.

그동안 우리는 최고의 순간 목록을 통해 과거에서 교훈을 얻었다. 안락 지대에서 벗어나기 위해 쉬운 목표를 몇 가지 달성했고, 중간 목표를 통해 혼잡 지대로의 진입을 피했다. 이제 우리는 1장에서 제기한 질문에 답할 준비가 되었다.

잠재력 지대에서 평생을 머무를 방법은 없을까?

누구나 몇 시간에서 주말, 심지어 한두 달 동안은 잠재력 지대에 머물 수 있다.

그러나 그곳에 집을 지어 살 수는 없을까?
우리가 지닌 모든 재능을 발휘할 방법은 없을까?
그 모든 것과 그 이상을 해낼 수는 없을까?

물론 **'보장 목표'**가 있다면 가능하다.

14장. 소유 이상의 의미를 부여하라

PART
4

THE PROMISE

15장

보장되는 성공을 노력으로 거머쥐어라

나는 커리어가 이어지는 동안 100만 권의 저서를 판매할 것이다. 이 목표를 달성하는 작가는 전체의 1% 미만이지만 나는 꼭 그렇게 될 거라고 장담한다.

앞으로 12개월 안에 지난 10년보다 신체적으로 더 강해질 것이다. 쉰을 바라보는 나이가 되면서 레스토랑 메뉴판을 보는 데에도 아이폰 손전등을 사용하라는 유혹 때문에 날이 갈수록 목표 달성이 어려워져 간다. 그럼에도 나는 성공을 확신한다.

올해 말까지 나는 같은 기간 동안 미국인의 평균 독서량보다 13배 많은 책을 읽을 것이다. 물론 책을 쓰고, 아이들을 키우고, 사업을 운영하면서 책까지 읽는 것은 결코 쉬운 일이 아니다. 하지만 나는 반드시 해낼 수 있다.

4분기가 끝나기 전까지 일주일에 15분씩 한 페이지짜리 문서를 읽듯 시간 투자를 최소화하여 사업 매출을 5만 달러 더 증가시킬 것이다. 물론 종이 한 장 읽는 정도의 시간에 비해 목표금액이 너무 크지만, 아무튼 달성할 수 있으리라 믿는다.

12월 31일에 아내와 아이들은 내가 이상의 모든 목표에 집중했음에도 작년보다 더 좋은 남편이자 아버지가 되었다고 말할 것이다. 물론 거의 불가능한 일들을 나열한 목록이라 생각하겠지만, 나는 그 일들이 모두 실현될 것이라 보장한다.

난 내가 할 수 있는 일에 자만하지 않는다. 타고난 불안감이 남들보다 굉장히 큰 편이기 때문이다. 또한 무작정 말만 하면 다 이루어진다는 말을 믿는 것도 아니다. 노력이 뒤따르지 않는 말은 아무 쓸모도 없으니까 말이다.

지금까지 내가 확신했던 것들은 예측이 아니라 약속이다. 그 약속을 보니 나는 스스로를 과소평가하며 살아왔을지도 모르겠다는 생각이 든다. 그러나 잠재력 지대 내에서 많은 시간을 머무르더라도 무엇을 성취할 수 있는지 완벽히 알아낼 수는 없다.

당신이 나와 비슷하게 토끼의 기질이 있는 사람이며, 막 속도를 내려고 기다리고 있었다면 축하한다. 지금부터 이어질 세 장의 내용은 당신이 가장 마음에 들어 하는 부분이 될 것이다.

노력이

뒤따르지 않는 말은

아무 쓸모도 없다.

보장 목표의 마법 같은 힘

쉬운 목표는 우리를 안락 지대에서 벗어나게 해준다.

중간 목표는 혼잡 지대를 피하는 데 도움이 된다.

보장 목표는 우리를 잠재력 지대에 머물게 한다.

위에서 보이는 한 가지 문제는 보장 목표가 실존한다고 생각하는 사람이 아무도 없다는 것이다. 그렇기에 위의 말은 모두 모순처럼 느껴진다. 미래가 아직 다가오지도 않았는데 어떻게 미래에 벌어질 일을 보장할 수 있느냐는 말이다.

우리가 '보장'과 '목표'라는 단어에서 느끼는 불편함은 새로운 문제는 아니다. 우리는 230년 전부터 이 문제를 다루어 왔다.

벤저민 프랭클린(Benjamin Franklin)의 명언 가운데 "인생에는 죽음과 세금 외에 확실한 것은 없다."라는 말이 있다. 이 말은 프랭클린의 명언이 약간 변형된 것으로, 원래는 프랭클린이 1789년에 프랑스 과학자장 바티스트 르로이(Jean Baptiste Leroy)에게 보낸 편지에서 나온 것이다. 그 편지에서 프랭클린은 "이 세상에 확실하다고 말할 수 있는 것은 아무것도 없다. 죽음과 세금 빼고는…"이라고 썼다. 프랭클린의 말은 사실에 가깝다. 이와 같이 인생에는 확실한 것이 거의 없음에도 소셜 미디어에는 지키지 못할 약속을 파는 사람들로 가득하다.

"일하지 않고도 일주일에 단 20분만 투자하여 일곱 자릿수의 수익을 얻으세요!"

"의사가 발에 좋지 않다고 말한 음식 한 가지만 평생 안 먹으면 40kg을 감량할 수 있습니다!"

"스컹크 낙서를 1,900만 달러에 판매한 22세 억만장자처럼 NFT로 암호화폐 제국을 건설하세요!"

우리는 뭔가를 보장한다고 말하는 사람을 한 번쯤은 의심해 봐야 한다. 적어도 나는 그렇다. 하지만 우리에게는 인생에 죽음과 세금보다 더 많은 게 보장되어 있다고 생각한다.

예를 들어 낙엽 청소기를 들고 나오는 이웃이 누구인지 알아내는 가장 좋은 방법은 팟캐스트 녹음을 시작하는 것이라고 보장한다. 조용히 줌 회의를 해야 하는 시간만 되면 이웃이 어김없이 정원 관리를 시작할 것이다. 겨우겨우 아이를 재우고 나면 홈디포에서 착암기를 빌려 온 남자가 느닷없이 근처에 등장할 것이 분명하다.

그것이 바로 보장이다. 세상은 그러한 일로 가득하다. 그리고 목표가 불확실할 것이라는 일반적인 생각과 달리 '보장 목표'라는 것도 존재한다. 그것은 무엇일까? 바로 노력이 결과를 보장하는 목표를 말한다.

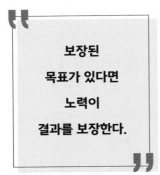

보장된
목표가 있다면
노력이
결과를 보장한다.

노력과 함께라면 패배는 불가능하다.

과정에 집중하면 결과는 항상 따라오게 마련이다.

언제나 시간을 들인 만큼 보상을 받는다.

이것이 보장된 목표의 마법이며, 이는 놀라울 만큼 명백한 이치이다.

단순한 희망사항이 아니라, 앞으로 12개월 안에 지난 10년 동안보다 신체적으로 더 강해지리라는 사실을 어떻게 알 수 있을까? 왜냐하면 올해 크로스핏을 150회 한다면 전보다 몸매가 좋아지지 않을 수 없기 때문이다. 또한 나는 10년 동안 웨이트 트레이닝을 하지 않았지만, 크로스핏과 마찬가지로 웨이트 트레이닝을 한다면 결과는 같을 것이다.

피트니스를 처음 시작할 때에는 위와 같은 목표를 세우지 않았다. 당시의 나에게는 너무나 큰 목표였기 때문이다. 만약 내가 스스로에게 "지난 10년 동안 꾸준히 웨이트 트레이닝을 하지 않았다는 사실을 너도 잘 알 거야. 자, 이제부터 1년 동안 이틀에 한 번씩 웨이트 트레이닝을 하자!"라고 말했다면 내 정체된 자아가 격렬하게 저항했을 것이다.

사실 나는 첫날에 먼저 쉬운 방식으로 목표에 다가가고 싶었다. 어찌 보면 당연한 일이다. 나는 혼잡 지대 그 자체였고, 늙은 토끼라도 새로운 기술을 배울 수 있는 법이니까.

중간 목표를 세울 때에도 크로스핏 150회라는 목표는 고려하지 않았다. 그때에도 준비되지 않은 상태였기 때문이다. 예전이라면 아직 기초도 다지지 못한 채로 혼잡 지대로 냅다 달려가 "이제 3번 운동했으니까 300번 할 준비가 됐어!"라고 말했을 것이다. 3주가 지나면 그 기세는 틀림없이 꺾일 테고, 이에 나는 제풀에 지쳐 크로스핏을 그만두었을 것이다.

그래서 나는 한 달에 12회 운동하겠다는 중간 목표를 세웠다. 중간 목표를 이룬 다음에는 15회로, 그 뒤에는 20회로 횟수를 점점 늘려갔다. 그렇게 3개월쯤 되니 1년에 150번도 할 수 있지 않을까 하는 생각이 들기 시작했지만, 생각이 좀 더 필요했다. 너무 무리하다가는 부상 위험이

커질 수 있다는 케일럽 트레이너의 말이 사실임을 알고 있기 때문이었다. 따라서 보장 목표를 달성할 준비가 될 때까지는 쉬운 목표를 계속 중간 목표로 바꾸어 나가는 작업만 했다.

위의 일화와 관련하여 스스로가 준비된 상태임을 알 수 있는 근거는 있다. 쉬운 목표를 통해 얻은 성취가 곧 중간 목표를 달성할 준비가 되었다는 증거이다. 중간 목표와 보장 목표의 관계 또한 마찬가지이다. 그렇기에 우리는 삶에서 어떠한 일의 수준을 끌어올릴 때가 되었는지 일일이 추측할 필요는 없다. 바로 결과를 통해 명확하게 알 수 있기 때문이다.

쉬운 목표에서 출발한 모든 목표가 보장 목표로 바뀌는 것은 아니다. 하지만 보장 목표는 모두 쉬운 목표에서 시작해야 한다.

> **쉬운 목표에서 출발한 모든 목표가 보장 목표로 바뀌는 것은 아니다. 하지만 보장 목표는 모두 쉬운 목표에서 시작해야 한다.**

예컨대 뉴욕 서부에서 임상 사회복지사로 일하는 케이티 코릭에게는 이전 직장의 퇴직 연금을 현 직장으로 이체하겠다는 쉬운 목표가 있었다. 그러나 그 일을 한동안 미뤄뒀던 이유는 어려워 보여서였으나, 막상 해보니 생각보다 그리 오래 걸리지 않았다고 밝혔다. 실제로 이체 작업에 들인 시간은 한 시간 정도였으며, 절차도 간단했다.

케이티는 위와 같은 작은 재테크 게임에서 승리했지만, 이를 중간 목표나 보장 목표로 전환할 필요는 없다. 그녀는 앞으로 90일 동안 돈을 다른 방식으로 관리하지도, 회계사가 될 정도로 전문적인 지식을 쌓지도 않을 것이니까 말이다. 케이티는 그저 쉬운 목표를 활용하여 스스로를 가두었던 안락 지대에서 빠져나왔을 뿐이다.

목표를 달성하는 과정은 사다리와 같음을 반드시 기억하자. 전체 목표 가운데 10~20% 정도만 다음 단계로 발전한다. 따라서 쉬운 목표를 수백 개 정해보자. 대부분 몇 분 혹은 며칠 정도밖에 걸리지 않고, 돈도 거의 들지 않으며, 절차도 명확하다. 미뤄왔던 이메일에 답장하기, 빨래 정리하기, 세차하기, 6개월 전에 고장 난 전구 교체하기, 비타민제 사기, 1년에 한 번씩 비밀번호 변경하기 등 인생은 쉬운 목표로 가득 차 있다.

그중 10가지 정도의 목표가 상당히 의미 있고 흥미로워서 투자를 조금 더 할 의향이 있다면, 이들 목표를 중간 목표로 바꿔보자. 이제 비타민제를 샀으니, 이를 한 달 동안 매일 복용하는 것이 중간 목표이다. 이와 같이 중간 목표로 전환하면 일주일 동안의 아이디어 집필 기간은 몇 주로 늘어날 것이다. 또한 비즈니스 코치와 나눈 몇 번의 대화가 90일간의 약속으로 바뀔 것이다.

그 10가지 중간 목표 중에서도 몇 가지는 진심으로 노력을 다하고 싶어 할 것이다. 그러한 목표가 보장 목표가 된다. 그러나 중간 목표가 보장 목표로 바뀔 수 있을지는 확언할 수 없다.

보장 목표는 보통 다음과 같은 다섯 가지 요소를 지닌다.

1. 달성 기간이 90일~1년 정도로 길다

빠르게 거둔 승리는 근사하다. 그리고 안락 지대에서 탈출하는 데 도움을 준다. 그러나 잠재력은 시간이 흘러도 우리에게 꾸준한 성과를 요구한다. 또한 우리는 단순히 잠재력 지대를 방문하는 것을 넘어 그곳에 살고자 한다. 이러한 점에서 장기적인 목표는 실제로 우리에게 유리하게 작용한다.

지금 내가 세워둔 보장 목표 중 하나는 올해 800시간을 들여 새로운 아이디어를 만드는 것이다. 나는 해마다 새로운 책을 쓰고 싶지만, 그 일에 대략 500~600시간이 필요함을 잘 알고 있다. 따라서 보장 목표에 집중한다면 연말에는 반드시 새 책이 완성될 것이다. 하지만 이 목표를 달성하기 위해 서두를 수는 없다. 어느 주에는 그 일에 8시간 정도밖에 쓰지 못하기 때문이다. 하지만 꾸준하게 조금씩 해나간다면 결과는 보장되어 있다.

다음은 장기 목표의 몇 가지 예이다.

» 회사에서 새로운 제품을 출시하는 경우

내가 보스(Bose)에서 일할 때, 새로운 스피커 시스템을 시장에 출시하는 데 약 12~18개월이 걸렸다. 이는 보장 목표로 쉽게 인정받을 수 있다. 그러나 판매량과 회사의 외부 공급망 문제를 보장할 수는 없다. 하지만 고도로 정비된 시스템으로 신제품을 출시하는 데 12~18개월을 투자한다면, 새로운 스피커를 내놓을 수 있다는 확신이 있었다. 수십 년간 달성해 온 쉬운 목표와 중간 목표가 바로 목표를 이뤄낼 수 있다는 증거였기 때문이다. 이와 같이 기업에서는 긴 기간에 걸쳐 달성해야 하는 목표가 많다.

어느 소프트웨어 회사의 마케팅 담당 부사장은 회사에 처음 채용되었을 때 CEO가 6개월 동안 마케팅 업무에 손도 못 대게 했다고 한다. 여기에서 CEO의 의도는 먼저 팀을 알아가는 것이었다. 그러나 달릴 준비가 된 토끼 같은 성향의 부사장은 처음 몇 달 동안은 힘들어했지만, 결국 CEO의 의도를 깨달았다고 말했다. 그렇게 6개월 동안 팀과 회사, 기업 문화를 이해한 덕에 그 과정이 끝날 때쯤에는 더 훌륭한 부사장이 되어 있었다. 이는 보장 목표이다.

» 마라톤 훈련

마라톤을 준비하는 데에는 16~20주가 걸린다. 이와 같이 피트니스 목표는 대부분 장기간에 걸쳐 진행된다. 체중 감량이나 근육량 증가에는 시간이 걸린다. 자전거나 로잉 머신에 적응하는 일 또한 마찬가지이다. 그만큼 중요한 목표를 달성하기 위해서는 항상 상당한 시간이 걸린다.

그리고 보장 목표가 제공하는 유연성도 필요하다. 예컨대 마라톤 훈련을 하다가 부상을 당했다고 생각해 보자. 이 상황에서 포기하기보다는 계획을 일시적으로 중지하고 부상을 회복한 뒤, 다른 경기에 참가하는 것이 낫다. 이는 일반적인 목표와 보장 목표의 차이를 보여주는 사례이다.

일반 목표는 특정 기한까지 목표를 달성하는 것을 전제로 한다.

그러나 앞날은 누구도 알 수가 없다. 무릎 부상으로 3개월간 운동을 하지 못할 수도 있다.

반면 보장 목표는 마라톤 훈련과 같이 기한을 정하지 않고 오랜 시간을 두어 목표를 달성하는 방식이다. 그러면 부상을 입어도 목표를 놓치지 않는다. 그냥 다시 달릴 수 있을 때까지 일정을 몇 주 미루면 된다. 한 번의 완주를 위해 마라톤 경기만 세 개에 등록해야 할 수도 있을 것이다. 하지만 완주에 성공한다면 잠재력 지대에 사는 슈퍼스타가 된 듯한 기분을 느낄 수 있으리라 장담한다.

» 텃밭 가꾸는 방법 배우기

'아스파라거스 5kg 수확하기' 같은 목표는 좋은 보장 목표가 아니다. 이러한 목표를 세우는 사람들은 토양, 날씨, 유해조수를 모두 관리할 수 있다고 믿는 사람일 것이다. 그러나 당연하게도 대다수 농부들은 그 믿음에 코웃음을 칠 것이다.

그와는 달리 '텃밭 가꾸는 방법 배우기'는 훌륭한 목표이다. 노력만 충분하다면 120일이라는 아스파라거스의 느린 성장 주기 동안 아스파라거스라는 작물에 대해 배울 수 있을 것이다.

» 하와이 가족 여행을 위한 저축

하와이는 열려 있다. 당신이나 나 같은 사람들도 언제든 갈 수 있다. 다만 여행에 필요한 돈만 충분히 있다면 말이다. 내 친구는 여섯 식구와 함께 하와이 여행 경비를 모으는 데 10년이 걸렸다. 하지만 코로나19로 일정이 취소되면서 다시 1년을 더 기다린 뒤에야 하와이에 갈 수 있었다. 11년 동안 목표를 위해 노력할 수 있다면 당신 앞을 가로막는 것은 아무것도 없다. 모든 항공사에서 앞으로 하와이 취항 계획이 없다고 통보해도 내 친구는 바다를 헤엄쳐서라도 하와이에 갔을 것이다.

목표 달성 기간을 길게 설정하면 잠재력 지대에 있는 동안 시간에 대한 불안을 해소하고 꾸준히 노력하도록 이끈다는 장점이 있다. 저서 100만 권을 판매하겠다는 목표를 달성하려면 적어도 22년은 걸릴 것이다.

하지만 내 친구 그렉 맥커운(Greg McKeown)은 밀리언셀러인《에센셜리즘(Essentialism)》의 저자이다. 그렉은 100만 부 이상의 판매고를 달성한 놀라운 일의 주인공이 되었지만, 나는 지금에서야 그렉의 성공을 기뻐할 수 있게 되었다. 그를 직접 만나 도저히 미워할 수 없는 사람이라는 걸 깨닫기 전까지는 계속 질투만 했기 때문이었다.

나는 아직 그렉과 같은 경험을 해본 적이 없다. 지금까지 8권의 책을 썼지만, 총 80만 부가 팔렸다. 목표를 달성하려면 20만 부는 더 판매해야 한다. 그러려면 책을 몇 권 더 써야 할 텐데, 1년에 책을 한 권씩 쓴다고 한다면 50대 중반쯤에 목표를 달성하게 될 것이다. 이와 같이 예상보다 3년가량 더 걸리더라도 예순이 되기 전에는 반드시 목표를 이루게 될 것이다.

나는 첫 번째 책을 쓰기 전까지는 보장 목표를 세워본 적이 없었다. 하지만 생각보다 시간이 오래 걸린다고 해서 낙담하지는 않았다. 나는 여덟 권의 책을 써오는 동안 이미 수백 개의 쉬운 목표와 수십 개의 중간 목표를 완료했다. 그렇게 내가 올바른 길로 가고 있다는 증거가 생긴 뒤에야 비로소 10년 안에 저서 100만 부 판매라는 목표를 말할 준비가 된 것이다.

잠재력 지대에 머무는 시간은 나에게 놀라움을 선사하며, 장기적인 목표는 나를 고취시킨다. 물론 나의 기대와 달리 결과가 이르거나 늦게 나타날 수도 있겠지만, 그 사이에도 나의 재능을 예전보다 훨씬 많이 활용하고 있다.

또한 내가 겪은 최고의 순간이 계속해서 목록에 추가되고 있다. 물론 누구나 그렇듯 기다림은 싫다. 하지만 잠재력 지대에서라면 얘기는 달라진다. 마치 인생 최고의 파티에 초대받은 기분이다.

그러한 기분은 글이 잘 써지거나 크로스핏 운동을 마친 뒤에도 느낄 수 있다. 지치지만 매우 흡족한 느낌이라고 한다면 충분할까. 또한 6개월이나 1년, 또는 22년이 지나면 '성취'라는 큰 선물을 받게 된다. 성취는 힘겨운 삶을 헤쳐나갈 수 있는 좋은 수단이 되어줄 것이다.

2. 100% 스스로 통제할 수 있다

진심으로 노력하면 결과는 기적이 아닌 수학처럼 다가온다. 우리 집에서 아내와 아이들을 대하는 방식을 100% 책임지는 사람은 다름 아닌 나 자신이다. 나는 기분 나쁜 하루를 보내거나, 직장에서 스트레스를 받거나, 빡빡한 출장 일정으로 피로가 쌓인 상태에서 아내와 아이들을 상냥하게 대할 것인지, 그렇지 않을 것인지의 선택권은 전적으로 나에게 있다.

나의 제어권을 벗어난 목표는 훌륭한 보장 목표가 될 수 없다. 예컨대 〈뉴욕 타임스〉 베스트셀러 목록에 오르는 목표는 내 능력 밖의 일이다. 하지만 도서 출간 팀을 구성하는 목표는 나의 손으로 충분히 할 수 있는 일이다. 그 외에도 마케팅 계획 수립, 발매 전 출연할 팟캐스트 50개를 목록화하는 것도 마찬가지이다. 그러나 〈뉴욕 타임스〉 베스트셀러 목록은 철저하게 비밀을 유지하는 비공개 알고리즘을 기반으로 하기에 나의 힘으로는 불가능하다.

어느 해에는 친한 친구 매트와 함께 26번 산책하는 것을 보장 목표로 삼은 적이 있었다. 장기 목표였기에 처음에는 순조로웠다. 우리가 이대로 2주에 한 번씩 산책한다면 목표를 이루기까지 1년이 걸릴 것이었다.

그러나 문제가 있었다. 바로 내가 매트의 일정을 통제할 수 없다는 것이었다. 그는 예전보다 출장을 자주 다니기 시작하면서 목표를 개시하자마자 달성이 불가능한 상황에 빠졌다. 그 목표를 보장 목표로 삼으려면 '매트와 26번 산책하기'가 아니라 '매트에게 산책 가자고 26번 연락하기'로 바꾸었어야 했다. 이와 같이 내 일정에 따라 시간을 마련하고 목표에 동참하는 사람에게 연락하는 일은 모두 당신의 힘으로 할 수 있는 것들이다.

뉴욕 이타카 출신으로 빈티지 의류 매장을 운영하는 브레나는 온라인 매장에서 1년간 판매하는 품목의 정확한 수량까지 조절하지는 않는다. 이는 보장 목표도 아니다. 또한 그녀는 모든 수량을 예측하고 제

어할 수 있는 마법사 같은 사람도 아니다. 대신 브레나는 다음과 같이 말한다.

"1년에 최소 2,000개 품목을 판매하는 것을 목표로 삼고, 하루에 품목을 5~10개씩 꾸준히 올리려고 노력하고 있어요."

브레나가 원하는 결과는 번창하는 온라인 매장이다. 그녀는 의류, 동화책 등 최소 2,000개의 빈티지 품목을 등록한다는 목표를 달성하면 번창하는 매장을 만들겠다는 목표도 이룰 수 있음을 알고 있다. 따라서 브레나는 스스로 제어 가능한 일에 집중하고 있으며, 그 결과는 연말이 되면 볼 수 있을 것이다.

부동산은 빈티지 의류와 다르지만 보장 목표를 세울 수 있다. 새로운 동네의 모델하우스 방문자가 17명일 때, 그중 부동산 대리인과 약속을 잡는 사람은 세 명뿐이라고 가정해 보자. 그리고 그 세 명 중에 실제 부동산 구매자는 한 명뿐이다.

그 상황을 좀 더 거슬러 올라가 봤을 때, 1,000명이 부동산 광고를 본다면 그중 모델하우스를 찾는 이는 17명뿐이라는 것이다. 따라서 주택 구매자의 수까지 통제할 수는 없더라도 초기에 일을 진행하는 데 필요한 사람 수를 안다면 광고 게재량만큼은 조절할 수 있을 것이다. 이는 그저 훌륭한 부동산 중개인이 되고 싶다는 막연한 말보다 훨씬 보장 목표에 가깝다.

3. 구체적인 수치로 측정이 용이하다

올해 나는 5개의 보장 목표를 세웠다. 각 목표는 5개의 빅 게임당 하나씩 만들었다.

① 커리어: 아이디어를 만드는 데 800시간 사용하기
② 재테크: 매주 15분씩 회사의 손익계산서를 검토하고, 그때마다 평균 3개씩 긍정적인 조치를 취하기
③ 인간관계: 아내와 아이들에게 365번 상냥하게 대하기
④ 건강: 크로스핏 운동을 150회 하기
⑤ 즐거움: 책 52권 읽기

위의 다섯 가지 목표에는 모두 구체적인 수치가 함께 제시되었다는 공통점이 있다. 보장 목표를 쉽게 추적할 수 없다면 금세 싫증이 나서 혼잡 지대에서 하던 것처럼 다른 목표를 시작하거나, 포기하고 다시 안락 지대로 돌아가기를 택한다.

내가 처음에 세웠던 인간관계에 관한 목표는 더 좋은 남편이자 아버지가 되는 것이었다. 그러나 그 목표는 측정이 불가능하기 때문에 지키기가 모호했다. 따라서 '아내와 아이들을 365번 상냥하게 대하기'로 바꾸었다. 그러면 1년 동안 가장 소중한 가족을 위해 다양한 종류의 상냥함을 365번 베풀 수 있다.

위의 목표는 아내가 "남편에 대한 대책이 필요하겠어."라는 혼잣말을 자주 한다는 걸 깨닫고 세운 것이다. 우리가 저녁 모임에 가기 전에

259
15장. 보장되는 성공을 노력으로 거머쥐어라

아내는 다음과 같이 말하곤 했다.

"당신이 뚱하게 있지 않았으면 좋겠어. 그러니까 당신에게 몇 가지만 확실하게 당부할게. 당신 친구 세 명이 올 거고, 우리는 2시간만 머물 예정이야. 모임이 열리는 집에 멋진 개가 있는데 쓰다듬어도 돼. 이해되지?"

마치 짜증이 난 고릴라를 미리 달래주는 말 같지 않은가.

그래도 내가 사람들에게 친절하게 대하고 대화에도 잘 참여하면 사람들도 진심으로 놀라워한다는 사실도 깨달았다. 저녁 모임이 끝날 때 한 친구가 아내와 나에게 오늘 밤 내가 참석해 줘서 좋았다고 말한 적도 있었다.

나는 더 이상 까다롭게 굴지 않았다고 칭찬받고 싶지 않았다. 투덜거리는 남편이자 아버지가 되기는 더더욱 원치 않았다. 이에 아내와 아이들을 위해 1년 동안 상냥함을 365번 베푼다면 연말에는 더 좋은 남편이자 아버지가 될 것이다. 365번이라는 횟수는 바로 내가 측정할 수 있는 수치이다.

보장 목표와 관련된 숫자가 없다면 찾을 수 있을 때까지 계속 살펴보자. 그 전에 예로 든 목표인 '텃밭 가꾸는 방법 배우기'를 활용하여 다음과 같이 바꿀 수 있다.

① 매주 1시간은 텃밭에서 보내기

② 3가지 종류의 후추과 작물 재배법 공부하기

③ 올해 나의 텃밭을 일구며 알게 된 것 52가지 적기

④ 나의 텃밭에 자문을 구할 수 있는 코치 3명 찾기

⑤ 지역의 기후에 적합한 작물 관련 서적 5권 읽기

위와 같은 일을 하면서 연말까지 성과를 측정해 나간다면, 틀림없이 더 나은 텃밭 농사꾼이 될 것이다. 이것이 바로 보장 목표이다.

4. 일정 조정에 신중함을 길러준다

올해 새로운 아이디어를 고민하는 데에 800시간을 쓰려면 일정을 조정해야 한다. 혼란을 주겠다는 의도는 아니다. 단지 숫자의 문제일 뿐이다. 1년은 8,760시간이다. 하루 평균 수면시간이 7시간이라면 6,205시간을 쓸 수 있다. 그러면 나는 목표를 달성하기 위해 깨어 있는 7.7시간마다 한 번씩 아이디어를 고민해야 한다. 이는 어렵지만 의지가 샘솟는 일이기도 하다.

쉬운 목표와 중간 목표 몇 가지로도 가능한 일이 있음을 알게 된다면 더 큰 도전을 원하게 될 것이다. 그것이 바로 큰 목표이다.

보장 목표를 세웠는데도 좀처럼 신중해지지 않았다면 아직 보장 목표가 없는 것이다. 매달 아이디어 고민에 65시간을 투자하려면 매우 의식적으로 노력해야 한다. 달마다 최소 13시간을 크로스핏에 할애하

15장. 보장되는 성공을 노력으로 거머쥐어라

는 것도, 도서 집필을 위해 인스타그램을 접속하는 시간을 독서 시간으로 바꿔야 했던 일도 마찬가지였다. 또한 재무 목표 달성에 대해 매주 15분씩 손익계산서를 검토한다. 지금까지의 경험에 근거하여 나는 다음과 같이 시간과 관련된 간단한 법칙을 만들었다.

- 쉬운 목표: 일주일의 1% 또는 약 2시간 필요
- 중간 목표: 일주일의 3% 또는 약 5시간 필요
- 보장 목표: 일주일의 5% 또는 약 8시간 필요

위에 제시된 시간이 너무 많은 것 같다면 관점을 바꾸어 생각해 보자. 바로 목표 달성을 위해 일주일에 8시간을 투자해야 한다는 것보다 일주일에 8시간씩 내가 좋아하는 일을 할 수 있다고 생각하는 것이다.

그러나 모든 보장 목표가 시간이 많이 걸리는 것만 있지는 않다. 나의 경우 아이디어 목표는 연간 800시간이 소요되지만, 재무 목표는 고작 13시간에 불과하다. 이와 같이 목표 달성까지 걸리는 시간은 목표마다 큰 차이가 있다. 다만 일정을 신중하게 고려해야 한다는 사실은 변하지 않는다.

이상의 내용과 관련하여 17장에서는 잠재력 지대에서의 시간을 측정하는 방법을 소개하고자 한다. 하지만 지금은 보장 목표가 남극 대륙의 쇄빙선처럼 당신의 일정을 따라 진행된다는 점만 알아두자. 처음에는 혼란스럽겠지만 최종적으로는 다른 목표도 쉽게 따라올 수 있는 길을 만들어 낼 것이다.

5. 타인에게 불가능한 일처럼 들린다

당신의 목표에 대한 타인의 반응으로 괴로웠던 적이 있는가? 모두 그런 경험이 한 번씩은 있을 것이다. 그 예로 클라리사 슬리바가 친구에게 앞으로 일찍 일어나서 하루를 계획할 생각이라고 말한 적이 있다. 이에 "그래, 그런데 정말 그렇게 할 거야?"라는 친구의 대답에 클라리사는 많이 힘들었다고 한다.

"그 말은 내가 실패했을 때나 성공했을 때나 모두 저를 괴롭힐 뿐이었어요."

목표를 성취하기 위해 노력하는 이유가 그 사람들이 틀렸음을 증명하는 것이라면 그 자체로 최악의 동기부여이기 때문일 것이다. 이제 우리는 정신분석의 관점에서 클라리사의 친구가 그녀에게 왜 부정적인 반응을 보였는지 살펴볼 수 있다.

당신의 잠재력 탐구를 비난하는 사람은 자신이 잠재력을 발휘하지 못하고 있다는 사실에 은근히 겁을 먹고 있기 때문일지도 모른다. 클라리사는 친구와 일정한 거리를 유지하며 관계를 지속할 필요가 있다. 또는 친구의 비판을 긍정적인 방향으로 전환하여 그녀가 좋은 보장 목표를 찾았다는 신호로 받아들일 수도 있다.

보장 목표는 당신을 확장시킨다. 또한 당신이 그 목표를 이룰 수 있다고 여기는 사람들의 믿음도 넓힐 것이다. 물론 친구에게 쉬운 목표를 말하면 그게 다냐고 말할 것이다. 중간 목표의 경우 잘됐다는 반응을 보이겠지만, 보장 목표에 대해 듣는다면 진심이냐고 되물을 것이다.

좋은 보장 목표는 다른 사람이 듣기에 이상하거나, 야심에 차 있거나, 실현 불가능한 것으로 느껴진다. 올해 아이디어 고안에 800시간을 투자하겠다는 말은 대다수 사람들에게 너무 과한 얘기로 들릴 것이다.

7년간 두 아이를 키우고 정규직으로 일하면서 학사 학위를 취득할 것이라는 목표를 생각해 보자. 여기에서 '7년'은 너무 긴 기간처럼 느껴질 것이다. 하지만 린 베델 리스타이노는 목표 달성에 성공했다.

마흔 살에 올림픽 역도를 시작해서 4년 동안의 훈련을 거쳐 주간 기록을 갱신하겠다는 목표는 일반적으로 실현 불가능해 보인다. 그러나 캐서린 리틀 맥코렐은 해냈다.

트럭 운전사에서 피아노 조율사로 전직하려는 목표는 비정상적인 커리어 점프 같기도 하다. 그럼에도 로널드 무어는 그 어려운 일을 이루어 냈다.

올해 가족들을 365번 다정하게 대하겠다는 목표는 너무 이상해 보인다. 그렇지만 난 해냈다.

누군가가 당신의 보장 목표를 의심하더라도, 이는 결코 실패라는 뜻이 아니다. 그저 확인할 뿐이다.

당신이 할 일을 통해 목표를 달성할 수 있음을 모든 사람들에게 납득시키는 것보다 의심하도록 만들 때가 더 홀가분할 것이다. 누군가를 설득하는 건 매우 지치는 일이기에 의심을 품게 만드는 편이 더 즐겁겠다.

그렇다면 클라리사가 친구와 얘기를 나누기 전부터 그 사실을 알고 있었다면 어땠을지 상상해 보자. 아마 친구의 반응에 괴로워하는 일은 없지 않았을까. 그리고 친구와의 대화가 끝난 뒤 그녀는 자신이 틀림없이 올바른 길로 가고 있음을 확신했을 것이다.

토끼들이여, 기뻐하라! 이제 질주할 시간이다!

보장 목표를 빨리 달성하고 싶다면 기한을 단계적으로 설정하면 된다. 경주 도중 결승선이 눈앞이라면 누구라도 속도를 늦추지 않을 것이다. 영업팀에서는 분기가 끝날 때마다 작업을 마무리하기 위해 쥐어짠 마지막 한 방울의 에너지까지 동원한다. 대학생들 또한 학기 말마다 추가적으로 성과를 올릴 기회를 찾는다.

성격, 기질, 배경에 상관없이 적절한 기한이 지니는 자석 같은 효과를 거부할 수 있는 사람은 아무도 없다. 지금부터 우리의 보장 목표에 필요한 만큼의 기한이 정해져 있는지 확인해 보자.

1년 동안 아이디어 고안에 800시간을 투자하려는 목표에 처음 도전했을 때 내가 정한 마감 기한은 12월 31일 단 하나뿐이었다. 하지만 나는 그것만으로 충분하지 않았다. 단 하나의 마감일만 바라보면서 365일 동안 계속 목표를 달성하려고 하면 중간에 낙담하거나 지치기 쉽다. 마치 1년 내내 숨을 참으며 사는 것과 다를 바 없었다.

그러던 중 6월이 되었을 때, 7월 1일이 되면 한 해의 절반이 끝난다는 걸 깨달았다. 이 시점에서 나는 400시간 이상을 썼는지를 확인하고 싶었다. 그렇게 한다면 목표한 800시간을 확실히 달성할 수 있겠다는 생각이 들어서였다. 또 크리스마스에 휴가를 갈 예정이었기 때문에 좀 더 여유를 갖고 싶었다. 그렇게 7월 1일은 내게 열의를 불어넣는 새로운 마감일이 되었다.

중간 마감일이 효과가 있다면 1년의 4분의 3이 끝나는 지점인 10월 1일도, 월마다 정해진 기한도 효과가 있을 것이다. 마감일이 나에게 의욕을 불어넣을 때마다 나는 다른 마감일을 계속 추가했다. 당신도 효과적인 방법을 찾게 된다면 그 방법을 최대한 많이 이용하자.

나는 당신이 거대한 보장 목표를 마음속에 품고, 별을 향해 손을 뻗기를 바란다. 당신의 꿈이 크고 포괄적일수록 한순간도 물러서는 일은 없어야 한다. 그러나 당신이 꿈에 더 빨리 도달하고 싶다면 다음 원칙을 기억하라.

보장 목표는 최대한 크게 만들자.
그러나 마감일 사이의 간격은 가능한 한 좁게 설정하자.

그 외에 고려할 점

이 장에서는 보장 목표의 사례가 여럿 제시되었지만, 그중 99%는 스스로가 **'원하는' 목표**였다. 즉 의무가 아닌 자신의 바람에 따라 이루고자 하는 목표였던 것이다.

누구도 캐서린 리틀 맥코렐에게 올림픽 역도를 하라고 강요한 적은 없었다. 캐서린이 원해서 한 것이다. 마찬가지로 나에게 1년에 책을 52권씩 읽으라고 한 사람은 아무도 없었다. 내가 자원한 것이다. 당신 또한 어느 누구도 텃밭을 가꾸라고 종용하지는 않을 것이다. 당신이 원하는 일이라면 말이다.

하지만 우리의 삶이 모두 우리가 원하는 것만으로 이루어져 있지는 않다. 어쩌면 당신은 지금 '이루어야 할' 목표가 적힌 긴 목록을 들고 좁은 사무실에 앉아 전전긍긍하고 있을지도 모른다.

당신의 회사가 규모가 작은 회사를 인수한 상황이라고 생각해 보자. 이때 당신은 두 회사의 조직문화를 융합시킬 방법을 찾고 싶어 하지 않을 것이다. 그러나 이제는 당신이 원치 않더라도 방법을 찾아야 한다. 까다로운 동료와 사이좋게 지내고 싶지 않더라도, 재산을 잘 관리하는 법에 관심이 없더라도 우리는 해결책을 찾고 배워야 한다.

목표라는 사다리를 오르는 일이 우리가 원하던 목표를 달성하는 데 도움이 된다는 사실은 이미 자명하다. 하지만 우리에게 '필요한' 목표라면 어떨까? 그것도 보장 목표로 바꿀 수 있을까? 다음 장에서 살펴보도록 하자.

16장

두려워하는 일에 압도당하지 않는 법

나는 돈이 무섭다. 내가 두려움을 느끼는 것 중에서 단연 1위를 차지한다. 그 외에 내가 개인적으로 두려워하는 대상의 목록은 다음과 같다.

① 돈
② 거미
③ 마루 아래의 좁은 공간에서 시간을 보내는 것
④ 탑승하기도 전에 머리 위쪽 수납함이 다 찬 비행기
⑤ 좁은 자리에 주차하기

돈을 제외한 나머지는 대처가 상당히 쉬운 편이다. 거미는 해충 구제 업체가 있으니 큰 문제가 되지 않는다. 또 우리 집 마루 밑에 문제가 생기면 내 퇴직 연금을 다 털어서라도 사람을 써서 해결할 것이다. 물론 그곳에서 유령이 나오지는 않는다. 그러나 온갖 벌레가 우글거리는 관 높이의 지하 미궁 같은 곳에서 배를 바닥에 붙인 채 이리저리 돌아다닌다면 그날은 인생 최악의 순간이 될 것이다.

그리고 나는 항상 같은 항공사 두 곳만 이용한다. 따라서 멤버십을 이용해 일찍 탑승할 수 있어서 여행 가방을 넣을 공간이 충분히 남아 있다. 그리고 마지막으로 주차 문제의 경우, 주차하기 쉬운 작은 폭스바겐을 타고 다닌다. 그렇게 다섯 가지 두려움 중 네 가지에 대한 적절한 해결책을 찾았다. 하지만 돈 문제는 나에게 정말 큰 골칫거리이다.

내가 두려워하는 일은 모든 사람이 나를 아무 때나 금전적으로 이용하는 것이다. 이는 나의 평소 태도이기도 하다. 누군가 이렇게 호들갑을 떨며 의심하는 나의 모습을 본다면 무장강도에게 100번쯤 돈을 빼앗겼거나 은행에서 연례행사처럼 집이 압류라도 당했나 싶을 것이다. 나도 그러한 두려움을 극복하려고 노력하고는 있다. 최고의 순간 목록이 결핍에 대한 불안을 고치는 데 도움이 되긴 했지만, 여전히 결핍의 문제와 자주 부딪힌다.

또한 나는 작가라 수학을 잘하지 못한다. 당신에게 쉬운 수학 문제라도 나에게만큼은 미적분처럼 어렵다. 간단한 사칙연산도 힘들어서 식당에서 팁 계산을 할 때면 늘 머리가 아프다. 고등학교 때 배운 대수학은 부두교 주문처럼 느껴졌다. 가뜩이나 숫자도 다루기 힘든데, 대수학은 문자까지 섞여있으니 영어까지 동시에 망치게 된 셈이다.

16장. 두려워하는 일에 압도당하지 않는 법

나는 또 〈쇼생크 탈출(The Shawshank Redemption)〉의 주인공 앤디 듀프레인(Andy Dufresne)처럼 감옥에서 오랫동안 땅굴을 파야 할 정도의 범죄를 저지를까 두렵다. 조만간 심각한 경제사범이 되어 국세청의 추격을 받게 될 것만 같다. 뱀, 대중 연설, 높은 곳에도 겁먹지 않던 내가 이상하게 서류 작업만 하면 땀이 난다.

성인이 되어 서류 작업이 많아진다는 것은 불행한 일이다. 잘할 수만 있다면 아이로 지내는 것보다 훨씬 재미있겠지만, 그러려면 재산을 스스로 관리할 줄 알아야 한다.

타조처럼 두려움을 회피하려는 태도는 돈을 대하는 데 좋은 전략은 아니다. 특히 나처럼 사업을 운영하는 경우에는 더욱 그러하다. 기업가정신에서 가장 간단한 법칙은 돈을 관리하지 않으면 사업을 오래 유지할 수 없다는 것이다. 기업가는 회계 장부 담당자, 회계사, 재무 설계사 등 원하는 전문가에게 기댈 수 있다. 그러나 어느 때에는 스스로가 직접 나서야 한다. 이는 당신이 하게 될 다섯 가지 빅 게임 모두 마찬가지이다.

멋진 몸매를 유지하고 싶지 않아도 유지해야 한다.

출장을 가고 싶지 않아도 꼭 가야 한다.

틀어진 관계를 되돌리고 싶지 않아도 되돌려야 한다.

즐거운 휴가를 보내고 싶지 않아도 일 중독자라면 즐거운 휴가도 보낼 수 있어야 한다. 즐거운 시간을 보내는 일은 생각보다 많은 이들에게 어려운 목표이기 때문이다.

위와 같이 우리의 삶은 '해야 하는' 순간들로 가득하다. 그러한 일들은 존재하지 않는 것이라 생각하고 싶지만 절대로 피할 수 없는 과업인 것이다.

당신이 피하고 싶은 두려움은 틀림없이 나와는 다를 것이다. 어쩌면 당신은 공조 설비 전문가라서 마루 아래로 들어가지 못하는 나를 보고 헛웃음을 지었을 것이다. 아니면 회계사니까 돈을 장난감처럼 생각할 수도 있겠다. 만약 트럭 운전사라면 나와는 달리 좁은 공간에 차를 주차시

> 우리의 삶은
> '해야 하는'
> 순간들로
> 가득하다

키는 능력이 탁월할 것이다. 이와 같이 생각만으로도 기분이 급격하게 가라앉는 듯한 게임이 당신에게도 있을 것이다.

커리어 발전이 더뎌진다. 그리고 체중을 감량하지 않더라도 현대 과학의 산물인 레이저나 홀로그램 등 혁신적인 기술로 좋은 몸매가 되기를 바라고 있다. 또한 인간관계에 투자하는 방법을 몰라 섬처럼 외로운 상태다. 이제는 스스로의 모든 정체성이 일에 묶여 놀이의 가치를 모르는 탓에 즐거움이라는 말이 낯설어지고 있다. 이처럼 모든 사람에게는 생각하고 싶지 않지만 생각해야만 하는 문제가 있다.

이제 6장에서 던진 질문을 거꾸로 뒤집을 때가 됐다. 지금까지 우리는 커리어, 재테크, 인간관계, 건강, 즐거움이라는 다섯 가지 게임을 보았다. 지금부터 우리는 '어떤 게임을 하고 싶은가?'와 반대되는 질문을 던질 것이다.

'당신은 어떤 게임을 피하고 있는가?'

이제 사다리 위로

찬물에 개구리를 넣더라도 물이 끓으면 펄쩍 뛰며 냄비 밖을 빠져나오려 한다. 이와 같이 개구리에 빗대어 동기부여를 유발하는 격언은 꽤 유명하다. 그러나 과학자들은 무슨 의도로 그 말이 거짓임을 설명하려 했는지는 모르겠으나, 아무튼 그 사실을 밝혀내려고 했다. 개구리를 미지근한 물에 넣고 천천히 온도를 올려도 개구리는 빠져나오려 한다. 이에 하버드 대학교 생물학과 더글라스 멜튼(Douglas Melton) 교수는 그보다 더 직설적으로 말한다.

개구리를 끓는 물에 넣으면 빠져나오려 하지 않는다. 그대로 죽는다. 그러나 찬물에 넣으면 물이 뜨거워지기 전에 튀어나온다. 개구리는 당신의 생각대로 가만히 있지 않을 것이다.[*]

위와 같은 이유로 당신에게 끓는 물 속의 개구리에 대한 잘못된 이야기를 반복할 생각은 없다. 또한 당신의 삶에서 끓는 물처럼 점점 악화되는 상황이 무엇인지도 묻지 않겠다. 그 대신 지금까지 계속 간단한 질문만을 당신에게 던져왔으니, 이 장에서는 당신이 어떠한 게임을 피하고 있는지만 묻고자 한다. 이에 답하는 데에는 그리 오래 걸리지 않을 것이다.

---

[*] "Next Time, What Say We Boil a Consultant", Fast Company, October 31, 1995, https://www.fastcompany.com/26455/next-time-what-say-we-boil-consultant.

5가지 빅 게임 가운데 당신이 외면하고 싶은 것은 무엇인가?

어떠한 것을 자꾸만 내일로 미루려 하는가?

당신의 소중한 사람이 당신을 백만 번쯤 불러세우며 관심을 호소했던 문제는 무엇인가?

위의 질문에 답하는 것은 이 책에서 가장 어렵지 않은 일이라 판단된다. 그러나 당신이 용기 내어 스스로에게 그러한 질문을 한다면, 머릿속의 수많은 답변들이 서로 당신의 주의를 끌기 위해 한바탕 난리를 칠 것이다.

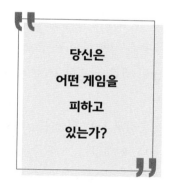

당신은
어떤 게임을
피하고
있는가?

나 또한 스스로에게 질문했을 때에도 '돈'은 가만히 있지 않았다. 내가 마주치려고 하지 않는 게임들을 살펴보는 돈은 태평양 어느 외딴 섬의 조난자처럼 소리를 지르기 시작했다.

"야! 나 재테크 게임인데, 내 말 들려? 나 안 보여? 방금 코코넛으로 'HELP!'라고 썼잖아! 그냥 봉화를 피워볼까? 아니면 네 인생에 불을 질러버려야 네가 날 봐줄까?"

나는 돈 문제만큼은 다른 어른의 도움을 바랐다. 살다 보면 스스로 어른이라는 사실을 일시적으로 잊어버리는 순간이 항상 생긴다. 다음과 같이 말이다.

"집에 새 에어컨이 필요한 것 같은데, 그 돈은 누가 내지? 잠깐만… 내가 내야 돼? 이 문제를 해결해 줄 사람 어디 없나? 뭐? 없다고? 그런데 집에 에어컨이 있어봤자 집의 가치는 안 오르잖아? 아주 미치겠네!"

위의 상황은 내가 마흔여섯 살일 때 일어났다. 당시에 내가 안고 있는 모든 재정적 문제를 마법처럼 해결해 줄 사람이 아무도 없을 것 같다는 생각이 들기 시작했다. 이것이 남들이 질리도록 말하던 '개인의 책임'이라는 건가 싶었다.

우리는 인과를 어떻게 다루느냐에 따라 친구가 될 수도, 적이 될 수도 있다. 행동에 결과가 따름을 인정하지 않으면 결과는 좋지 않다. 예컨대 운동을 적게 하면 몸 상태가 더 나빠지고, 양치를 소홀히 하면 충치가 더 많이 생긴다. 또한 TV에 빠져 글을 쓰지 않으면 보면 책을 출간할 수 없다.

우리의 모든 행동은 앞으로의 삶에 영향을 미친다. 그것이 바로 결과이다. 인과를 거스르는 것은 중력에 저항하는 것만큼이나 어리석은 일이다. 이와 같이 스스로의 행동에 대한 책임을 거부하는 것은 매일 아침마다 지구에 여전히 중력이 작용하고 있다는 사실에 분노하는 것과 같다.

"으으! 지구에 몸이 묶여있어서 공중으로 15m도 못 뛰니 짜증 나 죽겠네. 이건 분명 꿈일 거야. 이 빌어먹을 중력 같으니라고! 그래도 내일은 달라지겠지…."

그러나 인과의 법칙을 받아들인다면 복리 이자에 버금가는 보상을 받는다. 그 예로 운동을 많이 하면 건강이 더 좋아지고, 양치를 자주 하면 충치가 줄어든다. 또한 글을 많이 쓰면 더 많은 책을 출판하게 된다. 내가 반복하는 작은 행동이 시간이 지나면 복리처럼 쌓인다. 즉각적인 효과는 없더라도 언젠가는 확실한 효과를 보게 될 것이다. 이것이 바로 원인과 결과가 작동하는 방식이다. 그렇게 나는 스스로의 재정 상황을 성찰하다가 세 가지 선택지를 발견하였다.

① 돈을 외면하다가 재정 위기 때문에 쫓겨날 때까지 최대한 오랫동안 안락 지대에서 산다.
② 재정 전문가가 되겠다고 선언한 뒤 모든 방법을 한꺼번에 시도하다가 혼잡 지대에 빠진다.
③ 돈의 문제를 쉬운 목표와 중간 목표, 그리고 잠재력 지대에 계속 머물 수 있는 보장 목표로 바꾼다.

몇 년 동안 첫 번째 선택지에 따라 지낸 적이 있었는데, 의외로 효과가 좋았다. 나는 심각한 문제가 발생할 때까지 돈을 외면했고, 문제가 생겨도 서둘러 빠져나왔기 때문이었다. 그러면서 다른 게임을 하는 동안 잠재력 지대에서의 삶에서 놀라움을 경험한 적이 있었다. 그 뒤 모든 게임을 잘하고 싶어졌다는 생각이 들면서 하체 운동을 건너뛰는 보디빌더 같은 사람은 되고 싶지 않았다. 이에 커리어, 인간관계, 건강, 즐거움이라는 목표와 함께 재정적인 부분도 소홀히 하고 싶지 않았다.

전력으로 질주하는 듯한 방식은 그동안 나에게 수많은 실패를 안겨주었다. 따라서 두 번째 선택지는 장기적으로 효과가 없으리라는 걸 알고 있었다. 한 번 속는다면 그것은 속인 사람 잘못이지만, 수백 번 속았다면 이는 분명 내 잘못이다.

결국 세 번째 선택지만 남았다. 최고의 순간 목록을 작성하기 위해 앞을 내다보는 대신 뒤를 돌아봤던 것처럼, 달리 선택할 수 있는 것이 없었다. 그렇기에 선택은 쉬웠다.

돈 문제에 대처할 가장 큰 기회는 내가 운영하는 회사에 있었다. 나의 재산은 아내가 관리하고 있었기에 문제는 없었다. 반면 회사의 재정은 나 혼자서 관리해야 했다. 당시의 회사 재정 관리 상태는 서부 개척 시대를 방불케 하는 혼란과 무질서 그 자체였다.

위의 이유로 나는 '회사 재정 관리'라는 목표를 세웠다. 그러나 재정 관리 실태를 살펴보니 너무나 형편없는 상태임을 깨닫는 데에는 그리 오랜 시간이 걸리지 않았다. 하지만 정의되지 않은 목표를 무턱대고 행동으로 옮길 수는 없었다. 그래서 나는 구체적이고 쉬운 목표 몇 가지를 써나가기 시작했다.

① 회사의 월별 손익계산서 사본 찾기
② 사본을 종이 전문가인 내가 직접 인쇄하기
③ 휴스턴 출장 시 사본을 함께 챙겨 출장지에서 검토하기
④ 서류철의 이름을 '손익계산서'라고 쓰고, 다음 주 서류까지 함께 보관할 장소 마련하기
⑤ 아내에게 손익계산서를 검토할 예정임을 말하기

⑥ 달력에 15분간의 검토 일정 기록하기

⑦ 15분간의 검토 일정 다시 잡기

　※ 사유: 서류 검토가 너무 싫어서 나와의 첫 번째 회의를 망쳤음

위에 기록된 내용을 특별하게 받아들이지 않기를 바란다. 쉬운 목표는 다른 이들에게 별 감흥을 주지 않기 때문이다. 쉬운 목표는 '운동화 찾기', '헬스클럽에서 운동할 시간 마련하기', '정리를 위한 쓰레기봉투 구입하기' 같은 것이어야 한다. 처음에 쉬운 일을 하라는 말은 문자 그대로 '정말로 쉬운' 것들을 해야 한다는 뜻이다.

나는 상술한 일곱 가지 목표를 달성하는 데 약 3주가 걸렸다. 실제로는 한 시간 남짓 걸리는 일임에도 21일에 걸쳐 가까스로 해냈다. 나는 마주치고 싶지 않은 목표가 있으면 계속 회피하는 경향이 있다. 그러나 그러한 사람은 나뿐만은 아니다.

펜실베이니아주에 사는 크리에이티브 디렉트 크리스 러치는 문서를 정리한다는 생각만 해도 겁이 나거나 압도당했다고 한다. 이에 그가 택한 방법은 간단했다. 바로 모든 서류를 상자에 넣은 다음 절대 처리할 필요가 없기만을 바란 것이다.

지금 당신의 집에도 크리스와 똑같은 상자가 있을지 모르겠다. 아니면 지난 10년간 써온 모든 휴대폰의 케이블과 충전기가 엉켜 있는 서랍이라도 있을 것이다. 내가 앉은 곳에는 나만의 잡동사니 상자가 있다.

그런데 크리스가 서류 작업과 관련된 쉬운 목표 몇 가지를 달성하도록 독려한 건 과연 무엇이었을까. 바로 그의 어머니께서 거의 돌아가실 뻔한 경험을 했기 때문이다. 이에 크리스는 어머니의 서류를 살펴보면서

서류를 정리의 필요성을 느꼈다. 이러한 일은 우리가 미루는 많은 것들과 마찬가지로 예상보다 쉽게 해결할 수 있었다. 이에 크리스는 다음과 같이 말한다.

"생각보다 별로 어렵지 않았어요. 다만 시간이 좀 걸렸을 뿐이죠."

위와 관련하여 사람들이 안락 지대를 떠나는 이유 두 가지를 언급한 바 있다. 바로 비자발적인 위기와 자발적인 묘책이다. 먼저 크리스는 어머니가 돌아가실 뻔한 비자발적 위기를 경험하였다. 그리고 나서 그는 상황을 정리해야겠다고 다짐했다.

레베카 필립스는 식기세척기 세제 디스펜서가 고장 난 지 1년이 넘었는데, 결국 인터넷 검색으로 2분짜리 유튜브 동영상을 찾아 아주 간단하게 수리했다고 말했다. 수십 명의 사람들이 온라인에서 이와 같은 이야기를 공유함에도 결과는 항상 같았다. 사람들은 극복할 수 없어 보이는 문제가 사실은 의외로 해결하기 쉽다는 것을 알고 다들 놀라워했다.

서류를 정리하는 크리스의 쉬운 목표는 중간 목표로 바뀔 것이다. 해마다 정리해야 하는 새로운 서류가 계속해서 생기기 때문이다. 그러나 레베카의 목표가 더 발전할 수 있을지는 의문이다. 아마 세제 디스펜서를 수리한 뒤 가전제품 수리 전문가가 되겠다고 결심하지는 않았을 것이다. 쉬운 목표가 모두 중간 목표가 되는 것은 아니지만 일부는 바뀔 수 있다. 그래서 나도 처음에 시도한 몇 가지 재정 관리를 끝낸 뒤 스스로에게 다음과 같은 두 가지 질문을 던졌다.

① 쉬운 목표를 중간 목표로 전환할 가치가 있는가?

② 만약 그렇다면, 그동안의 깨달음을 앞으로 나아가는 데 어떻게 활용할 것인가?

첫 번째 질문에 대한 대답은 '그렇다'였다. 단 일주일이라도 재정적 문제에 집중하여 노력한다면 좋은 결과를 얻을 수 있음을 알게 되었다. 돈 또한 생각보다 무서운 것이 아니었다. 돌이켜보니 이러한 경험은 사실 놀라운 것은 아니다. 노출 치료가 두려움과 공포증을 극복하는 데 탁월한 요법으로서 확고하게 자리잡았다는* 전문가의 말이 생각났다.

두려움을 이기는 방법이 그 대상을 회피하는 것이라면 좋겠지만, 이는 아무런 효과가 없다. 그 이유는 심리학자들이 '둔감화(Desensitization)'라고 부르는 것 때문이다. 혐오스럽거나 두려워하는 것에 반복적으로 노출되면 그것을 평범하고 새로울 것이 없으며 전혀 무섭지 않은 것처럼 보이게 된다.** 돈을 혐오스럽다고 여기는 건 우스운 일이다. 그 점을 쉬운 목표로 바꾸기 전까지는 그랬다.

또 다른 중요한 사실도 알게 되었다. 바로 손익계산서를 검토하면서 메모를 하지 않으면 아무 의미도 없다는 것이다. 검토를 완료했다는 확인란에 체크 표시를 할 수는 있지만, 그것만으로는 그 어떤 것도 달성하

---

* Joscha Böhnlein et al., "Factors Influencing the Success of Exposure Ther-apy for Specific Phobia: A Systematic Review", Neuroscience and Biobehavioral Reviews 108 (January 2020): 796-820, https://doi.org/10.1016/j.neubiorev.2019.12.009.

** Arthur C. Brooks, From Strength to Strength: Finding Success, Happiness, and Deep Purpose in the Second Half of Life (New York: Portfolio, 2022), 105.

지 못한다. 수준을 끌어올리려면 반드시 메모가 필요하다.

그 뒤로 나는 한 달 동안 매주 손익계산서를 검토하는 일을 중간 목표로 삼았다. 회계 장부 담당자와 일정을 조정하여 매주 수요일 오후에 최신화된 파일을 나에게 보내도록 했다. 실제로 그 작업을 하기 위해 나는 미리 일정을 세워야 했고, 확인한 내용을 열심히 메모했다.

일례로 2021년 12월에 우리 회사가 대중 연설을 통해 얻은 수익이 다른 해보다 80% 더 많았다. 대부분의 기업은 크리스마스 휴일로 연말에 행사를 열지 않는다. 하지만 코로나19 때문에 수많은 행사가 취소되자 기업에서는 연말에 행사를 개최하기 시작했다. 하지만 2022년에도 그러할 것이란 보장이 없으므로 12월에 다른 수익원을 찾아야 했다.

그렇게 한 달 동안 중간 목표 달성을 위해 노력한 뒤 스스로에게 그 전과 같은 두 질문을 다시 던져보았다.

① 중간 목표를 보장 목표로 전환할 가치가 있는가?
② 만약 그렇다면, 그동안의 깨달음을 앞으로 나아가는 데 어떻게 활용할 것인가?

이번에도 첫 번째 질문에 대한 대답은 '그렇다'였다.

손익계산서를 살펴보자 새로운 아이디어가 몇 가지 떠올랐다. 한 아이디어는 'FinishCalendar.com'에서 판매하는 '피니시 달력'의 판매 시기를 조금 앞당기는 것처럼 사소한 일이었다. 다른 하나는 10월이 되기 전까지 신간도서 제안서를 작성하고, 올해가 가기 전에 책 계약을 완료하는 것과 같이 중요한 일이었다.

그러고 나니 마치 지난 몇 년 동안 나는 계기판도 보지 않고 비행기를 조종한 것 같은 기분을 느꼈다. 이에 다음과 같은 생각이 들었다.

'아, 그래서 비행기가 오르락내리락하며 제멋대로 날고 있었기 때문에 뒤에 앉은 사람들이 계속 토했던 것이었구나. 그리고 착륙 장치가 고장이 났고 엔진 하나에도 불이 붙었네. 이 문제를 해결하면 상황이 훨씬 수월해지겠지.'

또 메모하는 게 도움이 된다는 것은 알고 있었다. 하지만 이와 관련해서도 나름의 조치가 필요했다. 노트 100권을 손익계산서와 관련된 아이디어로 채울 수 있더라도 그 내용을 팀과 공유하고 프로젝트로 전환하지 않는다면 바뀌는 것은 없을 것이다.

그 뒤로 보장 목표가 점차 구체화되기 시작했다. 매주 15분 동안 손익계산서를 검토한 뒤, 검토 과정에서 평균치에 해당하는 3가지 조치를 취하기로 결정했다. 평균을 채택한 이유는 중간 목표를 달성하는 과정에서 한 주에는 한 가지 조치를 취하고, 다른 주에는 다섯 가지 조치를 취해야 한다는 걸 배웠기 때문이다. 엄격한 규칙을 정하지 않고 평균으로 설정해 두면 장기적으로 더 큰 성공을 거둘 수 있을 것이다.

나의 초기 목표는 회사 재정을 관리하는 것이었다. 그렇게 연말까지 손익계산서를 52번 검토하면 총 156가지 조치를 취하게 될 것이니 성공은 보장되어 있다. 이러한 방식으로 해당 정보에 여러 번 접근한다면 재정 상태는 개선될 것이다.

갑자기 1년 동안 매주 손익계산서를 검토하기로 하더라도 갑자기 시

계획적으로

목표 사다리를 오른다면

항상 비용보다

많은 이득을

얻게 된다.

속 0km였던 것이 시속 100km가 되듯 쉬운 목표와 중간 목표를 건너뛸 수도 있었을 것이다. 하지만 만약에 그랬다면 메모의 중요성과 주당 평균 3회 조치의 필요성을 몰랐을 것이다. 내 인생의 첫 47년이 지금의 상황을 암시하는 근거라면, 성장은커녕 전력 질주로 연간 목표를 달성하려다가 압박감을 느끼고 3주 만에 빠르게 그만두었을 것이다.

물론 첫날부터 펄쩍 뛰어올라 사다리 꼭대기에 있는 보장 목표를 향해 손을 뻗을 수도 있다. 물론 완전히 불가능한 일은 아니다. 목표를 이루고자 하는 충분한 의지력과 투지, 규율만 있으면 턱걸이를 하듯 몸을 밀어 올릴 수 있다. 아니면 단계적으로 사다리를 올라가면서 꾸준히 학습을 반복함으로써 모든 단계에 걸쳐 더 나아질 수도 있다.

특히 자신이 원하는 일이 아닌, 의무적으로 해야 하는 일을 할 때는 단계별 접근법이 일의 진행을 훨씬 쉽게 만들어 준다. 다들 빠른 성공을 바라는 미국의 관점에서는 처음에 이 방법이 느리고 직관에 어긋난다고 느껴질 수도 있다. 하지만 계획적으로 목표 사다리를 올라간다면 항상 들인 비용 이상의 보상을 받게 될 것이다.

우리 모두가 놓치고 있는 것

어느 목요일 오후, 내슈빌로 돌아오는 비행기에서 서른한 살의 제약회사 관리자 옆에 앉게 되었다. 이는 이례적인 일이었다. 보통 이즈음에는 흥겨운 주말을 보내려 음악의 도시 내슈빌로 향하는 독신 파티 참가자들이 좌석을 가득 채우기 때문이다. 항공 업계에서는 이를 예비 신부가 비행 중에 지르는 환호성을 따서 '야호 비행(Woo-hoo flight)'이라고 부른다.

내 옆에 앉은 청년은 자신의 이야기를 들려주기 시작했다. 그는 회사에서 각 단계마다 높은 성과를 올리면서 빠른 승진으로 지금의 위치에 안정적으로 자리를 잡았다. 그러나 그가 회사 내에서 올라갈 수 있는 유일한 자리는 상사의 자리뿐이었다. 다른 곳으로 옮기자니 너무 젊은 나이가 그의 발목을 잡았다.

안락 지대는 그를 유혹하고 있었다. 그리고 주변의 나이 많은 사람들도 "자넨 벌써 잘 해내고 있어! 난 자네 나이에 그 정도 위치에도 오르지 못했는걸."이라고 말할 때마다 화가 나기도 했다. 그는 새롭고 더 도전적이며, 더 큰 것을 원하고 있었다.

고성과자들은 그러한 순간이 온다면 스스로의 삶을 폭파시켜서라도 모든 걸 바꾸고 싶다는 유혹에 빠지기도 한다. '모 아니면 도'가 우리의 삶을 변화시킬 유일한 방법이라고 생각하는 것이다. 이에 나는 그에게 쉬운 목표를 중간 목표로, 중간 목표를 보장 목표로 바꿔보라고 권했다.

그가 할 일은 약간이라도 관심이 가는 커리어 목표 세 가지를 찾는 것이었다. 나는 그에게 팟캐스트나 멘토십, 리더십 등에 대해 탐구해 보라고 했다. 그는 이후로 커리어 초반에 마주치는 정체기를 극복하려고 노력하는 젊은 전문가를 위한 팟캐스트를 시작할 것이다. 아니면 현 직장에서 새로운 기회에 눈뜨게 해줄 멘토를 찾을 수도 있다. 또는 임원직을 맡은 지 6개월밖에 안 되었기에 더 나은 리더가 되는 방법을 모색할 수도 있을 것이다.

위와 같은 목표는 쉽게 시도할 수 있다. 그리고 그중 하나가 중간 목표로 바뀔 수도 있다. 6개월 뒤 다른 비행기에서 그를 만난다면 3개월 동안 매주 새로운 팟캐스트를 녹음하거나, 새로운 리더십 행사에 참석하려고 하는 중이라 말하지 않았을까. 그리고 1년 뒤에는 자신의 보장 목표를 말할 수 있을 것이다.

또는 그는 멘토링에 관한 책을 읽다가 직접 멘토를 찾게 되었을 테고, 매달 멘토와 함께 일의 진행 상황을 검토하게 되었을 것이다. 집으로 향하는 또 다른 비행기에서 만난 그는 더 이상 안락 지대나 혼잡 지대에 갇히게 될 것을 걱정하지 않고 잠재력 지대에 확실하게 정착해 있을 것이다.

그에게 그러한 일이 일어나길 바란다.
당신 또한 마찬가지이다.

당신과 내가 함께 비행기를 탄다면 나는 젊은 제약회사 임원에게 했던 말을 똑같이 해줄 것이다. 당신은 스스로의 생각보다 더 많은 일을 할 수 있다. 그렇게 되기까지는 어렵지 않다. 오히려 누구나 할 수 있다.

16장. 두려워하는 일에 압도당하지 않는 법

내슈빌로 향하는 비행기에서 내 옆에 앉은 그에게 이 책에 담긴 내용을 최대한 많이 얘기해 주고 싶었다. 하지만 애틀랜타에서 내슈빌로 향하는 비행기였기에 39분밖에 되지 않는 비행 시간에 많은 이야기를 할 수 없었다. 그렇기에 이제부터 얘기하려고 하는 잠재력 지대에 관한 핵심적인 내용은 그의 앞에 꺼내지도 못했다.

잠재력 지대는 누구나 공짜로 들어갈 수 있다. 하지만 그곳에 계속 머무르고 싶다면 스스로에 대한 평가표가 필요하다.

17장

당신만의 기준으로 '비교'와의 악연을 끝내라

트위터는 내가 처음으로 좋아한 소셜 미디어였다. 정확히 말하면 트위터는 정치적 갈등, 클릭 유도용 낚시와 분노의 감정으로 점철되기 전까지는 내가 가장 좋아하던 플랫폼이었다.

당시 나는 마케팅 카피라이터였다. 헤드라인 작성 훈련을 받은 시점에서 나는 트위터에 바로 흥미를 느꼈다. 짧은 코멘트를 남기는 데 일가견이 있었던 나는 몇 년 사이에 8만 개가 넘는 트윗을 작성했다. 대부분은 내가 살던 시대에 벌어진 일들에 대한 코믹한 논평이었고, 이는 빠르게 사라졌다. 그중 예를 하나 들어보겠다.

> ⊙ @JonAcuff ⋮
>
> 18살 학생에게 옛날에 넷플릭스를 우편으로 받았다고 말한 적이 있
> 었다. 그 학생은 내 말이 거짓이라 확신했을 것이다.

그렇게 내가 작성한 트윗 중 일부는 사람들의 관심을 끌면서 계속 리트윗되었다. 가장 인기 있었던 트윗은 다음과 같다.

> ⊙ @JonAcuff ⋮
>
> 당신의 시작을 다른 사람의 중간과 비교하지 말라.

그 글은 수백 개의 핀터레스트(Pinterest) 이미지, 유목(流木)으로 만든 벽 장식품, 심지어 뉴질랜드에서 판매된 엽서에도 등장했다. 누군가 나에게 그 엽서 세트를 보내준 적이 있었다. 그 엽서에는 간디나 엘리너 루스벨트(Eleanor Roosevelt) 영부인처럼 영향력 있는 소셜 미디어의 인플루언서들도 포함되어 있었다. 나 또한 그들과 함께 사회적인 공헌을 인정받게 된 것이다.

해당 트윗에 대한 반응이 그렇게 좋았던 이유는 그것이 사실이기 때문이라고 생각한다. 자신의 시작을 다른 사람의 중간과 비교해서는 안 된다. 즉 첫 저서를 스티븐 킹(Stephen King)의 서른 번째 소설과 비교하거나, 첫 번째 사업 계획을 스티브 잡스(Steve Jobs)의 아이폰 출시와 비교하거나, 처음으로 성공한 팔굽혀펴기를 더 락의 100만 번째 팔굽혀펴기와 비교하지 말라는 것이다.

우리는 위와 같은 사실을 모두 머리로는 알고 있다. 남과의 비교가 건

강한 행동이라고 믿는 사람은 아무도 없다. 그럼에도 계속되는 비교를 멈추려면 우리는 어떻게 해야 할까?

요즘은 소셜 미디어의 탄생으로 어느 때보다 남과의 비교가 쉬워졌다. 뱁새가 황새 따라가듯 우리가 오랫동안 씨름해 온 비교의 속박을 어떻게 끊을 수 있을까? 가장 일반적인 조언은 내가 트윗에 썼던 그 글귀를 실행에 옮겨서 비교를 중단하라고 말하는 것이다.

"그만둬."

"소셜 미디어를 잠시 쉬어."

"디지털 디톡스를 시작해 봐."

그래도 안 된다면 감사하는 마음을 갖는 것은 어떨까.

"감사하는 마음을 가져보자."

"스스로를 믿어봐."

"너의 행복을 헤아려 봐."

마지막 방법으로 당신이 질투하고 있는 사람을 격려하는 건 어떨까? 곧 그 사람들이 더 이상 당신의 적이 아닌 친구로 느껴질 때까지 축하해 주라는 것이다.

위의 해결책은 겉보기에 모두 유용해 보인다. 하지만 당신은 혹시 그 중 하나라도 시도해 본 적이 있는가? 물론 나는 많이 시도했었다. 그러나 나에게는 큰 도움이 되지는 않았다. 혹시 당신에게는 효과가 있었는가? 아니면 지속적인 변화를 제공하지 못한 채 단기적인 해결책에만 그치지는 않았는가?

이상에서 소개한 방법이 효과가 없는 이유는 '왜 다른 사람과 나를 비교하는가?'라는 가장 본질적인 질문에 답하지 못하기 때문이다.

끊임없이 답을 찾는 우리의 뇌

타인과 나를 비교하는 이유에 대한 답을 찾으려고 사적인 비전 탐구를 오랫동안 계속할 필요는 없다. 내가 지금 바로 알려주겠다.

우리가 다른 사람과 자신을 비교하는 이유는 우리의 뇌가 스스로의 삶이 얼마나 발전하고 있는지 알고 싶어 하기 때문이다. 물론 시간이 지나면서 이러한 욕구가 불안감, 물질주의, 허영심 등의 형태로 변할 수도 있다. 하지만 비교의 근원은 뇌가 '우리 요즘 어떻게 살고 있지?'라는 근본적인 질문에 대답하려고 애쓰는 것이다. 우리는 과연 이를 탓할 수 있을까?

친구가 조수석에서 길을 안내해 주면서 방향을 제때 알려주지 않았던 적이 있는가? 아마 친구는 "1km쯤 뒤에 세 번째 신호등에서 우회전하면 돼."라고 말하지 않을 것이다. 대신 가만히 있다가 교차로에 다다른 순간 갑자기 "야, 여기서 우회전, 우회전, 우회전!"이라고 불쑥 말할 것이다. 이러한 상황이라면 스스로 당장 어디로 향하고 있는지, 진행상황이 어떻게 되어가는지 전혀 확신이 서지 않기 때문에 불쾌감을 느낀다.

우리의 뇌는 삶에서 목표와 가까워지고 있는지, 아니면 아직 갈 길이

멀었는지, 빨리 가고는 있는지를 알고 싶어 한다. 특히 커리어, 재테크, 인간관계, 건강, 즐거움이라는 다섯 가지 빅 게임에 관해서는 더욱 관심이 많다.

커리어는 지금 시점이라면 더 먼 곳에 있어야 하는 것은 아닌지, 적절한 위치에 있는지, 시기상 전직하기에 너무 늦지 않았는지, 그동안 주어진 기회를 최대한 활용했는지를 궁금해할 것이다.

한편 재테크는 어떨까. 지금쯤이면 우리의 뇌는 더 많은 돈을 모았어야 하는 것이 아닌지, 자녀의 대학 등록금을 낼 수 있을 정도로 퇴직 연금이 충분한지, 경기가 침체되어도 버틸 수 있을지를 걱정하고 있을 듯하다.

그렇다면 인간관계의 경우 친구의 수가 충분한지, 나를 제대로 알아주는 사람이 있는지, 외로움은 모두가 느끼는 것인지, 아니면 나만의 문제인지를 관심사로 두지 않을까.

건강에서는 당장 건강한지, 몸이 안 좋은 것은 아닌지, 수면시간은 충분한지, 커피에 콜라겐을 넣거나 글루텐 섭취를 줄여야 할지를 고민하고 있을 것이다.

즐거움이라면 당장 삶이 즐거운지부터 시작하여 나이가 들어도 즐겁게 지낼 수 있을지, 아니면 20대까지만일지 불안해하지 않을까. 아니면 우리의 매력이 사라져 가는 것은 아닌지, 아직 그렇지 않다면 우리의 매력은 대체 무엇인지 고뇌하고 있을 것이다. 또는 조류 관찰을 하기에는 너무 젊지는 않은지, 그리고 그것이 우리 인생의 전부일까, 아니면 그 이상의 뭔가가 있는가를 끊임없이 생각하고 있을 것이다.

위와 같이 뇌는 우리의 삶에서 일어나는 발전을 끊임없이 궁금해한다.

17장. 당신만의 기준으로 '비교'와의 악연을 끝내라

평가표가 없으면

우리 뇌는

다른 사람의 평가표를

이용한다.

이는 당신도 마찬가지이다.

실시간으로 일이 진행되는 상황을 모른다면 다이어트와 운동 계획을 1년 내내 열심히 지키지 않을 것이다. 또한 상사가 당신의 성과에 대해 아무런 피드백도 없다면 직장에서 좌절감을 느낄 것임은 자명하다.

그리고 어느 바다로 어떻게 갈지, 어디에 묵을지는 말해줄 수 없지만 막연히 바다에 가고 싶다고 말하는 사람과 함께 여행할 생각은 없을 것이다. 앞의 사례와 같이 당신은 정보를 원한다. 이는 뇌 또한 마찬가지이다.

하지만 사람들에게 인간관계와 건강, 커리어는 어떠한지 묻는다면 대부분 '좋아', '괜찮아', '늘 그렇지 뭐', '그냥 한 걸음 내딛는 것뿐이지 뭐'라는 모호한 답만 내놓는다. 뇌는 이러한 답변에 만족하지 않는다. 모호한 대답은 뇌의 왕성한 호기심을 충족시키지 못한다. 그 순간에도 뇌는 삶의 진행 상황에 대해 실시간으로 정보를 찾으면서 다음과 같이 말한다.

"좋아. 네가 의견을 알려주지 않겠다면 내가 다른 사람 평가표를 봐서라도 대략적으로라도 알 수 있는지 확인해 봐야겠다."

비교는 항상 그렇게 시작된다. 우리에게 평가표가 없다면 뇌는 다른 사람의 것을 이용한다. 타인의 평가표와 비교하면서 우리의 삶을 평가한다면 항상 부족한 부분이 생기게 마련이므로, 이러한 방식에는 큰 문제가 있다. 나도 가끔 그러한 생각을 모두 잊어버린 채 성공한 소수의 작가와 나를 비교하곤 한다.

17장. 당신만의 기준으로 '비교'와의 악연을 끝내라

나는 브레네 브라운(Brené Brown)에 비하면 형편없다. 제임스 클리어(James Clear)와 비교하면 최악의 수준이다. 짐 콜린스(Jim Collins)와 나란히 선다면 얼마나 심각한지 당황스러울 정도이다.[*]

위와 같이 나는 본질적으로 그들의 삶과 스스로를 비교함으로써 내 삶을 평가한다. 타인과의 비교가 계속된다면 우리는 각자 다른 게임을 하고 있다는 사실을 완전히 잊어버린다.

자녀 없이 LA에서 연설 분야의 경력을 쌓는 독신 남성은 나와 공통점이 거의 없다. 나는 결혼한 지 22년이 됐고, 두 10대 딸을 키우고 있으며, 내슈빌 교외에 살고 있다. 그 남자와 나는 커리어 게임은 공유할 수 있어도 나머지 네 게임의 양상은 완전히 다르다.

가을은 기업 행사가 많아 대중 연설가에게 가장 바쁜 계절이다. 하지만 나는 가족과 함께 고등학교 미식축구 경기를 보기 위해 금요일 밤에 다른 약속을 잡지 않는다. 따라서 금요일 밤에는 학교 운동장의 울퉁불퉁한 스탠드 좌석 외에는 달리 가고 싶은 곳은 없다. 물론 중간 휴식시간에 휴대폰을 들여다보는 순간, 콜로라도 스프링스에서 열린 대규모 행사에서 다른 연사가 연설하고 있는 걸 알게 된다면 금세 부러워질 수도 있겠다. 그렇게 시작된 비교의 게임에 한바탕 돌입하게 되면 어느새 미식축구 경기장 따위는 눈에 보이지 않게 된다.

---

[*] 브레네 브라운, 제임스 클리어, 짐 콜린스는 모두 미국의 자기계발서 베스트셀러 작가이다. 브레네 브라운은 《마음 가면》, 《리더의 용기》, 《나는 불완전한 나를 사랑한다》, 《수치심 권하는 사회》 등을, 제임스 클리어는 《아주 작은 습관의 힘》 등을, 《위대한 기업의 선택》, 《성공하는 기업들의 8가지 습관》, 《좋은 조직을 넘어 위대한 조직으로》, 《좋은 기업을 넘어 위대한 기업으로》 등을 한국에 출간하였다.

이럴 때는 감사하는 마음만으로는 문제가 해결되지 않는다. 다른 사람을 응원해도 그 마음을 막을 수는 없다. 소셜 미디어를 끊어도 그 사실이 바뀌지는 않는다. 스스로와 다른 사람을 비교하려는 유혹을 종식시킬 수 있는 유일한 방법은 자신만의 평가표를 확인하는 것이다.

자신만의 평가표를 만들자

지금 이 순간을 기준으로 계산하면, 올해 나는 아이디어 고안에만 410.25시간을 썼다. 또한 지난 30일 동안 운동을 26번 했고, 지난주에 비타민제를 다섯 번 복용했다. 이는 임의적인 행동이 아니다. 바로 내가 잠재력 지대 안에 살고 있다는 구체적인 신호이다. 비타민제 복용은 쉬운 목표이며, 운동은 중간 목표이다. 이와는 달리 아이디어 고안은 보장 목표에 해당한다. 나는 목표 달성을 위해 이들 작업을 계속 추적하고 있다.

누군가 내게 잠재력을 완전히 발휘하며 사느냐고 묻는다면 '그렇다고 생각한다.' 또는 '그런 것 같다.'라는 대답은 하지 않을 것이다. 대신 '올해에 아이디어를 고안하는 데 410.25시간을 소비했으며, 최근 30일 동안 운동을 26번 했고, 지난주에 비타민제를 다섯 번 먹었다.'라고 답할 것이다. 내가 이러한 사실을 아는 이유는 바로 나만의 평가표가 있기 때문이다.

요즘 나의 인생은 스스로를 평가하느라 다른 사람과 나를 비교할 시간이 거의 없다. 벽에 붙어 있는 차트로는 글쓰기 시간을 추적하고, 노트에는 일일 목표를 기록하고 확인한다. 그리고 책상 위의 미니 화이트보드에는 주간 작업 계획이 적혀있다. 한편 굿리드(Goodreads) 앱은 독서 진행 상황을 제시한다. 또한 행동 차트로는 가족에게 얼마나 따뜻하게 대했는지를 알려준다.

한편 델타(Delta) 앱은 내가 올해 비행기를 몇 번이나 탔는지, 그리고 멤버십이 다음 등급으로 올라가기까지 얼마나 남았는지 보여준다. 웰스파고(Wells Fargo) 앱*은 내 재정 상태에 대한 최신 정보를 제공한다. 인스타그램, 트위터, 페이스북은 내 소셜 미디어의 성장에 대한 대량의 정보를 알 수 있다.

버즈스프라우트(Buzzsprout)**는 내 팟캐스트 다운로드 현황에 대해 알려주고, 애플은 내가 받은 팟캐스트 리뷰 수를 추적한다. 달력에는 이번 주에 약속된 회의가 몇 개인지 나와 있다. 스트라바는 올해 내가 몇 km나 달렸는지, 그리고 아마존(Amazon)은 나의 저서 판매 순위를 표시한다.

그 외에 손익계산서를 보면 사업 현황을 알 수 있다. 받은 편지함은 동료, 고객, 친구들과의 의사소통이 어떻게 진행되고 있는지 보여준다. 내 책장은 내 키를 훌쩍 넘길 만큼 많은 책을 쓰겠다는 보장 목표가 어떻게 진행되고 있는지 알려준다. 이는 현재의 장기적인 목표이다. 지금은 외국어 번역판까지 포함해도 허리 높이 정도밖에 안 된다.

나는 의자에서 떠나지 않아도 이상의 모든 내용을 확인할 수 있다. 우리 집의 다른 방에도 평가표를 십여 개 정도 더 찾을 수 있을 듯하다. 그 중에는 내가 직접 만든 것도 있는데, 아이디어 고안에 투자한 시간을 보여주는 벽면의 커다란 차트가 그 예이다. 운동 앱인 스트라바는 그냥 이용만 할 뿐이다. 형태는 각기 다르더라도 평가표는 모두 나에게 유용한 존재이다.

안락 지대에서 방향을 잃은 듯한 기분을 느꼈거나 혼잡 지대에서 갑작스러운 긴장으로 뒤처진 기분을 느낀 적이 있을 것이다. 그렇다면 그 이유는 하나이다. 평가표가 없기 때문이다.

다행스럽게도 목표 달성 과정을 측정하는 것이라면 뭐든지 평가표가 될 수 있기에 매우 쉽게 만들 수 있다. 뭐든지를 강조한 이유는 평가표에 관해 사람들이 가장 먼저 물어보는 질문이 '이것도 가능한가?'이기 때문이다. 당연하게도 대답은 '그렇다'이다. 뭐든지 점수표가 될 수 있다.

빨래를 처리하는 일이 지금 하는 게임이라면 빈 세탁 바구니가 곧 평가표이다. 30분 동안 프로젝트에 집중해야 한다면 아이폰 타이머가, 포스트잇에 대충 그린 다음 주간 목표를 달성할 때마다 체크하는 7개의 칸 또한 평가표이다. 이번 달에 명상을 몇 번 했는지 보여주는 마음챙김 앱도 마찬가지이다.

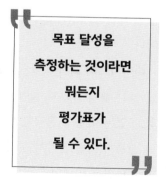

목표 달성을 측정하는 것이라면 뭐든지 평가표가 될 수 있다.

위와 같이 뭐든지 평가표로 활용할 수 있고, 이와 관련하여 지켜야 할 규칙도 많지 않다. 사실상 다음 두 가지가 전부이다.

① 시각화하라
② 반드시 사용하라

평가표는 위와 같이 진행 상황을 확인할 수 있어야 하고 참여도 해야 한다. 그러면 평가표를 통해 스스로가 잠재력 지대에 있음을 알려주는 가장 빠르고 재미있으면서도 의욕을 불어넣어 주는 수단임을 느끼게 될 것이다. 이러한 이유로 고성과자들은 항상 평가표를 사용한다.

파크 내셔널 은행 CEO인 데이비드 트라우트먼은 스스로 읽은 책에 대한 평가표를 가지고 있다. 살다 보면 절대로 내기를 하고 싶지 않은 사람들이 있다. 그러한 사람을 만나면 인생이 그들에게 어떠한 시련을 안겨주더라도 반드시 극복할 사람임을 느낄 수 있는데, 데이비드도 그 유형에 속한다. 따라서 나는 무슨 일이 있어도 그에게 내기를 걸지 않을 것이다.

데이비드의 회사에서 강연을 하게 되었을 때, 나는 데이비드에게 추천할 만한 책이 있는지 물어보았다. 잠재력 지대에 사는 사람은 어떤 책을 읽고 있는지 항상 궁금했기 때문이었다. 데이비드는 단순히 책 한두 권의 제목이 아닌, 5가지 장르로 분류된 책 94권의 제목을 멋지게 정리한 PDF 파일을 이메일로 보내주었다.

데이비드의 회사에서 일한다면 영업 관련 서적인 《녹색 달걀과 햄(Green Eggs and Ham)》부터 자기계발서인 《연방주의자 논설집(The

Federalist Papers)》까지 모든 책을 무료로 요청할 수 있다. 이와 같이 데이비드와 직원들은 데이비드가 해마다 더 많은 걸 배우기 위해 얼마나 투자했는지 굳이 추측할 필요가 없다. 책의 목록을 통해 한눈에 확인할 수 있기 때문이다. 그 목록이 바로 데이비드의 평가표이다.

고성과자와 인터뷰를 하다 보니 몇 안 되는 공통점을 발견하였다. 그 공통점은 그들의 삶이 평가표로 가득하다는 것이다. 그렇다면 고성과자들은 평가표를 어떻게 만들까? 바로 다음 세 질문에 답하면서 만든다.

1. 무엇을 측정할 것인가?

평가표는 진행 상황의 추적을 핵심으로 삼는다. 그렇다면 진행 상황에서 가장 일반적으로 측정하는 세 가지 항목은 시간, 행동, 결과이다. 나는 매주 글을 쓰는 데 몇 시간이 지났는지를 기록하면서 시간을 측정한다. 그리고 비타민제를 복용한 뒤에는 차트의 확인란에 체크하면서 행동을 파악한다. 또한 크로스핏 운동 중에 들어 올린 중량을 확인하면 결과를 평가할 수 있다.

비타민제를 삼키는 데 걸린 시간을 추적하는 건 의미가 없다. 나는 물을 매우 빨리 삼키기 때문에 시간은 중요하지 않다. 또 매주 복용하는 비타민의 양을 늘리지 않기 때문에 결과를 추적할 필요도 없다. 따라서 비타민제 복용 여부, 즉 행동에 의거하여 판단한다.

한편 웨인 벡 내외가 그동안 상환한 부채를 측정하기로 한 것은 결과에 해당한다. 벡 부부는 목표를 진행하면서 벽에 붙여놓은 차트에 색을 칠하여 평가표를 작성하였다. 또한 목표를 달성할 때마다 주말여행 같은 멋진 일을 계획하여 스스로의 노력을 축하하겠다고 밝혔다.

목표를 쉽게 측정할 수 없더라도 걱정할 필요 없다. 무엇이든 측정할 수 있으니 말이다. 상담 치료사는 감정 평가표를 사용해서 환자의 심리 상태를 측정한다. 의사에게는 통증을 측정하는 평가표가 있다. 그리고 그레이스 해거티는 집에서 얼마나 많은 물건을 치웠는지를 측정한 바 있다.

잠깐만⋯ 뭘 측정했다고?

제대로 읽은 것 맞다. 이에 그레이스는 다음과 같이 말한다.

"물건을 치워야 할 때마다 집 밖으로 내보낸 물건의 무게를 재고 차트에 기록했어요. 집을 다이어트 시킨 셈이죠. 결국 집에서 수백 킬로그램의 물건을 덜어냈어요."

그레이스가 날씬하고 행복해진 집과 함께 집이 예전에 입던 바지를 들고 비포-애프터 사진을 찍었을지는 모르겠다. 물론 찍어두지 않았을까.

2. 언제까지 측정할 것인가?

평가표를 활용하여 우리는 짧게는 3분, 길게는 1년 동안 목표 진행 상황을 측정할 수 있다. CPA(Certified Public Accountant, 공인회계사) 기업 파트너이자 최고 운영 책임자인 재나 시나몬은 자신에게 영감을 주는 미니 평가표로 노래를 활용한다.

"이메일 답장 내용을 너무 고민하지 않으려고 스스로에게 노래 한 곡 길이만큼의 시간을 줘요. 노래가 끝나기 전에 보내기 버튼을 누르죠."

음악이 이렇게 완벽한 평가표가 될 수 있다는 사실을 누가 알았겠는가? 재나는 때때로 이 음악 점수표를 더 확장시키기도 한다. 그녀는 플레이리스트를 하나 만들어 놓고 음악이 끝날 때까지 계속 운동을 한다. 플레이리스트가 끝나면 운동도 끝난다. 플레이리스트 자체가 평가표로서 운동 진행 상황을 추적하는 것이다.

한편 내가 측정하는 목표 중에는 한 달씩 집중해야 하는 것도 있어 행동 추적표(Action Tracker)를 만들었다. 행동 추적표는 종이에 그리는 간단한 차트로, 삶 속의 모든 행동에 시각적으로 집중할 수 있도록 도와준다. 행동 추적표에는 다음과 같은 것들이 필요하다.

① 종이 한 장
② 펜
③ 자

준비물을 모두 가져온 뒤에는 목표를 더 쉽게 완료할 수 있도록 작업 목록을 만드는 것이다. 하루하루 끝낼 수 있는 행동이면 무엇이든 가능하다. 이 목록에는 행동이 아닌 '책 쓰기' 같은 큰 목표는 적지 않도록 한다. 대신 추적이 가능한 행동으로서 '새 책 집필을 위해 30분 투자하기'

를 기입하면 된다.

내가 평소에 파악하려는 행동은 다음과 같다.

① 매일 아침 침대 정리하기

② 매일 한 사람씩 격려하기

③ 하루에 세 번씩 양치하고 치실 사용하기

④ 하루에 책 10페이지씩 읽기

⑤ 하루에 물 2리터씩 마시기

위에서 제시한 행동은 어디에서나 볼 수 있는, 지극히 일상적인 것임을 알 수 있다. 이와 같이 인생의 모든 목표에 적용할 수 있다는 점이 행동 추적표의 재미있는 특징이다.

쉬운 목표는 달성 기간이 30일보다 훨씬 짧다. 따라서 행동 추적표는 중간 목표에 더 효과적이다. 또 보장 목표를 30일 단위로 나눌 수도 있다. 아이디어에 800시간을 투자하는 보장 목표의 경우, 이를 다달이 측정할 수 있다.

다음으로 목록을 작성했다면 책의 뒤쪽 페이지를 살펴보자. 당신이 사용하기 쉽게 만든 행동 추적표 샘플을 준비해 두었다. 왼쪽에는 행동을 모두 나열하고, 차트 위쪽에 날짜를 쓰면 된다. 한 달 동안 매일 목표에서 요구하는 행동을 했다면 확인란에 색을 칠하자. 마지막 줄의 T는 총계(Total)를 의미한다.

나는 한 달이 끝나갈 때마다 내가 정한 행동을 며칠이나 완료했을지 늘 궁금해진다. 그리고 그달의 첫날에 행동 추적표를 작성하기 시작하는 일은 나에게 재미있는 일이다. 그러나 오늘이 15일이라고 해서 다음

달 1일까지 기다리지는 말자. 일 년 중 언제라도 30일간의 행동 추적표를 시작할 수 있으니까 말이다.

어떤 목표는 몇 주 또는 몇 달이라는 시간이 아닌 완료 기준으로 측정되기도 한다. 당신의 목표가 일정량의 체중 감량이나 먼 지역으로의 이사 또는 부채 상환이라면 그 목표가 언제 이루어질지 정확히 예측할 수 없을 것이다. 이때에는 1일부터 30일까지라고 표기하지 말고, 처음부터 끝까지 완료하는 데에 중점을 두어 측정해야 한다.

3. 어디에서 측정할 것인가?

지금쯤이면 당신도 이 질문에 '정답' 대신 '자기만의 답'이 있을 뿐임을 깨닫기 시작했을 것이다. 이는 당신의 점수표이니 당신의 삶에 가장 잘 어울려야 한다.

어느 날 내가 직접 그린 행동 추적표 사진을 인스타그램에 올리자 니키 리처드슨이라는 여성이 '정말 숨 막히고 끔찍해 보인다.'라는 댓글을 달았다. 그녀가 잘못 본 것은 아니었을 것이다. 다만 '나에게'라는 말을 쓰지 않았을 뿐이다. 따라서 그 사람이 하려는 말은 '나에게 정말 숨 막히고 끔찍해 보인다.'였을 것이다.

위와 같이 자기계발서의 문제점은 저자가 이따금 핵심 단어를 생략한다는 것이다. 외향적인 사람이 인맥을 형성하는 방법에 관한 책을 쓰고 나면 자신의 제안을 꺼리는 내향적인 사람들이 의외로 많음에 놀라곤 한다.

또한 천성적으로 체계적인 사고를 하는 사람이 성공할 수 있는 유일한 방법은 매일 하는 활동을 색상으로 구분하는 것이라고 주장하면서도 자유롭고 예술적인 성향의 사람들이 그 방법을 주저하는 모습에 의아해한다.

그런가 하면 새벽 4시에 일어나는 아침형 인간의 경우, 지극히 개인적인 열정을 모든 사람이 반드시 따라야 할 처방전으로 포장하려고 한다. 따라서 스스로의 잠재력을 제대로 활용하고자 한다면 자신의 성격과 강점, 욕구, 그리고 삶 전반을 활용하여 남들의 조언을 잘 걸러내야 한다.

나는 본래 꼼꼼한 사람이 아니다. 그렇기에 체계적으로 정리하는 데 어려움을 겪는다. 그래서 매달 30일 행동 추적표를 이용하는 것이 잠재력 지대에 머무르는 데 도움이 된다. 당신은 어쩌면 그 반대일 수도 있겠지만, 그래도 상관없다. 스스로에게 적합한 다른 실천법을 찾으면 된다.

미셸 코너스는 목표를 추적하기 위해 캔디랜드(Candyland)와 비슷한 보드게임 형식의 챌린지를 만들었다. 이와는 별개로 미식축구 경기장의 이미지를 사용한 적도 있었는데, 10야드* 마다 목표가 하나씩 기재되어 있었다. 또 걸음 수 목표를 달성하기 위해 사용할 지도도 만들었으며, 테트리스(Tetris) 스타일의 보드를 사용하기도 했다. 그 가운데 나에게 적합한 것이 있을지는 잘 모르겠지만, 어쨌든 미셸에게는 효과가 있었다. 그러면 된 것이다.

DEO(Dentist Entrepreneur Organization)의 CEO인 제이크 풀은 계획 수립용 소프트웨어 앱인 노션(Notion)을 사용해서 점수표를 만든다. 나는 지면을 선호하는 사람이라 디지털 방식의 평가표는 잘 모르겠

---

*   9.144m

지만, 그는 이 방식을 선호한다.

〈호기심 해결사(MythBusters)〉라는 프로그램의 공동 진행자인 애덤 새비지(Adam Savage)는 그의 흥미로운 저서 《모든 도구는 망치다(Every Tool's a Hammer)》에서 두 장을 통째로 할애하여 평소 작업에 평가표로 사용하는 목록과 체크리스트를 소개한 바 있다. 그는 프로젝트가 난관에 부딪히거나 중간에 일이 잘 안 풀릴 때는 동기부여의 원천을 외부에 의존할 수 없음을 안다. 따라서 그는 저서의 내용을 빌려 다음과 같이 말한다.

"계속 나아가려면 자신만의 동기를 만들어야 한다. 이때 표시된 칸이 더 많은 체크리스트에서 솟아나는 추진력은 당신에게 불을 지피는 원동력이 되어줄 것이다."[*]

운동에 집중한 시간을 확인하고자 스포티파이(Spotify) 플레이리스트를 이용하는 것은 그리 중요하지 않다. 소규모 사업의 성장도를 측정하기 위해 특정 소프트웨어를 활용하는 일 또한 마찬가지이다. 아니면 애덤이 인더스트리얼 라이트 앤 매직(Industrial Light & Magic)[**]에서 일할 때처럼 〈스타워즈〉 소품 작업을 가속화하는 목록을 사용하는 것 또한 그러하다. 우리의 눈으로 확인할 수 있는 평가표를 사용한다는 것이

---

[*] Adam Savage, Every Tool's a Hammer: Life Is What You Make It (New York: Atria Books, 2020), 58.

[**] 미국의 영화제작사 루카스필름(Lucasfilm Ltd.)의 자회사로, 특수효과 및 시각효과 스튜디오이다.

더 중요하다.

또한 지나치게 공을 들이거나 창의적이거나 체계적으로 만들 필요도 없다. 나에게 있는 일부 평가표는 유치원생도 만들 수 있을 정도로 쉽고 간단하다. 내가 올해 가족들에게 365번의 다정한 행동을 측정하기 위해 만든 차트는 실제로 6세 아동을 대상으로 디자인된 것이다. 그 차트는 칸이 작은 격자무늬로 뒤덮인 커다란 신호등 포스터로, 아마존에서 산 것이다. 내 생각에는 수업 시간에 친구를 물지 않은 어린 티미나 선생님이 보지 않은 틈에 엘머스(Elmer's) 접착제를 마시지 않은 어린 알리사에게 줄 선물 같기도 하다. 어쨌든 나는 아내나 아이들을 따뜻하게 대할 때마다 작은 칸 하나에 녹색 스마일 스티커를 붙인다.

우습다는 것은 알고 있다. 그렇지만 마셜 골드스미스(Marshall Goldsmith)라는 작가가 그 방법을 권했다. 그는 저서 《숨 쉴 때마다 새로운 내가 된다면(The Earned Life)》에서 다음과 같이 말했다.

"내가 하루에 아내에게 따뜻한 말을 몇 번이나 하는지 확인하는 것을 보고 친구가 '아내에게 다정하게 대해야 한다는 사실을 굳이 상기시킬 필요는 없잖아'라며 놀린 적이 있었다."

친구의 발언에 골드스미스는 자신에게는 분명히 필요한 것이라 대답했다. 그리고 다시 아래와 같이 말을 이어나간다.

"더 나은 행동을 하도록 상기시켜야 한다는 사실이 부끄럽지는 않다. 내가 그 사실을 알고도 아무 조치도 취하지 않는다면 그것이 더 부끄러운 일이다."*

그것이 점수표의 멋진 점이다. 점수표는 당신이 목표에 도전할 수 있는 시각적이고 실용적인 방법을 제공한다. 그리고 목표는 무엇이든 가능하다.

목표에 관하여 당신이 미처 주목하지 못한 좋은 예는 코스트코에서 찾을 수 있다. 코스트코 매장 앞쪽 벽의 4.5m 높이의 위치에는 모든 계산원이 볼 수 있는 화이트보드 점수표가 있다. 이 점수표에는 '① 분당 스캔한 품목 수, ② 시간당 처리한 회원 수, ③ 최고의 계산원'이라는 세 가지 범주를 측정한다. 그 내용은 매주 갱신되지만, 그냥 'Tim R.'이라고 계속 적어놔도 될 것 같다. 그는 한 번도 진 적이 없기 때문이다.

나는 테네시주 브렌트우드에 있는 매장에서 팀을 직접 본 적은 없다. 그러나 그는 그 매장을 장악하고 있다. 그는 현재 분당 23.54개의 품목을 스캔하고, 시간당 57.58명의 회원을 처리한다. 카약, 배터리 144개, 말린 오징어 스낵을 팰릿(pallet)째 구입해도 팀의 계산대에서는 약 80초 안에 끝난다. 매장에 갈 때마다 다른 계산원들에게 그에 대해 물어본다면, 그들은 "아, 팀이요…"라고 하며 떨떠름한 표정으로 "빠르긴 하죠"라며 칭찬한다.

위와 같이 눈에 보이는 보상 기반의 점수표를 벽에 걸어두면 계산원들에게 동기부여와 창의력을 모두 제고할 수 있다. 이에 코스트코 직원을 위한 레딧(Reddit)** 게시판에는 다음과 같이 계산원을 위한 팁이 기록되

---

* Marshall Goldsmith and Mark Reiter, The Earned Life: Lose Regret, Choose

** 미국의 초대형 소셜 뉴스 웹사이트이자 온라인 커뮤니티

어 있다.

- 한 손으로 영수증과 회원증(카드)을 건네주면서 다른 손으로 다음 회원증을 받아 스캔한다.
- 한 손에서 다른 손으로 물품을 전달한다. 꼭 필요한 경우가 아니라면 양손으로 물건을 잡거나 상체를 돌리지 않는다.
- 스캔 속도를 높이려면 각 품목의 바코드 위치를 기억해 둔다.[*]

상체를 돌리지 말라는 부분이 당신이 들어본 가장 구체적인 조언일 수 있겠다. 실제로 이는 효과가 있다. 그렇게 코스트코는 하루에 약 4억 4,700만 달러의 매출을 올린다[**]. 다시 말해두지만 하루 매출이다. 그에 비해 나는 그보다 약간 적게 벌지만, 코스트코가 매년 1,630억 달러를 버는 데 평가표가 도움이 된다면 나도 평가표를 더 추가해서 성과를 향상시킬 수 있지 않을까 하는 생각이 든다. 물론 그럴 수 있으리라고 생각한다. 몸을 돌리지 말라는 것만 기억하면 된다.

---

[*] juancho0808, "[Employee] Cashier statistics question", Reddit, 2018, https://www.reddit.com/r/Costco/comments/a4wvgr/employee_cashier_statistics_question/

[**] Marques Thomas, "How Much Does Costco Make a Second, Minute, Hour, Day, and Month?" Query Sprout, May 12, 2021, https://querysprout.com/how-much-does-costco-make-a-second-minute-hour-day-and-month/

예상치 못한 평가표의 가장 큰 이점

자신과 타인과의 비교는 많은 이들이 주목하는 방식이지만, 우리가 잠재력을 추구하는 과정에서 가장 큰 피해를 입히지는 않는다. 실질적으로 사람들의 발목을 잡는 더 나쁜 비교의 원인은 따로 있다. 그러한 비교는 우리가 예상치 못한 곳에서 생겨난다는 점에서 최악이다. 당신은 스스로를 누구와 비교하는가?

바로 우리 자신이다. 현재의 삶을 과거나 상상 속의 삶에 비해 부족하다는 생각은 우리를 유혹에 빠뜨린다. 나도 이 책을 집필하고자 이를 심층적으로 연구하기 전까지 심각한 문제인 줄은 몰랐다. 연구 중에 만난 참가자들의 예를 살펴보기로 하자.

연구 중 발레리라는 참가자는 일주일에 5~10시간씩 치매에 걸린 노부모를 돌보면서 신부전증으로 병원에 입원한 성인 딸까지 있었다. 그녀는 그러한 상황에서 어떻게 목표를 계속 추진할 수 있을지를 내게 질문했다.

케이티는 아이가 있음에도 어린이집에 보내지 않았다. 남편은 힘든 직장에서 말도 안 되게 긴 시간 동안 일하고, 그녀는 이제 막 사업을 시작했기 때문이다. 케이티는 자신을 둘러싼 모든 일의 우선순위를 어떻게 정해야 할까를 고민하고 있었다.

한편 홀리는 사업을 원하는 수준까지 끌어올리지 못하고 있었다. 더군다나 최근에 남편까지 잃은 상태에서 혼자 아이를 키우고 있다고 털어놓았다.

레지널드는 중증 치매 진단을 받은 어머니를 집에서 혼자 돌보고 있었다. 그는 이제부터 자책하지 않고 부동산 목표를 달성하려면 어떻게 해야 하는지를 물었다.

위의 참가자들이 겪고 있는 힘든 상황에 대한 나의 대답은 모두 같다. 새로운 평가표를 만들어 보는 것이다. 위에서 제시한 모든 참가자들은 현재와 달리 힘든 상황에 처하지 않은 과거의 스스로를 바탕으로 자신을 평가하고 있다.

삶이 바뀌면 새로운 평가표가 필요하다. 구체적으로 아이를 낳거나 사업을 시작하는 등의 좋은 일에도, 건강에 적신호가 켜지는 좋지 않은 일에도 평가표를 바꾸어야 한다는 얘기이다. 그렇지 않으면 스스로에게 더 이상 어울리지 않는 성과에 대한 기대로 자책하면서 귀중한 시간만 낭비하게 된다.

나는 개인적으로 여름마다 위의 원칙을 떠올린다. 재택근무를 하는 나는 보통 6월의 첫 두 주 동안 5월만큼 많은 일을 하지 못한 것 같아 자책감에 빠지기도 한다. 그 이유는 아이들이 집에 있었고, 동네 수영장도 문을 열었기 때문이었다. 더군다나 여름이 되면서 조용했던 집은 왁자지껄해졌다. 이러한 일이 9년 동안이나 이어졌지만, 이를 기억하고 할당량을 조정하는 것을 잊어버린다.

솔직히 말하면 처음에는 평가표가 그 문제를 해결해 줄 거라 생각지 않았다. 그저 스스로의 목표를 추적하기 위해 평가표로 실험을 하고 있었던 것뿐이다. 하지만 다른 이들에게 평가표를 만드는 방법을 가르치기 시작하면서 사람들이 편안함을 느끼는 모습을 발견하였다.

그중 나는 발레리에게 목표 달성을 위해 어머니를 돌보는 시간 가운데 주당 5~10시간을 빼라고 권했다. 케이티에게는 새로운 사업의 시작을 축하하며, 사업을 그녀의 의무에 조화롭게 편입시키면서 전체적인 일정을 조정하라고 조언했다. 홀리에게는 남편을 여의고 아이를 혼자 키우게 된 일이 처음이니 스스로에게 관용을 베풀 시간을 100배 정도 늘려보라고 말했다. 또한 레지널드에게는 어머니를 돌보는 데 걸리는 시간을 묻고, 적어도 몇 달 동안에 맞추어 부동산 목표를 조정하자고 일렀다.

위와 같이 각 참가자에게 제시한 해결책은 다르다. 그러나 조언의 핵심은 늘 같다. 삶에 변화가 생기면 평가표를 바꾸거나 새로 만들자는 것이다.

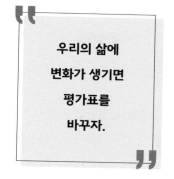

우리의 삶에 변화가 생기면 평가표를 바꾸자.

이 책을 읽고 있는 사람들 가운데 지난 몇 년 사이에 엄청난 변화를 겪지 않은 사람은 없을 것이다. 팬데믹 이후로 모든 사람에게 새로운 평가표가 필요해졌다. 모두 현재의 삶을 팬데믹 이전의 삶과 어느 정도는 비교하고 있을 것이다. 그러면 결국 자책에 빠져 당신에게 펼쳐질 새롭고 멋진 나날을 보지 못하게 된다.

잠재력 지대로의 도달 여부를 알려주는 평가표

우리는 평가표가 아이들에게 효과적이라는 사실은 알고 있다. 그러나 어른에게는 필요 없다고 생각한다. 수백 명의 사람에게 목표 달성을 위해 평가표를 사용해 본 적이 있는지 물은 적이 있었다. 그러나 레베카 윌리엄스는 가장 일반적인 답변들을 한데 모아 압축한 듯한 말을 꺼냈다.

"아이들에게는 써봤어요… 그런데 제가 직접 써보려는 생각은 안 했어요."

우리는 집안일부터 독서 수업, 배변 훈련에 이르기까지 어린 시절 전반에 걸쳐 평가표를 활용한다. 그러나 열여덟 살이 지나니 삶에 어려움을 더는 느끼지 않으니 평가표가 더는 필요하지 않다고 판단한다.

하지만 나는 성인으로서 당신의 삶은 어떠했는지, 그렇다면 어릴 때보다 삶의 어려움을 덜 느끼게 되었는지, 아니면 과거 어느 때보다 평가표가 필요했던 적이 있었는지 묻고 싶다.

나는 아직도 평가표가 필요하다. 이는 당신도 마찬가지이다.

하루에서 한 주, 길게는 한 해, 심지어 우리 삶의 마지막 날에도 우리 모두 스스로의 잠재력을 발휘하며 살았느냐는 물음에 쉽게 대답할 수 있기를 바란다. 우리는 삶 속에서 쉬운 목표, 중간 목표, 보장 목표를 달성하는 동안 동기부여를 위한 평가표를 그 증거로 떠올릴 것이다.

17장. 당신만의 기준으로 '비교'와의 악연을 끝내라

결론

이제 99%에서 1%로

샘포드 대학에서 최악의 신입생 시절을 보낸 지 28년이 지나고 큰딸 L.E.가 나와 같은 대학에 들어갔다. 그리고 몇 주 뒤, 나는 샘포드 패밀리 위크엔드에 기조연설자로 참석하게 되었다.

나는 이제 큰 성공을 거둔 졸업생의 모범사례로서 존경과 주목을 받는 동문이 되었다. 월마트 앞 보도에서 빙수를 만들어 팔고, 학생처장에게 사교 활동 금지 처분을 받았던 내가 모교에서 연설을 할 것이라 생각한 사람은 아무도 없었다. 그래서 단상에 오르기 전부터 피식 웃음이 나왔다.

잠재력의 흥미로운 점이란 바로 그러한 것은 아닐까.

잠재력은 결코 사라지지 않으며, 항상 우리를 기다리고 있다. 또한 언제나 이용할 수 있다. 그리고 잠재력은 회복력이 뛰어나며, 언제든지 다시 발휘되거나 변화할 수 있다.

내 생각에는 이미 당신이 잠재력을 이용할 준비가 되었을 듯하다. 준비가 되었다면 당신에게 마지막으로 격려의 말을 한마디 건네고 싶다. 그리고 이 책을 거꾸로 읽어보라.

누구도 쉬운 목표를 꿈꾸지 않는다.

- 500m를 걸어야겠다.
- 100어절 정도의 글을 써야겠다.
- 주방의 수납장 하나를 정리해야겠다.
- 기타의 G코드를 배워야겠다.
- 이탈리아어 단어 10개를 외워야겠다.

위와 같은 목표를 말하는 사람은 아무도 없다. 우리는 모두 그보다 훨씬 큰 꿈을 품고 있다. 우리의 잠재력에 대해서라면 꼭 그래야만 한다. 다음과 같이 말이다.

- 마라톤에 참가해야겠다.
- 소설을 쓰고 싶다.
- 집 전체를 깔끔하게 정리해야겠다.
- 기타를 마스터해야겠다.
- 이탈리아로 이주하고 싶다.

우리는 모두 작은 단계를 거쳐야 하는 거대한 목표를 품고 있다. 그렇다면 그 목표를 어떻게 작은 행동으로 바꿀 수 있을까. 여기에서 많은 사람들이 포기한다. 대다수의 사람들은 커다란 꿈을 일상적인 행동으로 나누는 일이 불가능하다고 생각하기 때문이다. 그렇게 잠재력을 목표로 전환하는 것을 상당히 힘들어한다. 하지만 우리는 그 사람들과 다르다. 우리는 이 책을 읽으면서 올라온 목표 사다리를 다시 내려가서 반드시 이뤄낼 것이다.

우리가 작성했던 최고의 순간 목록을 다시 검토해 보자. 형광펜으로 당신의 삶에서 가장 빛나는 부분을 찾아냈던 때를 기억하는가? 그중 무엇을 더 원하는가? 성취, 경험, 관계, 사물 가운데 무엇이 당신을 더 빛내주었는가? 이렇듯 과거는 당신의 현재를 알려주고 미래를 준비하는 선물이 되어준다.

대략적으로 감을 잡았다면 커리어, 재테크, 인간관계, 건강, 즐거움이라는 다섯 가지 빅 게임 중 하나를 고르자. 그중 뭐든지 목표로 삼을 수 있다. 이 책에서만 100개 이상의 사례가 나와 있으니 말이다.

당신이 할 빅 게임을 정했다면 그 게임을 보장 목표로 바꾸어나가면 된다. 보장 목표는 다음과 같은 특징을 지녀야 한다.

① 달성 기간이 90일~1년 정도로 길다.
② 100% 스스로 통제할 수 있다.
③ 구체적인 수치로 측정이 용이하다.
④ 일정 조정에 신중함을 길러준다(주당 8시간 투자).
⑤ 타인에게 불가능한 일처럼 들린다.

위의 특징에 비추어 마라톤 경기 출전을 예로 든다면 다음과 같이 보장 목표를 설정할 수 있다.

- 마라톤 경기까지 4개월간 훈련할 수 있다.
- 그 시간을 스스로 관리할 수 있다.
- 달린 거리를 측정할 수 있는 평가표가 있다.
- 일주일에 8시간씩 일정을 비울 수 있다.
- 친구들이 불가능하다고 말한다.

그렇다면 당신은 목표를 향해 올바른 길을 가고 있는 것이다.

그러면 이제 보장 목표를 중간 목표로 축소하여 관리하기 쉽게 만들자. 중간 목표의 특징은 다음과 같다.

① 달성 기간이 30~90일 정도로 합리적이다.
② 융통성이 있다.
③ 하루쯤 빠져도 계획이 틀어지지 않는다.
④ 일정 조정이 필요하다(주당 5시간 투자).
⑤ 인내심을 길러준다.

마라톤에 대한 보장 목표를 다음과 같이 다시 중간 목표로 바꿀 수 있다.

- 처음 4주 동안 달리기에 전념할 수 있다.
- 동네를 천천히 걷는 식으로라도 꾸준히 실천할 수 있다.
- 하루쯤 달리지 못해도 괜찮다.
- 큰 일정 변경 없이도 시간을 투자할 수 있다.
- 인내심을 가지고 진전을 이룰 수 있다.

위와 같이 실천하고 있다면 잘하고 있는 것이다.

마지막으로 중간 목표를 쉬운 목표로 전환해서 더 작게 쪼개보자. 아래에 제시된 내용은 쉬운 목표의 특징이다.

① 달성 기간이 1~7일 정도로 짧다.
② 첫 단계부터 명료하다.
③ 비용이 많이 들지 않는다.
④ 당신의 현재 상황과 일치한다(주당 2시간 투자).
⑤ 부족하다는 느낌이 들게 한다.

게임을 정했으면

그것을 보장 목표로

전환하기만 하면 된다.

위의 특징을 토대로 다음과 같이 달리기에 대한 중간 목표를 쉬운 목표로 전환할 수 있다.

- 이번 주에 두 번 달리기를 한다.
- 좋은 훈련 계획을 세우는 법을 알고 있다.
- 아직 참가비가 비싼 경주에 등록할 필요는 없다.
- 달리기를 현재 일정에 충분히 적용할 수 있다.
- 계획을 얘기했을 때 그 누구도 감흥이 없었다.

위와 같이 계획을 세웠다면 완벽하다.

목표 사다리를 다시 내려가면 99%의 사람들이 실패하는 일을 달성할 수 있다. 빅 게임을 선택해서 실천할 수 있는 목표로 만들고, 언젠가의 성공을 오늘로 바꾸었다. 그 과정에서 비전의 벽을 극복하고 정체된 자아를 이겨냈다. 그 뒤 안락 지대를 빠져나가고 혼잡 지대를 피하면서 잠재력 지대에 첫발을 내디뎠다.

당신은 이제 잠재력의 50%를 활용하지 못한 채 방치 중이라 생각하는 50%의 사람에 속하지 않는다. 절반만 열어본 크리스마스 선물이 이제는 모두 열려 있다. 그리고 나는 당신이 그 선물을 어떻게 활용해 나가는지 지켜보고 싶다.

결론

ACTION TRACKER
-행동 추적표-

MONTH(월) : _____

ACTIONS (행동)	1	2	3	4	5	6	7	8	9	10	11	12	13	14	15	16	17	18	19	20	21	22	23	24	25	26	27	28	29	30	31	T

감사의 글

나의 최고의 순간 목록에는 이 책을 써낸 일도 기록되어 있다. 이유라고 한다면 이 책을 쓰는 과정에서 다음과 같이 여러 명의 대단한 사람들과 함께 일했기 때문이었다.

제니, 당신이 내 원고를 읽으며 "존, 피드백을 원하는 거야, 아니면 칭찬을 원하는 거야?"라는 질문을 자주 했었지. 그때만 생각하면 아직도 웃음이 나와. 지난 22년간 나와 함께해 줘서 고마워. 이 책의 페이지마다 당신의 흔적이 스며 있어.

L.E.와 맥레이, 우리가 힘을 합쳐서 책을 또 한 권 써야 할 때가 된 것 같구나. 지난번 책이 진짜 재미있었거든. 사랑한단다.

애슐리 홀랜드, 우리가 벌써 7년 동안 함께 일했다는 게 믿어지지 않는군요. 당신 없이는 책도, 강연도, 강의도, 팟캐스트도, 회의도 할 수 없었을 거예요.

잔카를로 레미, 이 책에는 실제 사람들의 경험담만 50개 이상이 수록되어 있는데, 모두 당신 덕분입니다. 당신의 환상적인 도움에 감사의 마음을 전합니다.

또한 베이커 팀 전체에게도 깊은 감사를 드립니다. 앞으로도 네 번의 작업을 함께 할 수 있게 되어 기쁘네요. 전에도 말씀드렸지만, 우리는 이제 시작일 뿐입니다.

브라이언 보스, 이 프로젝트를 처음부터 끝까지 이끌어 줘서 고맙습니다. 당신보다 더 통찰력 있고 인내심 강하고 뛰어난 편집자는 만나기 힘들 거예요.

마크 라이스, 당신의 마법 같은 마케팅이 없었다면 독자들이 이 책을 읽지 않았겠죠. 모든 플랫폼, 매체, 서점에 제 책을 홍보해 주셔서 감사합니다.

에이미 네메섹, 당신의 편집 기술 덕에 책의 내용이 더 유머러스해지고 메시지도 명확해져서 독자들이 읽기 쉬워졌습니다.

로라 파웰, 당신의 창의적인 디자인으로 저의 글을 예술의 경지로 바꾸어 주셔서 감사를 표합니다.

윌리엄 오버비크, 책의 내지를 표지만큼 멋지게 만들어 주신 데 감사의 말씀을 드립니다.

레이첼 오코너, 신간 출간과 관련된 복잡한 세부 사항을 완벽하게 처리해 주어 진심으로 감사드립니다.

수십 년 동안의 경력에 빛나는 탁월함을 우리의 모든 결정에 반영할 수 있도록 도와준 드와이트 베이커, 에일린 핸슨, 홀리 슈벨, 카슨 커넨, 올리비아 피치, 윌리엄 오버비크, 네이선 헨리온, 그리고 베이커의 영업팀과 마케팅팀 모두에게 감사합니다.

마이크 솔즈베리와 커티스 예이츠, 이 책이 최고의 책으로 거듭나도록 매 순간 지속적인 격려에 저의 도전이 성공했습니다. 이에 감사합니다.

마이크 피슬리 박사님, 늘 당신의 연구를 통해 흥미로운 아이디어와 추진력을 얻었습니다. 당신의 지혜를 제게 빌려주어 고맙습니다.

언제나 저의 원맨쇼를 세상의 변화를 이끄는 회사로 바꾼 케일럽 피비, 제시카 피비, 케이티 필슨, 에이미 펜튼, MC 탱크슬리, 그리고 아론 호비비안에게도 감사드립니다.

그리고 마지막으로 이 책을 읽은 독자 여러분께 감사드립니다. 여러분이 없었다면 저는 그저 내슈빌에서 엄청나게 긴 일기를 쓰는 사람에 지나지 않았을 것입니다.

인생설계자

오픈도어북스는 (주)하움출판사의 임프린트 브랜드입니다.

초판 1쇄 발행 24년 07월 26일

지은이 | 존 에이커프

발행인 | 문현광
책임 편집 | 이건민
교정·교열 | 신선미 주현강
디자인 | 양보람
마케팅 | 양하은 심리브가 박다솜
업무지원 | 김혜지

펴낸곳 | (주)하움출판사
본사 | 전북 군산시 수송로315, 3층 하움출판사
지사 | 광주광역시 북구 첨단연신로 261 (신용동) 광해빌딩 6층 601호, 602호
ISBN | 979-11-6440-628-9(03190)
정가 | 19,800원

오픈도어북스는 참신한 아이디어와 지혜를 세상에 전달하려고 합니다.
아이디어와 원고가 있으신 분은 연락처와 함께 open150@naver.com로 보내주세요.